职业教育新形态
财会精品系列教材

财务报告分析

微课版

赵俊英 ◆ 主编

樊林 赵兰蕙 刘彬 王少彦 ◆ 副主编

杨京智 王岩 ◆ 主审

Financial Report Analysis

人民邮电出版社

北 京

图书在版编目（CIP）数据

财务报告分析：微课版 / 赵俊英主编. -- 北京：
人民邮电出版社，2022.4
职业教育新形态财会精品系列教材
ISBN 978-7-115-58544-8

Ⅰ．①财… Ⅱ．①赵… Ⅲ．①会计报表－会计分析－
高等职业教育－教材 Ⅳ．①F231.5

中国版本图书馆CIP数据核字(2022)第015649号

内 容 提 要

本书从财务分析岗位需求出发，以培养职业能力为目标，以职业情境为驱动，以工作任务分析为基础，基于工作过程确定知识体系。本书分为认识财务报告分析、分析资产负债表、分析利润表、分析现金流量表、分析所有者权益变动表、分析财务报表附注、财务专项分析、财务综合分析、财务分析报告等 9 个项目，对企业财务报告进行了全面的解读与分析，系统阐述了财务报告分析的基本理论和方法，旨在培养读者综合运用财务数据，分析、评价、判断、预测企业经营状况和未来发展的职业能力。

本书以 2019 年新版财务报表格式为基础，系统讲解财务报告分析知识体系，内容丰富，注重技能操作训练。每个项目中穿插了大量案例，设置拓展阅读、课堂小贴示、职业启迪、技能训练等特色栏目，配套微课视频，具有较强的可读性、实用性。

本书不仅可以作为高等职业院校财会类专业课程的教材，也可以作为企业会计实务工作者的参考书。

◆ 主　　编　赵俊英
　　副主编　樊　林　赵兰蕙　刘　彬　王少彦
　　责任编辑　古显义
　　责任印制　王　郁　彭志环

◆ 人民邮电出版社出版发行　　北京市丰台区成寿寺路 11 号
　　邮编　100164　电子邮件　315@ptpress.com.cn
　　网址　https://www.ptpress.com.cn
　　山东华立印务有限公司印刷

◆ 开本：787×1092　1/16
　　印张：13.75　　　　　　　　　2022 年 4 月第 1 版
　　字数：352 千字　　　　　　　2022 年 4 月山东第 1 次印刷

定价：49.80 元

读者服务热线：(010)81055256　印装质量热线：(010)81055316
反盗版热线：(010)81055315
广告经营许可证：京东市监广登字 20170147 号

PREFACE

////////////////////// 前 言 //////////////////////

"财务报告分析"是财会类专业的一门职业能力课，它以财务报告为基础，围绕报告的分析利用展开，系统阐述了财务报告分析的基本理论和方法。本书依据财政部最新发布的《企业会计准则》《企业会计制度》和《企业内部控制应用指引第 14 号——财务报告》，采用 2019 年新版财务报表格式编制而成。

为贯彻教育部印发的《高等学校课程思政建设指导纲要》等文件精神，注重德技并修，创新课程思政建设，本书深入挖掘课程中蕴含的思政资源，引导读者树立正确的价值观、职业观；以爱岗敬业的工匠精神执着追求；以求真务实的数据思维和科学灵活的分析方法做好每一项分析工作；以勤思善辩的创作思维实现财务分析的价值，体现当前课程改革的方向。

本书采用"项目引导、任务驱动"的体例格式，从财务分析岗位需求出发，基于工作过程确定知识体系，还原工作过程，对企业财务报告进行全面的解读与分析。每个项目以培养职业能力为目标，以工作任务分析为基础，以职业情境为驱动，把必备知识与拓展知识、理论知识与实践知识进行有机结合，使读者切实感受财务分析人员需要具备的职业技能。

本书内容丰富，注重技能操作训练。每个项目穿插大量真实案例，这些案例均取自境内外上市公司的真实数据，同时设置技能训练、综合技能训练等，具有较强的可读性、实用性及操作性。本书配套微课视频等数字化资源，读者可扫描书中二维码轻松获取。

本书由德州职业技术学院与山东德信有限责任会计师事务所、山东九州光明有限责任会计师事务所、山东华鲁恒升化工股份有限公司等单位合作开发。德州职业技术学院赵俊英负责总体框架设计和组织编写，具体编写分工如下：赵俊英编写项目一、项目二、项目九，樊林编写项目三、项目八，赵兰蕙编写项目七并制作课件，刘彬编写项目四、项目五，王少彦编写项目六并开发微课资源。本书由以上合作企业提供案例，经德州职业技术学院经济管理系主任杨京智、王岩主审。在这里对以上单位和老师的支持与帮助表示衷心感谢。

由于编者水平有限，书中难免存在不妥之处，敬请广大读者批评指正。

编 者
2022 年 1 月

CONTENTS

///////////////////////// 目 录 /////////////////////////

项目一

认识财务报告分析

王林是一名会计专业毕业生，应聘到华强公司财务部工作。工作中，他认真负责，虚心求教，业务能力迅速提升，得到领导的赏识。一段时间后，财务部经理要求王林搜集公司的财务报告资料，对公司财务报告进行分析，以便为公司经理进行经营决策提供依据。王林明白这是对他的考验，一定要努力做好。那么，他该如何完成这项新任务呢？

任务一　认识财务报告

学习目标

素质目标：具有数据思维，做爱国、守法、求真、务实的新时代公民。

知识目标：了解财务报告的内涵、分类，掌握财务报告的内容体系。

技能目标：能够收集整理企业的财务报告资料并分析所需的其他相关资料。

任务分析

任务资料：会计专业毕业生王林进入华强公司，接受领导交给的新任务——搜集财务报告资料，进行财务报告分析。要完成这项任务，王林需要熟悉企业财务报告的概念、内容体系和分析所需的相关信息资料。所以，本任务清单如下。

1. 熟悉企业财务报告的内容体系。
2. 收集整理企业的财务报告资料。
3. 收集整理分析所需的其他相关资料：审计报告、日常经营管理业务资料、外部环境信息等。

知识准备

政策依据：《企业财务会计报告条例》《企业会计制度》和《企业会计准则第 30 号——财务报表列报》。

一、什么叫财务报告

"财务报告"是国际范围内较为通用的术语，一般的国际会计准则都对财

微课视频：我国财务报告相关法律规范体系

01

务报告规定了专门的表述方式。目前，在我国现行的有关法律、法规中使用的是"财务会计报告"这一术语。为了保持法律、法规体系的一致性，财政部颁布的基本准则仍然沿用"财务会计报告"，但同时又引入了"财务报告"这一专有名词，并指出"财务会计报告"又称"财务报告"，从而较好地解决了立足国情与国际趋同的问题。从财务报告分析的角度，本书定义的财务报告，就是我国《企业财务会计报告条例》中的"财务会计报告"。

我国企业会计准则规定，企业应当编制财务会计报告（又称财务报告）。根据我国《企业财务会计报告条例》，财务会计报告是指企业对外提供的反映企业某一特定日期财务状况和某一会计期间经营成果、现金流量的文件。它是会计人员工作的最终成果，也是企业对外传递财务会计信息的载体。企业的财务会计报告主要由财务报表、财务报表附注和财务情况说明书组成。由此可见，财务会计报告与财务报表并非两个等同的概念，财务会计报告包括财务报表，财务报表是财务会计报告的核心组成部分，财务会计报告提供的信息要比财务报表广泛得多。

财务会计报告须经注册会计师审计，企业应当将注册会计师及其会计师事务所出具的审计报告同财务会计报告一并对外提供。接受财务会计报告的单位或个人，在企业财务会计报告未正式对外披露前，应当对其内容保密。

课堂小贴士

请上网搜索《企业财务会计报告条例》《企业会计准则第30号——财务报表列报》结合本任务知识内容，对照学习，知法守法，才能做好工作。

二、财务报告的内容

根据《企业会计制度》，完整的财务会计报告体系如表1-1所示。

表1-1 财务会计报告的内容体系

对外公布报表	表内确认	财务报表主表	资产负债表　中期报告、年度报告
			利润表　中期报告、年度报告
			现金流量表　年度报告
			所有者权益变动表　年度报告
		相关附表	资产减值准备明细表　年度报告
			应交增值税明细表　中期报告、年度报告
			利润分配表　年度报告
			分部报表　年度报告
	表外披露	财务报表附注	月度、季度财务报告除特别重大事项外，可不提供
		财务情况说明书	一般按年编制
对内使用报表	成本报表		
	费用报表		

（一）表内确认

财务报表是财务会计报告的核心，财务报表包括资产负债表、利润表、现金流量表、所有者权益变动表及相关附表。相关附表一般应包括资产减值准备明细表、应交增值税明细表、利润分配表和分部报表等。由母公司和子公司组成的企业集团还应编制合并财务报表。企业编制的中期财务报告至少应当包括财务报表和财务报表附注。它所提供的信息不仅是企业管理当局及与企业相关的利益集团进行决策的依据，也是国家进行国民经济宏观管理的重要依据。财务报表可以按照不同的标准进行分类，例如，按照财务报表的服务对象，可分为对外公布报表和对内使用报表。

> **拓展阅读**
>
> 　　一般情况下，将对外公布的会计报表称为"财务报表"，因为上市公司对外公布的会计报表都同财务有关。其中，资产负债表又称财务状况表，反映上市公司会计年度的财务状况；利润表反映上市公司在会计年度内的经营成果和最终财务业绩；现金流量表则以现金流动来说明财务状况的变动。财务报表中不包括成本报表，是因为成本信息不能反映财务状况、财务状况变动及财务业绩，同时成本信息也是企业的商业秘密之一，公布成本信息会为竞争对手所利用，从而损害企业的利益。

（二）表外披露

1. 财务报表附注

财务报表附注是指报表本身无法或难以充分表达的内容和项目以文字描述或明细资料等形式所进行的补充说明和详细解释，是财务报告体系的重要组成部分。根据《企业会计准则第 30 号——财务报表列报》，财务报表附注主要包括以下内容。

① 企业基本情况。

② 财务报表的编制基础。

③ 遵循企业会计准则的声明。

④ 重要会计政策和会计估计。

⑤ 会计政策和会计估计变更以及差错更正的说明。

⑥ 报表重要项目的说明。

⑦ 或有事项、承诺事项、资产负债表日后发生的非调整事项、关联方关系及其交易等需要说明的事项。

⑧ 有助于财务报表使用者评价企业管理资本的目标、政策及程序的信息。

2. 财务情况说明书

财务情况说明书是对企业的一定会计期间内生产经营、资金周转和利润实现及分配等情况的综合性说明，是财务报告的重要组成部分。它全面扼要地提供企业生产经营的基本情况、资金周转和增减情况、利润实现和分配情况以及对企业财务状况经营成果现金流量有重要影响的其他事项，是财务会计报告使用者了解和考核有关单位生产经营和业务活动开展情况的重要资料。

三、其他相关资料

做好财务报告分析往往要依据其他相关资料，主要包括注册会计师出具的审计报告、公司日常经营管理业务资料和企业外部环境因素等资料。

01

（一）审计报告

注册会计师出具的审计报告是注册会计师对企业财务报表从合法性和公允性两个方面所做的鉴定。通过审计报告的意见类型了解所面对的财务报表及其附注是否合法和公允。

"合法"是指财务报告符合企业会计准则等规范性文件的规定。"公允"是指会计政策的选用和重大会计估计的做出符合准则和制度的规定及企业的实际情况，影响财务报告使用者判断或决策的事项均已得到恰当表达和披露，财务报告所反映的信息已经得到合理的分类和汇总，已按重要性原则反映了交易和事项的经济实质。

审计报告主要有 4 种类型：无保留意见、保留意见、否定意见及无法表示意见的审计报告。

（1）无保留意见的审计报告。如果注册会计师对企业财务报告经过审计后，认为同时符合下列条件，对此无保留地表示满意，应当出具无保留意见的审计报告：①财务报告符合企业会计准则和会计制度规定，在所有重大方面公允地反映了企业的财务状况、经营成果和现金流量；②注册会计师已经按照独立审计准则计划和实施了审计工作，在审计过程中未受到限制；③不存在应当调整或披露而企业未予调整或披露的重要事项。

无保留意见意味着注册会计师认为财务报告的反映是公允的，能满足利益关系者的共同需要。无保留意见也是委托人最希望获得的审计意见，它表明财务报告所反映的财务状况、经营成果和现金流量具有较高的可信度。

（2）保留意见的审计报告。如果注册会计师对企业财务报告经过审计后，认为财务报告就整体而言是公允的，但个别事项存在问题，使财务报告不完全具备出具无保留意见审计报告的条件，但问题的性质尚未严重到需要出具否定意见或无法表示意见的审计报告，应当出具保留意见的审计报告。

需要出具保留意见的事项具体有两类，一类是未调整或未披露事项。注册会计师在审计过程中，如果发现企业在会计政策的选用、会计估计的做出或财务报表的披露方面不符合企业会计准则和会计制度的规定，一般都要求企业调整财务报表或在财务报表附注中予以披露。如果企业不同意进行调整或披露，注册会计师应就其中影响较大的事项在审计报告中提出，并说明理由，指出这些事项对企业财务报告可能产生的重大影响。另一类是审计范围受到局部限制。注册会计师在审计过程中，如果对某些事项的审计受到条件的限制，又无法实施必要的替代审计程序以获取充分、适当的审计证据，应就其中影响较大的事项在审计报告中指出其对企业的财务报表可能产生的重大影响。

（3）否定意见的审计报告。当未调整或未披露事项对财务报表的影响程度超出了可接受范围的时候，表明财务报表的可信度极差，注册会计师就要发表否定意见，明确指出财务报表不符合企业会计准则和会计制度的规定，未能公允地反映企业的财务状况、经营成果和现金流量。

（4）无法表示意见的审计报告。如果注册会计师在审计过程中，审计范围受到严重限制，不能获取充分、适当的审计证据，则无法对财务报表发表任何类型的意见，包括无保留意见、保留意见，甚至是否定意见。

📖 拓展阅读

无保留意见的审计报告
审计报告

H 股份有限公司全体股东：

我们审计了后附的 H 股份有限公司（以下简称 H 公司）财务报表，包括 20××年 12 月

31 日的资产负债表，20××年度的利润表、所有者权益变动表和现金流量表及财务报表附注。

一、管理层对财务报表的责任

二、注册会计师的责任

三、审计意见

我们认为 H 公司财务报表已经按照企业会计准则和《××会计制度》的规定编制，在所有重大方面公允反映了 H 公司 20××年 12 月 31 日的财务状况以及 20××年度的经营成果和现金流量。

××会计师事务所	中国注册会计师：××
	中国注册会计师：××
中国××市	20××年×月×日

（二）公司日常经营管理业务资料

1. 企业公开的信息资料

企业公开的其他信息资料，如招股说明书、上市公告书、临时公告等，则是在财务报告分析过程中应该予以关注的。招股说明书和上市公告书对企业各个方面的情况披露得比较充分，是进行财务分析特别是企业外部人士进行财务分析可供参考的重要资料。临时公告披露的内容，由于其突发性特点，往往不在已经公布的财务报告中体现，但这些事项有可能对企业未来的经营活动与财务状况产生重大影响，因此在财务分析过程中，需要给予高度重视。

2. 企业内部信息资料

公司的主营业务及经营状况、公司发展战略与经营计划、公司面临的风险因素及其他未对外公开披露的各种生产经营活动资料，如会计核算明细资料、营业收入明细资料、成本费用资料、统计资料、业务活动资料、计划与预算资料等。企业内部资料往往能揭示出比对外财务报表更具体、更详细的信息，并且具有针对性强、实效性强、灵活性大的特点。因此，企业内部资料对企业管理者和企业内部分析人士，显得尤为重要。现代信息技术的发展和企业流程的再造，使得企业生产经营活动的各类信息能够迅速进入企业的信息系统，并能够方便快捷地在各部门、各系统之间被传递、提取。这不仅使企业内部资料数量庞大且容易获得，也使企业的财务分析更多地与业务分析相结合，大大拓展了企业财务分析的内容。

（三）企业外部环境因素

企业的外部环境包括政策环境、市场环境和经济环境。

1. 政策环境

政策环境主要包括产业政策、价格政策、信贷政策、分配政策、税务法规、财务法规、金融法规等。从企业的行业性质、组织形式等方面分析企业财务对政策法规的敏感程度，合理揭示经济政策调整及法律法规变化对企业财务状况与经营业绩的影响。

2. 市场环境

市场环境主要包括资本市场、劳动力市场、销售市场等，企业的市场环境对企业的发展有巨大的制约或推动作用。资本市场在一定程度上决定着企业融资、投资的难易度以及企业的发展速度。劳动力市场在一定程度上决定了企业人力资源的质量，影响企业核心竞争力。销售市场则是企业提供的产品或劳务的需求市场，是企业生存和发展的生命线。

3. 经济环境

企业的财务特点受制于企业的行业特点，分析企业财务状况的优劣，要结合行业特点和横向类比进行判断。在财务报告分析时还要考虑行业发展背景、竞争对手的情况、产业结构情况、企业生命周期和产品发展周期阶段等因素，做到熟悉行业特点，掌握行业的一般财务指标特征。例如，房地产开发企业，其资产负债率可能比一般行业高；商业企业的存货周转速度要远远高于制造业企业的存货周转速度等。

拓展阅读

突破百亿元，我国经济实现跨越发展

2021年年初，国家统计局公布，2020年我国国内生产总值（GDP）首次突破100万亿元，达1 015 986亿元，按可比价格计算，比上年增长2.3%，经济总量迈步新台阶。

当前，面对内外挑战叠加、风险交织的大环境，这样的跃升凝聚着中华民族的努力与付出。数据是最有力的证明，"百万亿"的突破彰显了我国经济的强大韧性与潜力。由此，讨论思考，数据思维是做好财务报告分析的第一要领。

任务实施

根据领导要求和所学知识，王林很快找到了公司财务报告资料，列出财务报告的主要内容，包括财务报表及相关附表、财务报表附注以及财务情况说明书。同时，作为内部会计人员，为了分析内容更加全面准确，王林还搜集了大量其他相关资料。

请思考：王林要做好这份工作，还需要哪些知识？

任务二　认识财务报告分析

学习目标

素质目标：具有学习财务报告分析的兴趣；做爱岗敬业的分析师。

知识目标：了解财务报告分析的含义、作用等基本知识；掌握分析的内容、步骤。

技能目标：能做出财务报告分析的程序设计。

任务分析

任务资料：王林进入华强公司，熟悉了公司财务会计报告的概念、内容体系和分析所需的相关信息资料。根据公司任务要求，接下来需要学习如何分析财务报告，要做好财务报告分析工作，就要对该工作有所了解，所以，本任务清单如下。

1. 掌握财务报告分析的含义、重要性。
2. 熟悉财务报告分析的内容、主体及工作过程。
3. 学会做财务报告分析的程序设计。

知识准备

政策依据：《企业内部控制应用指引第 14 号——财务报告》。该指引第一次把财务报告分析纳入法规的范畴。

微课视频：财务报告
分析的内容

一、什么叫财务报告分析

所谓财务报告分析，就是以财务会计报告为主要依据，采用科学的评价标准和适用的分析方法，遵循规范的分析程序，对企业的财务状况、经营成果和现金流量等重要指标进行比较分析，从而对企业的财务状况、经营情况及其绩效做出判断、评价和预测的一项经济管理活动，进而帮助报表使用者改善并优化决策的一种专门技术。

二、财务报告分析的形成与发展

财务报告分析最早由银行家提出，在决定是否向企业发放贷款时，银行最关心的是申请贷款的企业能否按时还本付息。为了确保债权权益，尽量避免放贷风险，银行要求企业提供财务报表，对企业进行信用调查和分析，借以判断企业的偿债能力，这样就产生了财务报表分析。

资本市场形成后，财务报表分析也扩展到为投资人服务；从而涌现了各种专职的财务分析人员（财务分析师、证券分析师），财务分析方法也日渐成熟。股权投资人增加，社会公众进入资本市场，他们要求的信息比贷款银行更广泛。投资人则不仅重视企业的风险，还重视企业的报酬。投资人更关心企业的收益能力、筹资结构、利润分配等经营情况，以便做出投资决策。由信用分析过渡到收益分析（投资价值分析）是一个重要的变化，因此，财务报表分析逐渐扩展为财务报告分析。

随着公司组织不断发展，财务报告分析由外部分析扩大到内部分析，以便改善内部管理服务。经营者为改善收益能力和偿债能力，以取得投资人和债权人的支持，进行了内部分析。内部分析不仅需要公开报表的数据，还需要内部的数据（如预算、成本等），经营者找出管理行为和报表数据的关系，通过改善管理来改善未来的财务报告的数据情况。管理分析不仅用于评价企业，而且用来寻找改善这些评价的线索。内部分析出现后，内部分析和外部分析构成了完整的财务报告分析体系。

三、财务报告分析的作用

财务报告分析作为一项运筹和谋划全面效益的管理活动，在经济建设中发挥着越来越重要的作用。

第一，财务报告分析可以为企业利益相关者进行有效决策提供科学依据。

企业利益相关者是财务报告的使用者，即那些需要运用财务报告分析进行有效决策的组织和人士。他们按照与企业经济利益关系的紧密程度可以分为直接利益关系的使用者和间接利益关系的使用者，前者如投资者和债权人等，后者如政府监管部门、供应商、客户以及社会公众等。企业的投资者是企业风险的承担者，投资者尽管投资目的不同，投资方式各异，但都极为关心企业的投资报酬率，而财务报告分析能够为不同的投资者提供有关企业的经营情况和财务成果方面的分析资料，特别是可以提供企业盈利能力方面的信息以供投资者进行决策时参考。企业的贷款人、供应商等债权人通过财务报告分析可以了解企业的偿债能力、企业的信用状况、财务能力和现金流量等信息，用于评估企业能否如期支付贷款本金及其利息，能否如期支付所欠购货款等。上述企业利益相关者均能根据不同的具体目标，利用财务报告分析信息对自己的经营活动和管理工作做出相应的科学决策。

第二，财务报告分析有助于促进资本市场的健康发展。

随着社会主义市场经济体制的确立与完善，我国资本市场机制也在发展中日益成熟与健全。上市公司通过财务报告分析定期公布有关企业财务状况、经营成果、投资风险、盈利能力等一系列反映企业经营管理水平方面的分析指标，有助于有价证券买卖双方交流信息、选择机会，必然促进证券市场的良性运行和健康发展。财务报告分析还有利于维护金融秩序。银行或其他金融机构作为信用授予者向企业提供信贷资金，即形成债权人与债务人的关系。信用授予者极为关心企业的财务状况，为确保债权稳定、不遭受损失，信用授予者通过财务报告分析资料对企业的信用程度、偿债能力和盈利能力等做出准确判断，以保证发放贷款等信贷资金的安全性，通过财务报告分析维护金融秩序，这样不仅有利于加强金融监管、防止金融犯罪，也有利于促使企业合理地进行负债、经营，保证金融程序的正常与稳定。

第三，财务报告分析能满足企业管理者加强经济管理、提高经济效益的需要。

企业管理者通过对财务报告的日常分析与定期分析，可以深入了解企业财务状况和经营成果以及各种财务经济信息。财会人员可以及时向企业各级管理部门提供财务报告及其分析资料，以便于企业管理者，特别是领导者随时掌握企业动态，应付不断变化的客观情况，正确估计当前财务状况，评估各种投资方案，以便做出合理决策。企业管理者通过财务报告分析对各项主要财务指标的变动情况进行因素分析，确定影响财务指标变动的原因，发现问题并制定相应措施，以更好地履行企业的受托责任。

📓 拓展阅读

巴菲特的价值投资理念

巴菲特的价值投资理念，就是通过财务报告分析发现企业的投资价值，寻找有发展潜力的企业，巴菲特明确地说："我关注的是公司未来 20 年甚至 30 年的盈利能力。"他的股票在 30 年间上涨了 2 000 倍。

四、财务报告分析的主体和内容

企业的利益相关者都希望通过财务报告分析取得与决策相关的信息，但不同的利益主体进行财务报告分析的目的却不尽相同，而分析目的不同，其具体分析内容也有所差异和侧重。财务报告分析主要从以下几个角度进行分析。

1. 投资者角度

企业的投资者对企业的财产具有所有权，同时也是终极风险的承担者。作为投资者，他们关心企业的投资回报率；作为企业的最终风险承担者，他们密切关注企业的财务状况。如果投资者的投资目的仅仅是单纯获利，则企业的盈利能力就是这类投资者进行财务报告分析的基本目的；如果投资者的目的不仅是获利，而且包括扩大企业经营规模，占领市场，避免财务风险等，那么投资者进行财务报告分析的目的就不仅仅是企业的盈利能力，还必然要分析企业的财务状况。

2. 债权人角度

一般而言，由于债务具有利息固定和到期偿还的特征，债权人不对企业承担终极风险。所以债权人更多的是关心企业的偿债能力，关心企业的资本结构及长短期负债的比例。通过流动比率、速动比率等指标，短期债权人可以获得企业短期偿债能力的评价；长期债权人则会更多地考虑企业的经营方针、发展方向、项目性质及潜在风险等综合盈利能力。

3. 经营者角度

企业经营者进行的财务报告分析比其他财务报告主体的分析更加全面。他们要求对企业财务的各个方面进行财务报告分析，以了解企业的整体财务状况和经营成果，同时还需要进行原因分析以改进企业的经营管理，做出正确的经营和财务决策。

4. 政府角度

对企业有监管职能的政府部门主要包括市场监督管理机关、税务机关等，它们主要通过定期了解企业的财务信息，把握和判断企业是否依法经营、依法纳税，维护正常、公平的市场秩序，保证国家经济政策、法规和有关制度的有效执行。

5. 企业员工角度

企业员工不但关心企业目前的经营状况和盈利能力，而且也关心企业未来的发展前景。通过财务报告分析，企业员工可以了解工资、奖金状况，企业的福利保障程度，员工持股计划的执行和分配状况等。

6. 其他利益相关者

企业的其他利益相关者可能包括业务相关单位，例如供货商、顾客等。他们关心的是企业的信用状况。通过财务报告分析，业务相关单位可以判断企业的商业信用和财务信用，顾客则通过分析企业整体信用来判断企业的产品质量。

五、财务报告分析的工作过程

财务报告一般按以下步骤进行分析。

1. 确定分析目的

不同的信息使用者，关注的财务报告的侧重点有所区别。在进行财务报告分析时，要先明确分析的目的是什么，即信息使用者希望获取的是什么样的信息。例如，是进行投资决策所需的信息，还是要制定未来经营策略所需的信息，有明确的分析目的，才能确定所需要的财务信息，并选择恰当的分析方法。

2. 制订分析计划

在明确分析目的之后，就要制订详细的财务报告分析计划，包括分析的具体目的、分析要求、组织分工、进度安排、资料依据、评价标准及适宜的评价方法等。

3. 收集整理相关资料和信息

保证财务报告分析的客观性和准确性的基本条件之一就是要收集全面、真实、准确的分析对象的资料。财务报告分析的范围决定了所需收集的相关资料的数量。例如，专题分析，范围小，所需资料少；而全面的财务报告分析，则需要收集企业各方面的经济资料，主要包括财务报表、财务报表附注及财务情况说明书、审计报告以及财务报告分析的其他信息资料等。充分利用这些公开的财务资料所披露的信息，并分析其内在的关系是财务报告分析的关键。例如，财务报表、会计账簿、会计凭证、企业预算报表、决算报表、定员定额资料、费用开支标准和范围以及日常各类历史资料。企业财务报告至少应当包括资产负债表、利润表、现金流量表、所有

微课视频：如何
收集信息

者权益（或股东权益）变动表和相关附注。此外，为了保证财务报告分析的有效进行，在开展财务报告分析之前，还要对收集的资料进行必要的筛选、加工和整理，确定分析对象。

课堂小贴士

收集财务报告分析所需信息要全面、准确、及时，而且还要对收集的资料进行必要的筛选、加工和整理，去伪存真，精益求精，才能保证分析结论的正确性。可见，工匠精神对于财务分析师来说是不可缺少的。

4. 选定分析方法进行具体分析

根据分析指标的性质及其指标之间的相互联系，选定合适的分析方法，寻找指标变动的因素，并测算各因素变动对财务指标变动的影响，以便根据计算结果分清主次，区别利弊，这是财务报告分析工作的中心环节。

5. 得出分析结论，编写分析报告

经过具体分析后，就要得出分析结论，指出做得较好的方面、存在的问题，以及以后如何改进等。编写分析报告是财务报告分析的最后阶段，为报表使用者进行决策提供依据。分析报告要对分析目的做出明确回答，评价要客观、全面、准确，说明评价的依据。对分析的主要内容、选用的分析方法、采用的分析步骤也要做简明扼要的叙述，以备审阅分析报告的人了解整个分析过程。此外，分析报告中还应当包括分析人员针对分析过程中发现的矛盾和问题，提出的改进措施或建议。

根据财务报告分析目标和内容，评价收集的资料，寻找数据间的因果关系，结合本企业的特点和历年状况，解释形成现状的原因，揭示经营业绩，暴露存在的问题；实事求是地评价过去，科学地预测未来，提出合理化建议，形成分析报告，供财务报告分析信息需要者进行决策时参考。

六、采用灵活多样的分析形式

财务报告分析，从不同的角度可以分为多种形式，明确不同的财务报告分析形式的特点及用途，对于准确分析企业财务情况、实现分析目标具有重要意义和作用，按照不同的角度分析，财务报告分析主要有以下几种形式。

（一）外部分析和内部分析

从分析主体角度，可将财务报告分析分成外部分析和内部分析。

1. 外部分析

企业投资者和债权人、供应商和顾客、政府相关部门分别是企业权益资本和负债资金的供给者、商品或劳务的供应者和购买者、企业的社会管理者，它们都属于企业外部的利益相关者，一般不直接参与企业日常经营管理，不直接从企业生产经营过程中获取所需的经济财务信息，主要依赖于企业财务报告和其他资料来了解和掌握企业目前的经营业绩、财务状况和财务信用、社会责任履行情况等信息，并在此基础上形成自己对企业未来偿债能力、盈利能力、发展能力以及潜在风险的判断，为投资决策、信贷决策和各种管理决策提供可靠的依据。

2. 内部分析

企业内部经营管理者除了全面关注企业财务状况和经营成果，关注企业各方面财务能力外，往往将分析重点集中于企业经营理财过程中出现的某些薄弱环节或对企业发展将产生重大影响的项目。其分析的目的是更有效地进行规划和控制。

例如，为了加强企业内部控制，企业经营管理者特别关注各种流动资产和固定资产的周转情况以及资产的投资收益率，因为这些财务指标是评估企业资产管理是否具有效率的重要依据。又如，为了扩大从外界获得资金的渠道和降低筹资成本，企业的财务主管必须十分熟悉财务报告外部使用者通常用来了解和评价企业盈利能力和财务状况的各项指标，以便能有的放矢地改善企业的整体形象。再如，为了对企业的未来做出科学的发展规划，管理当局必须仔细地分析企业当期的财务状况，认真地评估企业目前面临的发展机会及其对企业未来现金流动所产生的潜在影响。当然，经营管理者对企业财务情况的其他方面也很关注，因为他们的职责是对企业日常运行负责，并在充满竞争的市场环境里权衡经营风险和财务风险，去赚取股东满意的投资收益率。企业经营管理者除了重视财务报告分析外，还可通过其他内部渠道获得有关成本、利润及资金周转方面的有用信息，以加强内部控制和进行科学规划。

（二）全面分析和专题分析

从分析的内容与范围角度，可将财务报告分析分为全面分析和专题分析。

1. 全面分析

全面分析是指对企业一定时期内财务报告所反映的经营理财等各方面情况进行系统、综合、全面的分析与评价。全面分析的目的是全面总结企业在这一时期的财务状况和经营业绩，找出经营管理过程中具有普遍性的问题，为协调各部门关系，搞好下期经营理财安排奠定基础或提供依据。全面分析通常在年终进行，形成综合、全面的财务分析报告，向职工代表大会或股东（大）会汇报。

2. 专题分析

专题分析是根据某方面的专门目的与要求，对某种财务报告资料或对企业经营理财过程中某一方面的问题进行的比较深入的分析，以突出重点问题，解决主要矛盾。例如，经营管理者对经营理财过程某一环节或某一方面的突出问题进行分析，投资者或债权者对自己关心的某个方面的问题进行分析等，都属于专题分析。专题分析能及时、深入地揭示企业某一方面的财务情况，为分析者提供详细的资料信息，对解决企业经营理财中的关键问题起到重要作用。

（三）定期分析和不定期分析

从分析的时间角度，可将财务报告分析分为定期分析和不定期分析。

1. 定期分析

定期分析是按一定日期（月、季、年）进行的分析，一般是全面分析。

2. 不定期分析

不定期分析是指根据某些重大的财务经济问题进行的专题分析，以便及时发现财务活动中的薄弱环节，抓住关键问题，及时加以解决。

为了按时按质按量地完成财务报告分析工作计划，可以根据不同的分析目的、不同的分析对象、不同的工作条件分别采用适当的分析形式。

职业启迪

干一行，爱一行，行行出状元

请同学们上网搜集有关财务分析师的资料以及巴菲特的成功事例，结合本任务知识，讨论思考我们的职业前景。以爱岗敬业的工匠精神执着追求，我们可以从基础的分析工作入手，逐渐成长为专职的财务分析师，进而成为财务总监，或者我们也可以成为一名出色的理财师。

任务实施

根据领导要求和所学知识，王林知道他应从公司经营管理者角度进行财务报告分析，要对公司财务的各个方面进行分析，以了解公司的整体财务状况和经营成果，同时还需要进行原因分析以改进公司的经营管理，为管理者做出正确的经营和财务决策提供合理建议。

现在，王林有了明确的分析目的，按照工作过程要求，他现在可以着手制订一份分析计划，做好分析进度安排、搜集准备财务报告资料、为开展财务报告分析做好准备。

请思考：财务报告分析有哪些基本方法？

任务三　财务报告分析的基本方法

学习目标

素质目标：具有做事灵活选择方法的科学意识。

知识目标：掌握比较分析法、比率分析法、趋势分析法和因素分析法的基本知识。

技能目标：能够运用这 4 种方法进行计算分析。

任务分析

选定分析方法是进行财务报告具体分析的中心环节，王林做好华强公司财务报告资料和分析的准备工作以后，还需要专业的分析方法，所以，本任务清单如下。

1. 比较分析法的知识与运用。
2. 比率分析法的知识与运用。
3. 趋势分析法的知识与运用。
4. 因素分析法的知识与运用。

知识准备

财务报告分析的方法是实现财务报告分析的手段。由于分析目标不同，在实际分析时必然要适应不同目标的要求，采用多种多样的分析方法。目前常用的方法主要有比较分析法、比率分析法、趋势分析法和因素分析法等，其中最常用的是比较分析法。

一、比较分析法

所谓比较分析法是将某指标实际达到的数值同特定的各种标准值进行对比，从数量上确定所研究指标与标准指标的差异程度，并进行差异分析，从而揭示经营业绩和差距，说明现象发展的特征，对企业总体状况做出评价。简单来说，就是对两个或几个有关的可比数据进行对比，揭示差异和矛盾。比较是分析的基本方法，没有比较，分析就无法开始。

在实践中，财务报告分析的评价标准主要包括经验标准、历史标准、行业标准和预算（计划）标准。

1. 经验标准

经验标准是指依据大量且长期的实践检验而形成的标准。例如，经过 20 世纪 70 年代以来的财务管理实践形成了流动比率的经验标准为 2∶1，速动比率的经验标准为 1∶1 等。经验标准有助于财务报告分析者观察企业的经营活动是否合乎常规。

其实，经验标准来源于特定的经营环境。如果企业的经营环境发生了变化，经验标准可能失去其原有的意义。例如，随着经营环境的改变，现代企业流动比率很难达到 2∶1，传统的流动比率已经不适用于评价企业的短期偿债能力。同时，经验标准并非人们常说的平均水平。换句话说，平均水平未必能够成为经验标准。

2. 历史标准

历史标准是指本企业过去某个时期（例如，上年或上年同期）的实践形成的标准。历史标准是本企业曾经达到的标准，因此，历史标准比较可靠，也比较符合实际。它有助于财务报告分析者揭示差异，进行差异分析，查明产生差异的原因，为企业经营者改进企业经营管理提供依据；另一方面，可以通过本期实际与若干期的历史资料比较，进行趋势分析，了解和掌握经营活动的变化趋势及其规律，为预测企业未来发展提供依据。

在实践中，历史标准可以是本企业历史最高水平的标准，也可以是企业正常经营条件下的标准，还可以是本企业连续多年平均水平的标准。不过，常用的历史标准是上年的历史标准。

当然，"企业的未来未必是历史的必然延伸"。如果企业的经营环境发生重大变化，历史标准就可能使财务报告分析者"刻舟求剑"。

3. 行业标准

每一个行业都有以行业活动为基础并反映行业特征的一些标准，这些标准就是所谓的行业标准。行业标准可以选择国内外先进水平或竞争对手的标准，这种比较有利于财务报告分析者找出本企业与同行业其他企业水平的差距，明确今后的努力方向。但是，运用行业标准要谨慎。虽然两个企业处于同一行业，但是它们可能不具备可比性。因为它们可能占据行业价值链的不同环节，而且所采用的会计政策也可能是不同的。

目前，在企业中流行"标杆"标准，它是一种行业标准的"变异"。所谓"标杆"，就是同行业具有可比性的先进企业，"标杆"标准就是具有可比性的"同行业先进水平"的标准。采用"标杆"标准有助于企业与同行业先进水平进行对比，比、学、赶、超，从而成为领先企业。不过，并不存在完全相同的两个企业，"标杆"的确定也是相对的。

【案例 1-1】根据行业特征、经营规模和业务特点，深圳康佳集团股份有限公司（以下简称"深康佳"）和四川长虹电器股份有限公司（以下简称"四川长虹"）等企业大体上以青岛海信视像科技股份有限公司（以下简称"海信视像"）作为"标杆"企业。表 1-2 列示了 2020 年 9 月海信视像与其他两家企业的销售毛利率。

表 1-2　　　2020 年 9 月深康佳、四川长虹、海信视像销售毛利率

项目	深康佳	四川长虹	海信视像
销售毛利率	6.465%	9.936%	16.56%

通过对表 1-2 的数据进行比较可以初步看出海信视像 2020 年 9 月的行业竞争地位。

4. 预算（计划）标准

在实行预算（计划）管理的企业，预算（计划）标准是现成的指标。预算（计划）标准有助于判断企业实际财务状况和经营成果与预算（计划）目标之间的差异，并寻求差异的原因。不过应注意的是，预算（计划）标准是企业内部的标准，只适合企业内部的财务分析。这时财务报告分析者通常需要将财务报告分析与预算管理相结合。

二、比率分析法

比率分析法是通过各种比率指标来确定经济活动变动程度的分析方法。比率是相对数，采用这种方法，能够把某些条件下的不可比指标变为可比指标，从而有利于分析。比率指标主要有三类：一是构成比率；二是效率比率；三是相关比率。

1. 构成比率

构成比率又称结构比率，是指某项财务指标的各个组成部分数值占总体数值的百分比，反映部分与总体的关系。其计算公式如下。

$$构成比率=某个组成部分数值/总体数值×100\%$$

例如，企业资产中流动资产、固定资产和无形资产占资产总额的百分比（资产构成比率），企业负债中流动负债和非流动负债占负债总额的百分比（负债构成比率），该方法可以考察总体中某个部分的形成和安排是否合理，以便协调各项财务活动。

2. 效率比率

效率比率是指某项财务活动中所费与所得的比例，反映投入与产出的关系。利用效率比率指标，可以进行得失比较，考察经营成果，评价经济效益。例如，将利润项目与销售成本、销售收入和资本金等项目加以对比，可计算出成本利润率、销售利润率以及资本利润率等利润率指标，可以从不同的角度观察比较企业获利能力的高低及其增减变化情况。

3. 相关比率

相关比率是指以某个项目和与其有关的其他项目加以对比所得的比率，反映有关经济活动的相互关系。利用相关比率指标，可以考察企业中有联系的相关业务的安排是否合理，以保证运营活动顺利进行。例如，将流动资产与流动负债加以对比，计算出流动比率，据以判断企业的短期偿债能力。

比率分析法的优点是计算简便，计算结果比较容易判断，而且可以使某些指标在不同规模的企业之间进行比较，甚至也能在一定程度上超越行业间的差别进行比较。但采用时应该注意以下几点。

（1）对比项目的相关性。计算比率的子项和母项应具有相关性，把不相关的项目进行对比是没有意义的。在构成比率指标中，部分指标必须是总体指标大系统中的一个小系统；在效率比率指标中，投入与产出必须有因果关系；在相关比率指标中，两个对比指标也要有内在联系，这样才能评价有关经济活动之间是否协调均衡，安排是否合理。

（2）对比口径的一致性。计算比率的子项和母项必须在计算时间和范围等方面保持口径一致。

（3）运用标准的科学性。运用比率分析，需要选用一定的标准与之对比，以便于评价。

三、趋势分析法

趋势分析法是指利用企业连续多期财务报表提供的数据，将分析期指标与历史指标进行对比，以揭示企业财务状况和经营成果变化趋势的分析方法，也称动态比率分析法。例如，对总资产、营业利润及净利润等指标进行动态比率计算与分析，可以揭示企业规模的发展趋势及长期获利能力。

不同时期财务指标的比较，包括定基动态比率分析与环比动态比率分析两种形式。

微课视频：趋势分析法

1. 定基动态比率分析

定基动态比率是指以某一时期的数额为固定的基期数额计算出来的动态比率。其计算公式如下。

$$定基动态比率=分析期数额/固定基期数额×100\%$$

$$定基增长速度=定基动态比率-100\%$$

2. 环比动态比率分析

环比动态比率是指以每一分析期的前期数额为基期数额计算出来的动态比率。其计算公式如下。

$$环比动态比率=分析期数额/前期数额×100\%$$

$$环比增长速度=环比动态比率-100\%$$

【案例 1-2】华强公司自 2016 年至 2020 年连续 5 年的营业收入分别为 20 000 万元、21 000 万元、25 200 万元、27 720 万元和 29 940 万元，营业利润分别为 1 000 万元、1 200 万元、1 440 万元、1 512 万元和 1 560 万元，你如何评价华强公司近年来经营成果的发展趋势？

提示：根据上述资料，计算填列华强公司动态比率分析表，如表 1-3 所示。

表 1-3　　　　　　　　　　　　华强公司动态比率分析表

项目		2016 年	2017 年	2018 年	2019 年	2020 年
绝对金额/万元	营业收入	20 000	21 000	25 200	27 720	29 940
	营业利润	1 000	1 200	1 440	1 512	1 560
定基动态比率/%	营业收入	100	105	126	139	150
	营业利润	100	120	144	151	156
定基增长速度/%	营业收入	—	5	26	39	50
	营业利润	—	20	44	51	56
环比动态比率/%	营业收入		105	120	110	108
	营业利润		120	120	105	103
环比增长速度/%	营业收入		5	20	10	8
	营业利润		20	20	5	3

从表 1-3 的计算结果可知：从定基增长速度看，华强公司自 2016 年至 2020 年的连续 5 年中，营业收入和营业利润始终保持不断增长的趋势。从环比增长速度看，2018 年达到增长高峰，随后速度开始下降，总的经营状况较好。但自 2018 年开始营业收入和营业利润的增长速度放慢，而且营业利润的增长速度大大低于营业收入的增长速度，企业经营者需要进一步在成本费用方面查明原因，并及时采取有效措施，力争在 2021 年扭转这一局面。

四、因素分析法

因素分析法是依据分析指标与其影响因素的关系，从数量上确定各因素对分析指标的影响方向和影响程度的一种方法。采用这种方法的原因是，当有若干因素对分析指标发生影响作用时，假定其他各个因素都无变化，可以顺序确定每一个因素单独变化所产生的影响。因素分析法包括连环替代法和差额分析法。

1. 连环替代法

连环替代法是将分析指标分解为各个可以计量的因素，并根据各因素之间的依存关系，按各因素的顺序依次用各因素的比较值（通常即实际值）替代基准值（通常即标准值或计划值），据以测定各因素对分析指标的影响。

【**案例 1-3**】华强公司 2020 年 3 月某种材料费用的实际数是 4 620 元，而其计划数是 4 000 元。实际比计划增加 620 元。由于材料费用是由产品产量、单位产品材料消耗量和材料单价三个因素的乘积构成的，因此，可以把材料费用这一总指标分解为三个因素，然后逐个分析它们对材料费用总额的影响程度。现假定这三个因素的数值如表 1-4 所示。

表 1-4　　　　　　　　　　　　材料费用影响因素分析表

项目	计划数	实际数
产品产量/件	100	110
单位产品材料消耗量/千克	8	7
材料单价/元	5	6
材料费用总额/元	4 000	4 620

根据表 1-4 资料可知，材料费用总额实际数较计划数增加 620 元，这是分析对象。运用连环替代法，计算各因素变动对材料费用总额的影响程度如下。

计划指标：$100 \times 8 \times 5 = 4\ 000$（元）①

第一次替代：$110 \times 8 \times 5 = 4\ 400$（元）②

第二次替代：$110 \times 7 \times 5 = 3\ 850$（元）③

第三次替代：$110 \times 7 \times 6 = 4\ 620$（元）④（实际指标）

产品产量增加的影响：②-①=$4\ 400 - 4\ 000 = 400$（元）

单位产品材料消耗量的影响：③-②=$3\ 850 - 4\ 400 = -550$（元）

材料单价提高的影响：④-③=$4\ 620 - 3\ 850 = 770$（元）

全部因素的影响：$400 - 550 + 770 = 620$（元）

2. 差额分析法

差额分析法是连环替代法的一种简化形式，它是指利用各个因素的比较值与基准值之间的差额，计算各因素对分析指标的影响。

【**案例 1-4**】仍以表 1-4 数据为例，采用差额分析法计算各因素变动对材料费用的影响。

产品产量增加对材料费用的影响：$(110 - 100) \times 8 \times 5 = 400$（元）。

单位产品材料消耗量节约对材料费用的影响：$110 \times (7 - 8) \times 5 = -550$（元）。

材料单价提高对材料费用的影响：$110 \times 7 \times (6 - 5) = 770$（元）。

因素分析法既可以全面分析各因素对某一经济指标的影响，又可以单独分析某一个因素对某一经济指标的影响，在财务分析中应用广泛。但在应用这一方法时应注意以下几个问题。

（1）因素分解的关联性。即确定构成经济指标的因素，必须是客观上存在因果关系的，要能够反映形成该项指标差异的内在构成原因，否则就失去了其存在的价值。

（2）因素替代的顺序性。替代因素时，必须按照各因素的依存关系，排列成一定的顺序并依次替代，不可随意替换顺序，否则就会得出不同的计算结果。一般而言，确定因素替代顺序的原则是按分析对象的性质，从诸因素相互依存关系出发，并使分析结果有助于分清责任来进行。

（3）顺序替代的连环性。因素分析法在计算每一个因素变动的影响时，都是在前一次计算的基础上进行的，并采用连环比较的方法确定因素变化影响结果。因为只有保持计算程序上的连环性，才能使各个因素影响之和等于分析指标变动的差异，以全面说明分析指标变动的原因。

（4）计算结果的假定性。由于因素分析法计算的各因素变动的影响数，会因替代计算顺序的不同而有所差别，因而计算结果不免带有假定性，即其不可能使每个因素计算的结果，都达到绝对的准确，只是在某种假定前提下的影响结果，离开了这种假定前提条件，也就不会是这种影响结果。因此，分析时应力求使这种假定合乎逻辑，具有实际经济意义。这样，计算结果的假定性才不至于妨碍分析的有效性。

任务实施

有了这些分析方法知识，王林根据分析目的和内容，确定内部分析既要全面总结企业财务状况和经营业绩，又要关注企业经营理财中出现的普遍性问题，更要将分析重点集中于企业经营理财过程中出现的某些薄弱环节或某一方面的突出问题。所以采用全面分析与专题分析相结合的方式，并灵活选择运用以下各种分析方法。

（1）采用比较分析法，对企业总体财务状况做出评价。找出本企业与同行业平均水平的差距、与本企业历史最高水平的差距、与预算（计划）目标之间的差异，并寻求差异的原因。

（2）采用比率分析法，分析企业各利益相关者关注的财务能力。①债权人关注的偿债能力的财务比率，如流动比率、速动比率、负债比率等；②股东关注的企业盈利能力的财务比率，如资产利润率、销售利润率等；③反映企业经营和管理效率的财务比率，如资产周转率、应收账款周转率、存货周转率等。

（3）采用趋势分析法，对企业财务状况和经营成果变化趋势进行分析。

（4）采用因素分析法，对企业日常运行的内部产品成本、费用报表分析。说明成本升降的具体原因，以及销量变动的影响或成本费用变动的影响等。

职业启迪

科学方法，赋能未来

爱因斯坦曾说过：成功=艰苦的劳动+正确的方法+少说空话。由此可见，科学方法的重要性。好的方法可以事半功倍。请同学们总结本项目，讨论思考：我们要把握好开启财务分析师职业大门的三把钥匙：求真务实的数据思维、爱岗敬业的工匠精神、科学灵活的分析方法。

项目总结

第一，认识企业财务会计报告，懂得财务报告分析使用的主要资料是企业对外发布的财务报表以及一些其他资料，其中财务报表包括"四表一注"，即资产负债表、利润表、现金流量表、所有者权益（或股东权益）变动表以及相关附注；其他资料包括审计报告和其他报告、宏观经济环境、行业信息等。

第二，从总体上认识财务报告分析作用、主体、内容及其工作过程。投资人、债权人、经理人员、政府机构以及与企业其他利益相关者，都可以从财务报告分析中获得益处。各利益相关者因其分析目的不同，进行分析的内容也不相同。主要包括盈利能力分析、偿债能力分析、营运能力分析和现金流量分析等。

第三，掌握财务报告分析的基本方法有比较分析法、比率分析法、趋势分析法和因素分析法。

技能训练

- **专业知识训练**

一、单项选择题

1. 最关心企业信用状况的报表使用者是（　　　）。

    A. 投资人　　　　　　B. 政府机关　　　　　　C. 业务关联单位　　　　D. 企业内部职工

2. 在财务报告分析中，不同企业比较的标准是（　　　）。

    A. 行业标准　　　　　B. 预算标准　　　　　　C. 历史标准　　　　　　D. 国家标准

3. 财务报告分析中最常用的方法是（　　　）。

    A. 趋势分析法　　　　B. 因素分析法　　　　　C. 比率分析法　　　　　D. 比较分析法

4. 以企业分析期的前期数值为基期数值所计算的比率是（　　　）。

    A. 定基动态比率　　　B. 环比动态比率　　　　C. 动态比率　　　　　　D. 效率比率

5. 差额分析法是（　　　）的特殊形式。

    A. 趋势分析法　　　　B. 因素分析法　　　　　C. 比率分析法　　　　　D. 比较分析法

二、多项选择题

1. 财务报告列报主要包括的内容有（　　　）。

    A. 资产负债表　　　　B. 利润表　　　　　　　C. 现金流量表　　　　　D. 报表附注

2. 财务报告分析的主体包括（　　　）。

    A. 投资人　　　　　　B. 债权人　　　　　　　C. 经营者　　　　　　　D. 政府机构

3. 财务报告分析的基本方法有（　　　）。

    A. 比较分析法　　　　B. 比率分析法　　　　　C. 因素分析法　　　　　D. 趋势分析法

三、判断题

1. 财务报告是企业向外传递会计信息的主要途径。　　　　　　　　　　　　　　　（　　　）

2. 不同的利益主体进行财务报告分析有着各自的目的和侧重点。　　　　　　　　　（　　　）

3. 财务报告分析的依据既包括财务信息还包括非财务信息。　　　　　　　　　　　（　　　）

4. 比率分析法是一种特殊形式的比较分析法，它使用相对数比较，所以，不受规模限制，应用面广。　　　　　　　　　　　　　　　　　　　　　　　　　　　　　　　　　　（　　　）

- **综合技能训练**

一、某公司 2019 年计划实现利润 2 500 万元，2019 年实际实现利润 2 600 万元，该公司预计 2020 年实现利润 2 700 万元，2020 年 1—9 月已实现利润 2 160 万元。

要求：

1. 计算该公司 2019 年利润计划完成率。

2. 计算 2020 年累计完成计划的进度。

3. 计算预计完成计划尚需多少天。

4. 预计该公司 2020 年可超计划完成的利润额。

5. 据以上结果进行简要评价。

二、某公司有关指标资料如表 1-5 所示。

表 1-5　　　　　　　　　　　　　　有关指标资料

指标	2019 年	2018 年	2017 年	2016 年	2015 年
销售额/万元	17 034.00	13 306.00	11 550.00	10 631.00	10 600.00
利润/万元	1 397.00	1 178.00	374.00	332.00	923.00
每股收益/元	4.31	3.52	1.10	0.97	2.54
每股净资产/元	1.90	1.71	1.63	1.62	1.60

根据上述资料，运用趋势分析法对四项指标进行分析。

三、某公司上年与本年有关产品产量、材料单耗、材料单价、材料费用等资料如表 1-6 所示。

表 1-6　　　　　　　　　　上年与本年有关指标资料

指标	上年	本年
产品产量/件	200.00	210.00
材料单耗/（千克/件）	20.00	19.00
材料单价/（元/千克）	5.00	7.00
材料费用/元	20 000.00	27 930.00

试用连环替代法分析各因素变动对材料费用的影响。

项目二

分析资产负债表

某投资者打算了解企业的财务状况，会计王林需要对企业的资产负债表进行分析，以全面反映企业的资产与权益的分布及其变化情况。根据所学的分析方法，王林决定对资产负债表进行重要项目分析、资产负债表的结构分析和财务状况变动的趋势分析，使企业拥有的资源得到最佳配置；资本与债务的比例趋于合理；生产、经营、获利能力得到最大限度的提高，从而使投资者实现资本利润最大化的目标。

——什么是财务状况？

——良好的财务状况又是如何表现的？

任务一 解读资产负债表

学习目标

素质目标：树立全局观、平衡观，要与时俱进，领会财务报表的精髓。

知识目标：了解资产负债表的结构和内容等基本知识。

技能目标：能够读懂资产负债表。

任务分析

要分析评价企业的资产负债表，首先需要了解资产负债表基本知识，所以，本任务清单如下。

1. 了解资产负债表的基本知识，包括内容、结构、作用等。

2. 能够读懂资产负债表。

知识准备

政策依据：《企业会计准则第 30 号——财务报表列报》、财政部 2019 年 4 月 30 日《关于修订印发 2019 年度一般企业财务报表格式的通知》财会〔2019〕6 号。

一、什么是资产负债表

资产负债是反映企业某一特定日期资产、负债和所有者权益等财务状况的财务报表。根据

"资产=负债+所有者权益"这一基本的会计恒等式，它把企业在一定日期的资产、负债和所有者权益项目进行适当排列和平衡，以此来说明企业拥有的各种经济资源、负担的长期或短期债务以及所有者拥有的权益，并指出它们的变动趋势，帮助财务报表使用者全面了解企业的财务状况，从而为其经济决策提供依据。

微课视频：资产负债表的核心地位

资产负债表是企业对外报告的第 1 号报表。属于静态财务报表。

二、资产负债表的作用

资产负债表是企业最重要的财务报表之一，其主要作用如下。

（1）提供企业拥有或控制的经济资源及其分布情况。资产负债表左方提供了企业所拥有或控制的经济资源的信息，表明企业在特定时点所拥有的资产总量是多少，其中流动资产有多少，固定资产有多少，长期股权投资有多少，应收账款有多少等。

当企业拥有或控制一定数量的资产后，一项重要的任务是依据企业的经营方针、目标，结合本企业的生产经营特点，合理地配置这些资产。资产配置的合理程度反映在资产及各类资产内部各项目的分布情况及其所占资产总额的比重上。根据它可以了解和分析企业在特定时点拥有的资产及其分布状况的信息。

（2）反映企业资本结构情况。资产负债表右方提供了企业资金来源，即权益总额及其构成。企业的资金全部来自投资者投入的资本，或者全部向债权人借入资本的情况是很少见的。负债和所有者权益一般各占一定的比重，这就是通常所说的资本结构。

由于负债需要按期偿还，资产负债表的负债项目能够表明企业在特定时点所承担的债务、偿还时间及偿还对象。如果是流动负债，就必须在一年内偿还；如果是非流动负债，偿还期限就可能超过一年。因此，从负债项目可以清楚地知道，在特定时点上该企业欠了谁多少钱，应该什么时候进行偿还。

资产负债表的所有者权益项目能够反映在特定时点，投资人所拥有的净资产及其净资产形成的原因。净资产其实是股东权益又称所有者权益。在某一个特定时点，资产应该等于负债加所有者权益，因此，净资产等于资产减负债。

（3）反映企业财务发展状况及趋势。报告使用者不但需要掌握企业现实的财务状况，也需要预测对未来发展的趋势，为企业经营管理者做决策提供依据。资产负债表中的数字有"年初数"和"期末数"两栏，通过对比可以分析其变动情况，掌握变动规律，研究变动趋势。

当然，孤立地分析一个时点数，也许反映的问题不够明显，但是如果把几个时点数排列在一起，企业财务发展状况的趋势就很明显。例如企业的应收账款，第 1 年是 10 万元，第 2 年是 20 万元，第 3 年是 30 万元，第 4 年是 40 万元。如果把这 4 年的时点数字排列在一起，就很容易发现，该企业的应收账款呈逐年上升的趋势。应收账款逐年上升的趋势表明，或许企业销售环节没有管理好，或许是因为企业在逐渐扩大市场份额，相应的应收账款也增加了。从这个角度来说，如果企业管理者能够关注每一个时点的状况，就会对企业的财务状况有一个比较全面的了解；反之，不注重分析时点数，将会给企业的管理造成较大的影响。

（4）通过资产负债表可以分析企业的变现能力和财务实力。企业的变现能力是指企业将资产变为现金的能力，通过对资产项目的构成分析，可以评价企业资产的变现能力。财务实力是指企业筹集资金和使用资金的能力，通过对企业资产结构和资本结构的分析，可以评价企业的财务实力。

三、资产负债表的结构和格式

（一）资产负债表的结构

目前世界各国主要有两种资产负债表结构：一是账户式，二是报告式。账户式结构的资产负债表又叫平衡式资产负债表，报表分为左右两边，左边列示企业拥有的资产，反映全部资产的分布及其存在形态，并按资产的流动性强弱顺序排列；在流动资产项目内，按照变现能力强弱顺序排列为货币资金、短期投资、应收账款、预付款项、存货等。右边列示企业的负债及所有者权益，反映全部负债及所有者权益的内容及构成。左方的资产总额必须与右方的负债和所有者权益总额相等，如果不相等，则说明在会计核算或编制报表过程中出现了问题。资产负债表左右平衡，很像账户，所以人们称其为账户式资产负债表。

报告式资产负债表也称垂直式资产负债表，它是将资产、负债与所有者权益自上而下垂直排列，首先列示资产，其次列示负债，最后列示所有者权益，资产总额必须与负债和所有者权益总额相等，这种结构突出了所有者权益是剩余资产的所有权关系。

根据《企业会计准则》和《企业会计制度》的规定，我国企业的资产负债表采用账户式结构。但上市公司在证券交易所的网站和各证券报上，往往采用报告式结构呈现资产负债表。此外，为了使报表使用者通过比较不同时点资产负债表的数据，掌握企业财务状况的变动情况和发展趋势，企业需要提供比较资产负债表。因此资产负债表中还应将各项目的数据分为"年初余额"和"期末余额"两栏分别列示。

📓 拓展阅读

关于新金融准则、新收入准则和新租赁准则

财政部于 2017 年印发了《企业会计准则第 22 号——金融工具确认和计量》（财会〔2017〕7 号）、《企业会计准则第 23 号——金融资产转移》（财会〔2017〕8 号）、《企业会计准则第 24 号——套期会计》（财会〔2017〕9 号）、《企业会计准则第 37 号——金融工具列报》（财会〔2017〕14 号）（简称新金融准则）、《企业会计准则第 14 号——收入》（财会〔2017〕22 号）（简称新收入准则），自 2018 年 1 月 1 日起分阶段实施；《企业会计准则第 21 号——租赁》（财会〔2018〕35 号）（简称新租赁准则），自 2019 年 1 月 1 日起分阶段实施。

（二）资产负债表的格式

资产负债表由表头、表体和补充资料三部分组成。

1. 表头

表头是报表的标志，包括报表名称、编制单位、编制日期、报表编号和金额单位。资产负债表是静态报表，编制日期应填写报告期最后一天的日期。

2. 表体

表体是资产负债报表的主体，以"资产=负债+所有者权益"这一会计等式为基础，列示资产负债表中资产、负债和所有者权益各项目的名称、各项目的期末余额、上年年末余额等内容。

（1）资产类。

在资产负债表中，资产类应当列示流动资产、非流动资产及资产的合计项目，按其流动性强弱顺序排列，流动性强的资产排列在先。

流动资产包括货币资金、交易性金融资产、衍生金融资产、应收票据、应收账款、应收款项融资、预付款项、其他应收款、存货、合同资产、持有待售资产和其他流动资产等。

非流动资产包括债权投资、其他债权投资、长期应收款、长期股权投资、其他权益工具投资、其他非流动金融资产、投资性房地产、固定资产、在建工程、生产性生物资产、油气资产、使用权资产、无形资产、开发支出、商誉、长期待摊费用、递延所得税资产和其他非流动资产等。

（2）负债类。

资产负债表中的负债类应当列示流动负债、非流动负债及负债的合计项目，按偿债时间先后顺序排列，偿付期限短的排列在先。在表内的顺序依次为流动负债，具体包括短期借款、交易性金融负债、衍生金融负债、应付票据、应付账款、预收款项、合同负债、应付职工薪酬、应交税费、其他应付款、持有待售负债和其他流动负债等；非流动负债，具体包括长期借款、应付债券、租赁负债、长期应付款、预计负债、递延收益、递延所得税负债和其他非流动负债。

（3）所有者权益类。

所有者权益是指企业资产扣除负债后由所有者享有的剩余权益。公司的所有者权益也称股东权益。在资产负债表中，所有者权益（或股东权益）项目是根据其永久程度的高低依次排列的，所有者权益项目按永久性程度排列，依次为实收资本（或股本）、其他权益工具、资本公积、其他综合收益、专项储备、盈余公积和未分配利润。

3. 补充资料

在资产负债表的下端，可以根据行业特点和报表充分揭示的需要，列有补充资料。补充资料是报表附注的重要内容，主要反映报表使用者需要了解，但在报表的基本部分无法反映或无法单独反映的资料。

资产负债表的具体格式如表2-1所示。（适用于已执行新金融准则、新收入准则和新租赁准则的企业）

表2-1　　　　　　　　　　　　　　资产负债表　　　　　　　　　　　　　　会企01表

编制单位：××公司　　　　　　　　　2019 年 12 月 31 日　　　　　　　　　　单位：元

资产	期末余额	上年年末余额	负债和所有者权益	期末余额	上年年末余额
流动资产：			流动负债：		
货币资金			短期借款		
交易性金融资产			交易性金融负债		
衍生金融资产			衍生金融负债		
应收票据			应付票据		
应收账款			应付账款		
应收款项融资			预收款项		
预付款项			合同负债		
其他应收款			应付职工薪酬		

资产	期末余额	上年年末余额	负债和所有者权益	期末余额	上年年末余额
存货			应交税费		
合同资产			其他应付款		
持有待售资产			持有待售负债		
一年内到期的非流动资产			一年内到期的非流动负债		
其他流动资产			其他流动负债		
流动资产合计			流动负债合计		
非流动资产：			非流动负债：		
债权投资			长期借款		
其他债权投资			应付债券		
长期应收款			其中：优先股		
长期股权投资			永续债		
其他权益工具投资			租赁负债		
其他非流动金融资产			长期应付款		
投资性房地产			预计负债		
固定资产			递延收益		
在建工程			递延所得税负债		
生产性生物资产			其他非流动负债		
油气资产			非流动负债合计		
使用权资产			负债合计		
无形资产			所有者权益（或股东权益）：		
开发支出			实收资本（或股本）		
商誉			其他权益工具		
长期待摊费用			其中：优先股		
递延所得税资产			永续债		
其他非流动资产			资本公积		
非流动资产合计			减：库存股		
			其他综合收益		
			专项储备		
			盈余公积		
			未分配利润		
			所有者权益（或股东权益）合计		
资产总计			负债和所有者权益（或股东权益）总计		

课堂小贴士

近年来我国对资产负债表的格式做出了多次实质性调整。每一次变化都会给报表使用者带来新的信息或改变旧的观念。请上网搜索有关资料，结合本任务知识，对照学习，与时俱进，以更好地领会新版财务报表的精髓。

四、资产负债表附表

资产负债表是企业必须对外报送的主要报表，此外企业还要编制一些对外报送的附表，以进一步说明主表的指标或内容。财政部规定资产负债表的附表主要包括资产减值准备明细表、应付职工薪酬明细表和应交税费明细表，并对这些附表的格式、编制与报送要求进行规范。

1. 资产减值准备明细表

该表主要用于补充说明企业各项资产减值准备的增减变动情况。通过资产减值准备明细表，可以获得各项资产减值准备本期计提额、本期转回额和本期转销额等信息，有助于对企业资产减值政策及其实施情况进行客观分析。该表的格式如表 2-2 所示。

表 2-2　　　　　　　　　　××公司资产减值准备明细表

编制单位：××公司　　　　　　　　××年度　　　　　　　　单位：万元

项目	期初余额	本期计提额	本期转回额		期末余额
			转回额	转销额	
一、坏账准备					
二、存货跌价准备					
三、合同资产减值准备					
四、持有待售资产减值准备					
五、债权投资减值准备					
六、长期股权投资减值准备					
七、固定资产减值准备					
八、工程物资减值准备					
九、在建工程减值准备					
十、生产性生物资产减值准备					
十一、油气资产减值准备					
十二、使用权资产减值准备					
十三、无形资产减值准备					
十四、商誉减值准备					
合计					

2. 应付职工薪酬明细表

该表反映企业应付职工薪酬项目的增减变动情况。通过应付职工薪酬明细表，报表使用者可以获得企业支付的职工工资收入、社会保险费、住房公积金和非货币性福利等方面的金额及构成情况的信息，反映企业对员工社会责任的履行情况。该表的格式如表 2-3 所示。

表 2-3　　　　　　　　　　××公司应付职工薪酬明细表

编制单位：××公司　　　　　　　　××年度　　　　　　　　单位：万元

项目	期初余额	本期发生额	本期支付额	期末余额
一、工资、奖金、津贴和补贴				

项目	期初余额	本期发生额	本期支付额	期末余额
二、社会保险费				
1. 医疗保险费				
2. 基本养老保险费				
3. 年金缴费				
4. 失业保险费				
5. 工伤保险费				
6. 生育保险费				
三、住房公积金				
四、工会经费和职工教育经费				
五、非货币性福利				
六、辞退福利				
七、其他				
其中：以现金结算的股份支付				
合计				

3. 应交税费明细表

该表反映企业应交税费的详细情况。通过应交税费明细表，可以获得企业在一定时期各项税费缴纳情况的信息。该表的格式如表 2-4 所示。

表 2-4　　　　　　　　　　　　　××公司应交税费明细表

编制单位：××公司　　　　　　　　　　××年度　　　　　　　　　　单位：万元

项目	期末余额	期初余额
1. 增值税		
2. 消费税		
3. 企业所得税		
4. 个人所得税		
5. 城市维护建设税		
6. 房产税		
7. 教育费附加		
8. 水资源税		
9. 土地使用税		
10. 环境保护税		
合计		

职业启迪

请同学们结合本任务知识讨论思考，如何读懂资产负债表

看懂资产负债表，第一步要看总资产，要有全局观。一家公司的总资产规模越大，往往代表着生产经营规模越大。当然总资产规模最大的公司，也不一定代表该公司就最强，因为总资产中可能90%属于负债。所以，第二步要看负债和权益比例，要有平衡观。要满足资产=负债+所有者权益，确定这些资产的来源是负债多还是权益多一些。第三步要看总资产同比增长，要与时俱进。负增长意味着企业在衰退，即便是正增长，如果总资产同比增长来自债务的不断扩大，公司也可能已经处于债务危机之中。

02

✿ 任务实施

根据华强公司资产负债表的相关资料，王林对基本数据进行解读，如表2-5所示。

表2-5　　　　　　　　　　　　　　　资产负债表　　　　　　　　　　　　　　会企01表

编制单位：华强公司　　　　　　　　　　　　2020年12月31日　　　　　　　　　　　单位：万元

资产	年末余额	年初余额	负债和所有者权益	年末余额	年初余额
流动资产：			流动负债：		
货币资金	90 869.89	316 097.46	短期借款	32 677.41	48 035.63
交易性金融资产			交易性金融负债		
应收票据	159 194.66	97 640.68	应付票据	3 413.75	6 653.72
应收账款	38 772.24	14 407.14	应付账款	118 505.81	134 306.72
预付款项	43 335.84	501.39	预收款项	716.70	8 639.12
其他应收款	1 881.56	5 459.5	应付职工薪酬	3 230.08	2 806.17
存货	64 957.33	50 214.70	应交税费	-11 603.85	11 271.64
流动资产合计	399 011.52	484 320.87	流动负债合计	146 939.90	211 713.00
非流动资产：			非流动负债：		
长期股权投资	31 802.38	21 653.35	长期应付款	3 497.54	3 497.54
投资性房地产			非流动负债合计	3 497.54	3 497.54
固定资产	145 614.96	110 963.13	负债合计	150 437.44	215 210.54
在建工程	69 580.81	22 212.43	所有者权益：		
无形资产	8 114.05	940.94	实收资本	162 750.00	162 750.00
开发支出			资本公积	241 952.40	201 954.55
长期待摊费用	6 989.95	12 987	盈余公积	39 872.33	34 055.09
递延所得税资产			未分配利润	66 101.50	39 107.54
非流动资产合计	262 102.16	168 756.85	所有者权益合计	510 676.24	437 867.18
资产总计	661 113.68	653 077.72	负债及所有者权益	661 113.68	653 077.72

资产负债表的解读如下。

1．资产及其分布情况

2020年末企业共拥有资产总计661 113.68万元，其中：流动资产399 011.52万元，占全部资产的60.35%，非流动资产262 102.16万元，占全部资产的39.65%。在流动资产中，数额最大的是应收票据，金额为159 194.66万元，其次是货币资金和存货，金额为90 869.89万元和64 957.33

万元，这三项占了全部流动资产的 78.95%。在非流动资产中，数额最大的是固定资产，金额为 145 614.96 万元，其次是在建工程和长期股权投资，金额为 69 580.81 万元和 31 802.38 万元，这三项占了全部非流动资产的 94.24%。

2. 负债及其结构情况

2020 年末企业负债合计金额为 150 437.44 万元，其中，需要一年内偿还的短期负债为 146 939.90 万元，占全部负债的 97.68%；在短期负债中，数额最大的是应付账款，金额为 118 505.81 万元，其次是短期借款，金额为 32 677.41 万元。

3. 所有者权益及其构成情况

2020 年末企业所有者权益总额为 510 676.24 万元，其中，实收资本和资本公积分别为 162 750.00 万元和 241 952.40 万元，占所有净资产的 79.25%，由投资人的投资形成；盈余公积和未分配利润分别为 39 872.33 万元和 66 101.50 万元，占所有净资产的 20.75%，是由企业在经营过程中创造的。

应交税费为负数，表示企业多交的或尚未抵扣的税金（如进项税额大于销项税额的部分）。

请思考：要了解公司的财务状况，就需要对资产负债表进行分析。王林应从哪些方面做好分析工作？

任务二 资产负债表重要项目分析

学习目标

素质目标：树立质量意识和诚信意识，具体问题具体分析，透过数据看本质。

知识目标：掌握资产、负债和所有者权益各项目分析知识和方法。

技能目标：能够对资产负债表各项目进行分析。

任务分析

资产负债表中反映财务状况的会计要素包括资产、负债及所有者权益三项要素。因此对资产负债表进行分析，首先要对资产负债表中资产、负债及所有者权益的重要项目进行分析，据此了解和分析企业在特定时点拥有的资产及其来源状况。所以，本任务清单如下。

1. 学会资产项目分析。
2. 学会负债项目分析。
3. 学会所有者权益项目分析。

知识准备

一、资产项目分析

企业资产代表了企业规模，资产越多表明企业可以用来赚取收益的资源越多，可以用来偿还债务的资源越多，但是这并不意味着资产总是越多越好，还要看资产质量状况。所以，要对各重要资产项目进行深入分析，了解不同资产项目的内涵及其数据真实合理性，从总体把握企业资产的质量和分布。

（一）流动资产

流动资产是指企业可以在一年内或者超过一年的一个营业周期内转化为货币，或被销售或被耗用的资产。在资产负债表上，按照变现能力的强弱，流动资产依次排列为货币资金、交易性金融资产、衍生金融资产、应收票据、应收账款、应收款项融资、预付款项、其他应收款、存货、合同资产、持有待售资产、一年内到期的非流动资产和其他流动资产等项目。下面主要对货币资金、交易性金融资产、应收账款、存货和合同资产等重要项目进行深入分析。

1. 货币资金

货币资金是指企业在生产经营过程中处于货币形态的流动资产，包括企业的库存现金、银行存款、外埠存款、银行汇票存款、信用证存款和在途资金等。在资产负债表中，货币资金项目被列为流动资产项目的第一项，其流动性最强，随时可以用于购买原材料、支付工资和支付企业日常生产经营活动中的其他各项费用，也可直接偿还到期债务或支付投资者利润。

企业持有货币资金一般是为了满足结算需要、预防性需要和投机需要。货币资金多，可以从容应对企业日常经营中的各种现金支出。但是，货币资金也并非越多越好。企业不能囤积货币资金，资金需要不断地参与企业经营周转，提高使用效率，才能创造更多的财富。

如果货币资金占总资产的比例较大，通常表明企业流动资金比较充裕，但同时也可能意味着企业的资金处于闲置状态，盈利能力较弱。为此，应结合企业的生产经营特点、经营周期和资金周转速度，在资产的流动性和盈利性之间做出正确的选择，合理地确定企业货币资金的持有量，使其保持一个合适的比例。

微课视频：计算最佳现金持有量

一般来说，在对货币资金进行分析时，将企业"货币资金"占总资产的比例与同行业其他企业的情况加以比较。当"货币资金"占总资产的比例显著超过同行业的一般水平，则说明现金过多，企业需要合理处置超额储备的现金，以优化企业的资产结构。当"货币资金"占总资产的比例显著低于同行业的一般水平，则说明企业现金存量不足，没有足够的支付能力，企业可能面临财务风险。

货币资金的构成通常可以从企业公开发布的财务报告中的财务报表附注部分找到，必要时也可以进一步查阅会计账簿。

影响企业货币资金规模的因素有很多，判断企业货币资金持有量是否合理，应考虑下列因素。

（1）资产规模和业务量。一般来说，企业资产规模越大，相应地货币资金的规模也就越大；业务量越大，处于货币资金形态的资产也就越多。

（2）筹资能力。如果企业有良好的信誉，筹资渠道通畅，就没有必要持有大量的货币资金，影响企业盈利。

（3）运用货币能力。如果企业经营者运用货币资金的能力较强，则可将必要的货币资金维持在较低水平，将其余的货币资金用于其他经营活动。

（4）行业特点。处于不同行业的企业，货币资金的合理规模存在差异，有的甚至差别很大。在相同的总资产规模下，金融业企业、工业企业和商业企业的货币资金可能不相同。

02

> **课堂小贴士**
>
> 分析货币资金需要充分利用数据思维，具体问题具体分析，因为资产负债表反映的货币资金是期末实际数，带有一定的偶然性。如果企业在期末有大宗物资采购支付了现金，或大宗商品销售收回了现金，都会导致货币资金期末数的猛减或猛增，所以财务报告分析者应结合企业生产经营的具体情况进行分析。

2. 交易性金融资产

交易性金融资产是指反映资产负债表日企业分类为以公允价值计量且其变动计入当期损益的金融资产，以及企业持有的指定为以公允价值计量且其变动计入当期损益的金融资产的期末账面价值。该资产的变现能力非常强，流动性仅次于货币资金。

资产负债表中的交易性金融资产项目，根据交易性金融资产相关明细科目的期末余额分析填列。除了在资产负债表中列示交易性金融资产项目金额，还应当在报表附注中披露其具体构成情况，披露格式如表 2-6 所示。

表 2-6　　　　　　　　　　　交易性金融资产项目资料　　　　　　　　　　　单位：元

项目	期末余额	期初余额
1. 以公允价值计量且其变动计入当期损益的金融资产	1 293 487 336.76	932 029 780.82
其中：结构性存款	1 293 487 336.76	932 029 780.82
2. 指定为以公允价值计量且其变动计入当期损益的金融资产		
合计	1 293 487 336.76	932 029 780.82

交易性金融资产是货币资金的后备资源，因此该资产越多，企业的支付能力和财务适应能力越强。但它与货币资金又有不同，主要是该资产的风险要大于货币资金，尤其是在证券市场尚不完善时期。

因此，分析者在分析交易性金融资产的质量状况时，应注意交易性金融资产的构成，及时发现风险，予以防范，同时还要结合投资效益进行分析，具体需要关注以下几点。

（1）股票等金融工具的公允价值来自股票市场的收盘价，企业在进行金融资产投资的同时，必然要承担一定的风险。所以分析者在分析时还要关注相关市场信息，注意对交易性金融资产的风险进行分析。

（2）交易性金融资产属于变现能力较强的资产，对该项目进行分析时，应当关注其规模的变化。如果此项资产的规模过大，必然会影响企业正常生产经营的资金需求，也不利于对风险的控制。

（3）注意企业是否有人为调节交易性金融资产的行为。由于交易性金融资产具有变现速度快、持有时间短、盈亏浮动性强的特征，因此该项目在报表中的表现具有金额经常波动、投资收益与亏损易变等特点。如果报表中交易性金融资产跨年度持久不变，投资收益稳定，则企业有可能人为地将一部分长期投资划分为交易性金融资产，以改善资产流动性状况。另外，从财务管理的角度讲，企业持有大量货币资金是不符合现金管理要求的，所以有的企业为避免货币资金数额巨大而引起分析人员注意，同时又要保持资金的流动性，便将货币资金的一部分计入交易性金融资产项目中加以反映。

3. 应收账款

应收账款反映资产负债表日以摊余成本计量的、企业因销售商品、提供服务等经营活动应收取的款项。该项目应根据"应收账款"科目的期末余额，减去"坏账准备"科目中相关坏账准备期末余额后的金额分析填列。财政部于2017年对原收入准则和建造合同准则进行了修订，形成了《企业会计准则第14号——收入》（简称"新收入准则"）。新收入准则新增"合同资产"与"合同负债"两个全新的会计科目。受此影响，旧准则"应收账款"的确认和计量发生了明显变化。

因此，学习应收账款项目的分析，首先要学会辨析"合同资产"与"应收账款"。

合同资产：新收入准则第四十一条规定，合同资产是指企业已向客户转让商品而有权收取对价的权利，且该权利取决于时间流逝之外的其他因素。可见，合同资产是一种有条件的收款权利，其收取合同对价的条件除了要考虑时间因素，还取决于履约义务执行情况等。因此从收取款项的确定性来讲，"合同资产"要弱于"应收账款"。

应收账款：如果一项权利仅取决于时间流逝因素，表明企业拥有的、无条件向客户收取对价的权利，应当作为"应收账款"单独列示。可见，仅仅随着时间流逝即可收款的是"应收账款"，即"应收账款"只承担信用风险；而"合同资产"除了要承担信用风险，还要承担履约风险等其他风险。

其次，财政部于2017年印发了《企业会计准则第22号——金融工具确认和计量》（简称新金融准则），需要辨析新金融准则下资产负债表中"应收款项融资"与"应收账款"。

企业金融资产分类的依据是其管理金融资产的业务模式和金融资产的现金流量特征。如果企业对正常商业往来中形成的应收账款及应收票据不准备提前处置，仅是以收取合同现金流量为目的，符合"本金+利息"的合同现金流量特征，应划分为以摊余成本计量的金融资产，分别列报在资产负债表中的"应收账款"与"应收票据"项目。

值得注意的是，有些企业的应收票据和应收账款兼有收取合同现金流量和出售的双重目标，并且符合"本金+利息"的合同现金流量特征。这时应划分为"应收款项融资"，反映资产负债表日以公允价值计量且其变动计入其他综合收益的应收票据和应收账款等。具体如表2-7所示。

表2-7 应收票据、应收账款、应收款项融资的划分

背景	业务管理模式	会计处理	报表项目
企业一贯将应收账款和应收票据持有至到期托收，不存在将应收票据和应收账款作为流动性管理工具的情况	以收取合同现金流量为目的	按摊余成本计量，期末进行减值测试，根据测试结果计提减值准备	应收票据 应收账款
企业存在经常将应收票据和应收账款作为流动性管理工具（如应收票据贴现、背书，应收账款保理、证券化）的情况	既以收取合同现金流量为目的，又以出售该金融资产为目的	按公允价值计量，期末公允价值变动计入其他综合收益	应收款项融资

应收账款的管理是企业管理的重点和难点，和其他多数资产一样，它对企业财务状况的影响有好的方面，也有坏的方面。一方面是应收账款代表了一项对客户现金的要求权，应收账款的增长会带来企业收入的增加。

但另一方面应收账款反映本企业的资金被信用单位无偿占用，体现的是一种资金沉淀。应收

账款占有越多，资金的使用效率越差，甚至造成现金短缺，而且应收账款的增加会使企业发生收账费用和坏账损失的风险增大。

财务报告分析者对应收账款进行分析时，既要分析应收账款的规模、质量，又要关注形成坏账的风险，具体从以下几个方面进行分析。

（1）应收账款的规模分析。

首先，应收账款的规模受诸多因素影响，分析时应结合企业的行业特点、经营方式、信用政策。例如，在零售商业企业中，其部分业务是现金销售，因而应收账款较少。又如，企业放松信用政策，刺激销售，就会增加应收账款；反之，会减少应收账款。假如某企业的产品在市场上供不应求，但当期有一定数额的应收账款就违背常理。

其次，鉴于新收入准则对应收账款的影响，进行应收账款的横向分析时需要注意区分应收账款和合同资产，纵向对比时需要剔除合同资产的影响。

最后，鉴于新金融准则的影响，进行横向分析时需要注意区分应收账款和应收款项融资，纵向对比时需要剔除应收款项融资的影响。

【**案例 2-1**】美的集团 2019 年度财务报告（节选），如表 2-8 所示。

表 2-8　　　　　　　　　　美的集团应收票据、应收账款、应收款项融资的划分

原准则			新金融准则		
列报项目	计量类别	账面价值/元	列报项目	计量类别	账面价值/元
应收票据	摊余成本	12 556 294	应收票据	摊余成本	11 049 539
			应收款项融资	以公允价值计量且其变动计入其他综合收益	1 506 755
应收账款	摊余成本	19 390 174	应收账款	摊余成本	18 641 979
			应收款项融资	以公允价值计量且其变动计入其他综合收益	748 195

附注中关于应收款项融资的披露如下：本集团的应收款项融资主要为根据日常资金管理需要，预计通过转让、贴现或背书回款并终止确认的应收账款和银行承兑汇票。

2018 年 12 月 31 日自应收票据转入：1 506 755 元

　　　　加：自应收账款转入：748 195 元

2019 年 1 月 1 日合计：2 254 950 元。

（2）应收账款的质量分析。

第一，进行应收账款的账龄分析。应收账款作为流动资产项目内的一项结算债权，一般应于一年内收回。但在实际业务中，许多企业将已无望收回的账款也作两年、三年的长期挂账，甚至个别企业将一些违规行为（如抽逃注册资金等）隐蔽于应收账款之中。对此，财务分析者可以采用应收账款的账龄分析法，对企业超过一年期以上的应收账款予以密切关注，或在分析时加以调整。

第二，分析关联交易。应收账款规模过大的集团公司，可以利用关联方交易虚增企业资产和利润，造成大量关联方应收账款挂账。这时，财务分析者要考察应收账款有无真实的交易背景，分析企业是否利用虚无的信用来创造销售收入。

第三，应收账款流动性分析。应收账款的流动性决定了该企业应收账款的变现能力，可以采

用应收账款周转天数、应收账款周转次数、应收账款与日销售额比、赊销与现销比等指标进行衡量，并结合行业、企业的信用条件，以及指标发展趋势对比情况进行分析。

（3）坏账损失风险分析。

采用商业信用赊销商品也不可避免发生坏账损失，即出现货款长期被拖欠甚至收不回来而给企业造成损失的情况。

第一，进行坏账准备分析。关注计提范围、计提方法、提取比例的合理性。按照《企业会计制度》，企业须采用备抵法计提坏账损失，但计提坏账准备的比例可由企业自己设定。对此，应关注财务报表附注披露的坏账准备政策，若计提坏账准备的比例低于5%，有潜在亏损挂账之嫌；若计提坏账准备的比例高于10%，又不说明原因，则可能有人为增加企业当期费用，调节当期利润的企图。

第二，进行债务构成分析。一是债务人区域构成分析，对处于经济发展水平较高、法制建设较健全地区的债务，其可收回性较强。二是债务人所有制构成分析，不同所有制的企业对其债务的清偿心态，以及偿还能力有较大差异。三是债权经手人构成分析，实践表明，企业的销售人员由于个人的业务能力等原因，其债权的收回率也有较大差异。四是大部分应收账款是否集中于少数几个大客户，因此，财务分析者要分析前5位债务人的债务比例，关注应收账款的集中程度。对于应收账款过于集中的公司，不但要考虑其债权的回收能力，而且还要关注其过分依赖单一客户的经营风险。

4. 存货

在资产负债表中，"存货"项目反映企业期末在库、在途和在加工中的各项存货的可变现净值，包括各种材料、商品、在产品等。该项目应根据"材料采购""在途物资""原材料""周转材料""库存商品""发出商品""委托加工物资""生产成本""受托代销商品"等科目的期末余额合计，减去"存货跌价准备"科目期末余额后的金额填列。材料采用计划成本核算，以及库存商品采用计划成本或售价核算的企业，还应加或减材料成本差异、商品进销差价后的金额填列。

存货是企业一项非常重要的经济资源，其内容多、占用的资金大，是企业流动资金管理的重点和难点。存货过多，往往意味着存在商品积压，是企业面临的最严重的财务风险之一。报表分析者应了解企业经营者是否从生产经营的需要出发，采用科学的方法，确定合理的存货经济批量，并以此作为企业存货控制的标准。如果企业实际存货金额大于这一标准，则应分析原因，并采取必要的措施，降低存货的库存。

存货的分析主要包括以下几个方面。

第一，应对存货资金的数量规模进行合理性判断。在传统工业企业和商业企业中存货往往占流动资产总额的一半左右，但随着知识经济和社会化大生产的发展，以及一些先进的存货管理方法（如适时制、零库存管理等）的应用，存货占流动资产的比重不断下降。企业存货资金规模必须与企业经营活动保持动态平衡。若存货过少，则会影响企业生产的正常进度或错失销售良机；若存货过多，则会造成资金积压沉淀，影响企业资金周转，导致成本增大、效益下降。

第二，分析企业对存货计价方法的选择或变更是否合理。根据现行会计准则规定，企业发出存货的计价方法有先进先出法、加权平均法和个别计价法等。采用的发出存货的计价方法不同，发出存货的金额也会不同，对期末存货成本与当期销售成本的确定也会产生影响。在物价变动时，存货的影响尤为明显。因此，企业应结合自身的生产经营特点、存货实物流转特点合理确定发出存货的计价方法，一经确定不得随意变更。分析时要特别注意企业是否有利用发出存货的计价方法的变更来调节资产价值和利润的行为。

第三，关注期末是否按照成本与可变现净值孰低法提取存货跌价准备，并分析其存货跌价准备计提是否正确。按照现行会计准则的规定，资产负债表日，存货应当按照成本与可变现净值孰低计量。存货的成本高于其可变现净值的，按其差额计提存货跌价准备；存货的成本低于其可变现净值的，按其成本计量，不计提存货跌价准备，但原已计提存货跌价准备的，应在已计提存货跌价准备金额的范围内转回。因此，分析者必须认真阅读财务报表附注，了解企业可变现净值的确定依据、存货跌价准备的计提方法，从而判断企业业绩的变化，考察企业存货跌价准备计提对未来产生的财务影响，尤其是企业是否存在利用存货跌价准备的计提政策进行"巨额冲销"的行为。

5. 合同资产

合同资产是指企业已向客户转让商品，从而有收取对价的权利，且该权利取决于时间流逝之外的其他因素。

编制财务报表时，应根据"合同资产"科目相关明细科目的期末余额分析填列，同一合同下的合同资产和合同负债应当以净额列示，其中净额为借方余额的，应当根据其流动性在"合同资产"或"其他非流动资产"项目中填列，已计提减值准备的，还应减去"合同资产减值准备"科目中相关的期末余额后的金额填列；其中净额为贷方余额的，应当根据其流动性在"合同负债"或"其他非流动负债"项目中填列。

（二）非流动资产

对非流动资产项目的分析，主要是对长期投资、投资性房地产、固定资产、无形资产等重要项目进行深入分析。

1. 长期投资

长期投资是指能够取得并意图持有时间超过一年的对被投资单位的股权和债权性质的投资，包括债权投资、其他债权投资、其他权益工具投资、其他非流动性金融资产和长期股权投资。

"债权投资"项目反映了资产负债表日企业以摊余成本计量的长期债权投资的期末账面价值。该项目根据"债权投资"科目的相关明细科目期末余额，减去"债权投资减值准备"科目中相关减值准备的期末余额后的金额分析填列。自资产负债表日起一年内到期的长期债权投资的期末账面价值，在"一年内到期的非流动资产"项目反映。企业购入的以摊余成本计量的一年内到期的债权投资的期末账面价值，在"其他流动资产"项目反映。

"其他债权投资"项目反映了资产负债表日企业分类为以公允价值计量且其变动计入其他综合收益的长期债权投资的期末账面价值。该项目根据"其他债权投资"科目的相关明细科目的期末余额分析填列。企业购入的以公允价值计量且其变动计入其他综合收益的一年内到期的债权投资的期末账面价值，在"其他流动资产"项目反映。

"其他权益工具投资"项目反映了资产负债表日企业指定为以公允价值计量且其变动计入其他综合收益的非交易性权益工具投资的期末账面价值。该项目根据"其他权益工具投资"科目的期末余额填列。

"其他非流动金融资产"项目反映了资产负债表日企业以公允价值计量且其变动计入当期损益的长期投资的期末账面价值。

"长期股权投资"项目反映了投资方对被投资单位实施控制、具有重大影响的权益性投资，以及对其合营企业的权益性投资的账面价值。

企业进行长期投资的原因有很多，可能是长期持有以期通过股权投资达到控制被投资单位；也可能是对被投资单位施加重大影响；也可能是为了与被投资单位建立密切关系；也可能是为了分散经营风险；也可能是为了盘活闲置资金……但大多数企业长期投资的目的主要还是为了实现企业价值最大化。

由于长期投资期限长，投资金额大，因而对企业的财务状况影响很大。同样，对企业造成的风险也会很大，一旦失败，将会给企业带来重大的、长期的损失和负担，有时可能是致命的打击。当然，与风险相对应，长期投资的利润有时也较高。因此，在进行报表分析时，财务分析者应对长期投资给予足够的重视。长期投资的分析可以从以下几个方面进行。

（1）长期投资管理要求。

公司向其他企业投资时，依照公司章程的规定，由董事会或者股东大会进行决议；公司章程对投资或者担保的总额及单项投资或者担保的数额有限额规定的，不得超过规定的限额。当企业当年更新改造任务较重时，企业一般不会进行对外投资。对长期投资进行分析时，财务分析者应注意分析企业的投资行为是否符合公司章程的规定。

（2）长期投资构成分析。

长期投资构成分析主要包括企业对外投资比重的合理性分析。一般来说，如果企业生产经营没有达到最佳经济规模，或没有达到规模经济，就不应把自己的资金大量投向其他企业。实际中，多数企业都希望企业对外投资的比重高些，主要原因在于企业认为资本经营是现代企业经营发展的新趋势，而对外投资就是资本经营的重要形式。但是对外投资的比重必须结合企业自身的经营状况、经济规模及发展目标而定。

具体来说，长期投资构成分析又可分为长期股权性质投资的构成分析和长期债权性质投资的构成分析。长期投资的构成，主要是从企业投资对象、投资规模、持股比例等方面进行分析。通过对长期投资的构成分析，可以了解企业投资对象的经营状况以及其收益等方面的情况，来判断企业投资的效益。对长期债权性质投资的构成分析，可以按照债权欠账期的长短进行分类分析，一般来说，超过合同约定偿还期越长的债权投资，其可回收性也就越差。

（3）长期投资收益分析。

企业对外投资的主要目的是追求投资收益，长期投资收益包括债权投资的投资收益、其他债权投资的投资收益、长期股权投资的投资收益、其他权益工具投资的投资收益和其他非流动性金融资产投资收益等。

其中，长期投资收益分为两个部分：一是权益法下的投资收益；二是成本法下的投资收益。因为权益法下的投资收益无法及时变现，因此这部分收益具有高度不确定性。而成本法下的长期股权投资收益依然可变现为货币资金，可信度极高，收益质量高。

其他权益工具投资的投资收益并不会反映在年末利润当中，而是以其他综合收益进行列示，对于企业利润不会造成影响，但是企业可能会将高风险的项目隐藏于其中，因此财务分析者在分析时对其中的高风险项目应当予以高度重视。其他非流动性金融资产的投资收益会影响当期损益，而且极易变现，所以对于该收益应当予以确认，视为可靠计量。

债权投资的投资收益和其他债权投资的投资收益，一般是指企业购买国债或购买其他企业债券所获得的收益。其收益是固定的，即按购买债券的面值乘以规定的年利率计算的投资收益，其不确定性较低，风险较小，收益质量较高。

因此，财务分析者对企业长期投资收益进行分析时，应重点关注以下三个方面：一是分析被投资单位的生产经营业绩和利润分配政策；二是应分析投资收益是否正确反映；三是防止投资收益反映不实，出现逃避所得税现象。

（4）长期投资会计政策的分析。

长期投资会计政策的分析包括两个方面：一是要评价企业长期股权投资会计核算方法是否恰当；二是要审核长期投资减值准备是否计提以及计提是否正确。

计提长期投资减值准备，不但会导致长期投资账面价值的减少，而且会影响当期的利润总额，因此一些企业往往通过少提或不计提长期投资减值准备，以达到虚增长期投资账面价值和利润的目的。财务分析者应对这种现象有所警觉。

2. 投资性房地产

投资性房地产是指为赚取租金或资本增值而持有的房地产。即企业持有这类房地产的目的不是自用，而是用于投资。主要包括已出租的土地使用权、持有并准备增值后转让的土地使用权和已出租的建筑物。

在资产负债表中，采用成本模式计量投资性房地产的，该项目是根据"投资性房地产"账户的期末余额，减去"投资性房地产累计折旧（摊销）"和"投资性房地产减值准备"账户的期末余额后的金额填列的。采用公允价值模式计量投资性房地产的，该项目是根据"投资性房地产"账户的期末余额填列的。对投资性房地产的分析主要包括以下几点。

第一，应注意企业对投资性房地产的分类是否恰当，即企业是否将投资性房地产与固定资产、无形资产的界限做了正确的区分。作为投资性房地产，企业持有的目的是赚取租金或资本增值或两者兼而有之；而企业自用的房地产，即为生产商品、提供劳务或者经营管理而持有的房地产和房地产开发的企业作为存货的房地产，则分别属于固定资产、无形资产和存货，其并非投资性房地产。

第二，对投资性房地产的分析还要重点关注其计量。投资性房地产的初始计量是采用成本模式计量，但其后续计量则有成本模式和公允价值模式两种。具体来说，当有确凿的证据表明投资性房地产的公允价值能够持续可靠取得时，企业可以对投资性房地产采用公允价值模式进行后续计量，否则采用成本模式进行后续计量。会计准则规定，企业对投资性房地产的计量模式一经确定，不得随意变更，如果原来按成本模式计量的投资性房地产具备了采用公允价值模式计量的条件，可以转为公允价值模式计量，但应当作为会计政策变更处理；但是，已采用公允价值模式计量的投资性房地产，不得从公允价值模式计量转为成本模式计量。

另外，还要注意分析投资性房地产的数量规模和资产质量情况以及与本企业生产经营主业的关系是否协调。

3. 固定资产

固定资产是指企业为生产商品、提供劳务、出租或者经营管理而持有的，使用寿命超过一个会计年度的有形资产。在资产负债表中，"固定资产"项目的填列涉及固定资产、累计折旧、固定资产减值准备、固定资产清理等科目，其计算公式如下。

"固定资产"项目的期末余额＝"固定资产"科目的期末余额－"累计折旧"科目的期末余额

－"固定资产减值准备"科目的期末余额±"固定资产清理"

科目的期末余额

该项目反映企业期末持有的固定资产的实际价值，具有占用资金数额大，资金周转时间长等特点，是资产管理的重点。财务分析者应从以下几个方面进行分析。

（1）固定资产规模分析。固定资产规模代表企业生产经营规模的大小和生产能力的高低。企业进行固定资产规模分析时，应将本企业固定资产规模与同类企业相比，看是否存在较大的差距。如果企业固定资产规模小于同类企业的规模，则表明企业生产能力较弱。当然，企业的固定资产规模与当前所处经济发展时期相关。不同的经济发展时期，企业固定资产具有不同的规模特征。

（2）固定资产结构分析。判断固定资产的结构是否恰当，财务分析者可以用固定资产结构比率来分析。固定资产结构比率是指固定资产占总资产的比重，由于固定资产的流动性较弱，变现能力较差，过高的固定资产比重会影响企业的支付能力，加大企业的经营风险和财务风险。

一般来说，每一个行业的企业都有其独特的固定资产结构。例如，金融类企业，盈利模式为"吸存放贷"，主要的盈利性资产是贷款、债券投资，固定资产是其非生息性资产，所以，对于银行来说，固定资产所占比重应当保持较低水平；制造业企业的固定资产通常为厂房、机器设备等，固定资产是企业的生产设施，但同时企业资产也会以存货和应收款项的形式存在，因此固定资产所占总资产比重应适中；如果是电力企业，由于其主要盈利资产是电厂机组，固定资产占总资产的比重则非常高。因此，判断固定资产结构是否合理总是将企业的固定资产占总资产的比重与同行业企业的平均水平加以比较。如果企业的固定资产占总资产的比重明显超过同行业企业的平均水平，则说明固定资产过多，企业大量的资金用于厂房、设备的建设。

（3）固定资产折旧分析。财务分析者应主要分析影响确认折旧的因素，包括固定资产的原值、重置价值、折旧年限、净残值和企业的实际受益情况等。因为固定资产一般在使用前期效能好、故障率低、技术水平高，所以企业一般应在使用前期多提折旧，在使用后期少提折旧。固定资产折旧分析主要包括两个方面的内容。

第一，分析企业固定资产预计使用年限和预计净残值确定其合理性。分析时，财务分析者应注意固定资产预计使用年限和预计净残值的估计是否符合国家有关规定。因为固定资产预计使用年限的长短和预计净残值的大小，会影响折旧费用的高低，从而影响企业损益。

第二，分析企业固定资产折旧方法的合理性。企业会计制度规定，企业应当根据科技发展、环境及其他因素，选择合理的折旧方法。折旧方法一经确定不能随意改动，分析时，财务分析者应结合报表附注观察企业的固定资产折旧政策前后是否一致，判断企业是否存在利用折旧方法的改变而调整固定资产净值和利润的现象。

（4）固定资产准备分析。财务分析者应重点分析企业是否依据企业会计准则计提固定资产减值准备，且计提金额是否准确。在实际工作中，有的企业固定资产实质上发生了减值，如固定资产由于技术进步已不能使用，但企业却不提或者少提固定资产减值准备，这样不但高估了固定资产，而且虚增了利润。

【案例2-2】产业特征决定固定资产结构差异。不同产业的企业，其固定资产占总资产的比重是不同的，下面以某银行、四川某虹、某友软件、某电力公司20×1年年末的报表数据为例来说明固定资产结构的差异性。某银行属于金融类企业，其固定资产所占比重应当尽量低；四川某虹是电器制造业企业，制造业企业的固定资产通常为厂房、机器设备、运输工具等，固定资产是企业的生产设施，但同时企业资产也会以存货和应收账款的形式存在，因此固定资产所占总资产比重适中；某友软件是高科技企业，主要生产财务软件，这类企业的固定资产占总资产的比重较低；某电力公司的主要盈利资产是电厂机组，固定资产占总资产的比重非常高。关于上述4个企业20×1年年末的固定资产比重如表2-9所示。

表 2-9　　　　　　　　　　　4 个企业 20×1 年年末的固定资产比重　　　　　　　　　　单位：万元

企业名称	资产	20×1 年 12 月 31 日	比例
某银行	固定资产	4 856 473	1.8%
	资产总计	266 317 155	100%
四川某虹	固定资产	2 297 284	13.18%
	资产总计	17 426 334	100%
某友软件	固定资产	64 087	5.48%
	资产总计	1 167 865	100%
某电力公司	固定资产	7 260 083	59.54%
	资产总计	12 193 080	100%

4. 无形资产

无形资产是指企业所控制的，能为企业带来经济利益但无实物形态的非货币性长期资产，包括专利权、商标权、土地使用权、著作权、非专利技术等。随着知识经济时代的到来，无形资产作为企业可持续发展能力和竞争能力的重要支撑，会给企业的生存和发展带来巨大影响，因而越来越被企业重视。在资产负债表中，该项目是根据"无形资产"账户的期末余额，减去"累计摊销"和"无形资产减值准备"账户的期末余额后的金额填列的。分析无形资产项目，主要应关注以下几个方面。

（1）分析无形资产的规模和结构。

首先，应对无形资产总额进行数量判断，结合企业所处行业、企业生产经营规模及企业生命周期阶段分析企业无形资产占资产总额的比重是否适合。另外，还要注意分析各类无形资产的结构比重，借以判断无形资产结构的合理性和总体质量。一般而言，专利权、商标权、土地使用权、著作权、特许权等无形资产的价值易于鉴定，质量较高；而非专利技术等不受法律保护的无形资产项目，价值质量具有很大的不确定性。

（2）分析无形资产的确认是否科学。

与有形资产相比，无形资产给企业提供未来经济利益的大小具有较大的不确定性。无形资产的取得成本无法代表其未来经济价值的大小，其实际经济价值受企业外部因素的影响较大，盈利能力不能准确地判断。对此，财务分析者需要关注财务报表附注，分析无形资产的确认是否符合现行会计准则规定的确认条件。此外，还应关注企业自创无形资产所发生的研究和开发支出的处理问题。根据现行会计准则规定，无形资产依法申请取得前发生的研究与开发支出要区分研究阶段支出与开发阶段支出，其中开发阶段发生的支出如符合条件，可以作资本化处理，确认为无形资产；其他支出则作为费用化处理。因此，要注意某些企业将一些本不符合资本化条件的开发支出资本化，借以达到虚增利润和资产的不法目的。

（3）分析无形资产摊销政策。

无形资产的摊销问题涉及企业资产和利润数据。分析无形资产摊销，应当审核无形资产摊销是否符合会计准则的有关规定以及企业有无利用无形资产摊销调节利润的行为。现行会计准则规定，对于寿命有限的无形资产企业应当采用适当的摊销方法，将其应摊销金额在使用寿命期内系统合理地进行摊销；对于无法预见为企业带来经济利益的期限的无形资产，应视为使用寿命不确定的无形资产而不应进行摊销。因此，财务分析者在分析时应详细审核企业无形资产使用寿命的确定是否准确，有否将本能确定使用寿命的无形资产作为使用寿命不确定的无形资产不予摊销，以及无形资产的摊销方法和摊销年限有无变更、变更是否合理等。

（4）分析无形资产减值准备计提的合理性。

当今世界新技术层出不穷，伴随新旧技术的更替，原有的无形资产一旦落伍必然引起价值贬值。因此，无形资产发生减值是十分正常的现象。现行会计准则规定，无形资产减值准备一经确认在以后期间不得任意转回，因此分析无形资产减值准备计提时，财务分析者一定要注意减值准备计提的合理性和科学性。重点关注计提方法和已计提数额，分析企业是否利用无形资产减值准备计提来调节利润。

二、负债项目分析

企业的负债按其偿还期的长短分为流动负债和长期负债。企业应根据负债的性质及自身的支付能力，妥善安排负债的偿付，维护企业自身的信用形象。

（一）流动负债

流动负债是指企业将在一年内或者超过一年的一个营业周期内偿还的债务，主要包括短期借款、交易性金融负债、衍生金融负债、应付票据、应付账款、预收款项、合同负债、应付职工薪酬、应交税费、其他应付款、持有待售负债等项目。流动负债是企业负债的重要组成部分，一般要以流动资产变现或举借新的流动负债来偿还或支付，其财务风险、短期还债压力比长期负债更大。

分析流动负债项目，财务分析者应对流动负债的总额进行数量判断，分析流动负债占负债总额的比重及流动负债与流动资产的数量对比关系。下面对流动负债的主要项目包括短期借款、应付账款、预收款项和合同负债等进行分析。

1. 短期借款

短期借款是指企业从银行或其他单位借入的期限在一年（含一年）以下的各种借款。短期借款是企业为了满足日常生产经营活动的短期需要而举借的，其数量的多少往往取决于企业生产经营活动对流动资金的需要等因素。所以，短期借款金额大小适度与否，其分析要点如下。

（1）要与流动资产相适应，应当以流动资产的数额为上限，否则，公司财务压力就会较大，企业财务结构很难稳定。

（2）要关注短期借款利率，分析短期借款利率与公司整体资产利润率的关系，分析企业通过短期借款能否获得正向的财务杠杆效应。

企业需要防止出现的现象是将短期借款用于长期用途，即"短贷长投"。在这种情况下，企业必须要能持续创造良好的经营活动现金流。如果企业资产的盈利能力不强，经营活动现金流量匮乏，企业可能出现资金周转困难等问题，陷入难以自拔的财务困境。

2. 应付账款

应付账款是指企业因赊购原材料等物资或接受劳务供应而应付供应单位的款项。在市场经济条件下，应付账款的发生是正常的，也是经常的。但如果应付账款超过信用期限，会严重损害企业的信誉和信用。因此，财务分析者分析应付账款项目时不但要关注应付账款的总额，更要深入分析应付账款超过信用期限的数额、时间和频率。同时，关注应付账款的运营状况，如果存在大量赊购，有可能会降低企业的信誉度。

应付账款规模的适当扩大对企业是有好处的。与短期借款相比，应付账款是无须支付利息的负债，可以说是成本为零；然而，应付账款的还款期限一旦被拉长，则预示着企业可能存在财务风险。因此，必须防止出现应付账款规模不正常增加的同时，应付账款平均付款期也在不正常地延长等情况。

3. 预收款项

"预收款项"项目反映企业预收购买单位的账款。该项目应根据"预收账款"科目所属有关明细科目的期末贷方余额合计填列。如"预收账款"科目所属有关明细科目有借方余额的，应在资产负债表"应收账款"项目内填列；"应收账款"科目所属明细科目有贷方余额的，也应包括在"预收款项"项目内。由于新收入准则新增"合同负债"科目，财务分析者对预收款项进行分析时，要先区分"合同负债"与"预收款项"。

4. 合同负债

合同负债是指核算企业已收或者应收客户对价而应向客户转让商品的义务，例如，企业在转让承诺的商品之前已收取的款项。合同负债应当在资产负债表中单独列示，并按流动性强弱分别列示"合同负债"或"其他非流动负债"。也就是说，如果转让商品的义务发生在一年之内，则相应列报为合同负债，如果是一年以上，则相应列报为其他非流动负债。

通常情况下，"合同负债"与"预收款项"的区别主要体现为是否确定商品和交货期。预收款项往往是商品和交货期等已经确定。合同负债的商品和交货期等是不确定的，例如超市储值卡，什么时候去买东西以及买什么东西是不确定的。

（二）非流动负债

非流动负债也叫长期负债，是指偿还期在一年或者超过一年的一个营业周期以上的债务，包括长期借款、应付债券、租赁负债、长期应付款、预计负债、递延收益、递延所得税负债等。与流动负债相比，非流动负债具有债务金额大、偿还期限长、可以分期偿还、财务风险和偿还压力较小等特点，因而成为企业筹集长期资金的一种重要方式。

非流动负债主要用于企业长期资产的投资，满足企业扩大再生产的需要。分析非流动负债主要分析负债比例的适度性。与增加投入资本相比，举借长期负债有利于保持投资者（股东）的控制权。在投资利润率高于负债利率的条件下长期负债能给企业带来财务杠杆正效应，但长期负债的财务风险较大，如果企业经营不善，市场情况恶化，企业可能陷入财务困境。下面对长期负债各主要项目包括长期借款、租赁负债、应付债券和预计负债进行具体分析。

1. 长期借款

长期借款是指期限在一年以上的借款。与短期借款相比，长期借款的利率通常较高，除了需要支付较高的利息外，借款企业还将被银行收取其他费用，例如实行周转信贷协定所收取的承诺费、要求借款企业在本银行中保持补偿余额所形成的间接费用等，这些费用都会增加长期借款的成本。因此，必须防止出现长期借款用于短期投资等现象。在资产负债表中，"长期借款"项目反映企业借入尚未偿还的长期借款的摊余成本。该项目应根据"长期借款"科目的期末余额填列。财务分析者分析长期借款时应注意以下问题。

（1）长期借款的规模应与固定资产、无形资产的规模相适应。长期借款的目的是满足企业扩大再生产的需要，金融机构对于发放此项信贷是有明确用途的。因此，长期借款必须与当期固定资产、无形资产的规模相适应。一般而言，长期借款应当以小于固定资产与无形资产之和的数额为上限。

（2）长期借款利息费用的处理。长期借款用于专项长期资产购建期间，其借款利息费用的发生与长期资产的形成直接相关，因此需要资本化，而在长期资产达到预定可使用状态后，资本化程序终止，之后的借款利息费用直接计入期间费用。对此，财务分析者必须关注财务报表附注中关于借款利息费用的会计政策，分析长期借款利息费用会计处理（资本化或费用化）的合理性。

2. 租赁负债

租赁负债是一种以一定费用借贷实物的经济行为。在这种经济行为中，出租人将自己所拥有的某种物品交与承租人使用，承租人由此获得在一段时期内使用该物品的权利，但物品的所有权仍保留在出租人手中。承租人为其所获得的使用权需向出租人支付一定的费用（租金）。租赁负债应当按照租赁期开始日尚未支付的租赁付款额的现值进行初始计量。租赁付款额是指承租人向出租人支付的与在租赁期内使用租赁资产的权利相关的款项。后续计量时，承租人应当按照固定的周期性利率（如租赁内含利率或承租人增量借款利率）计算租赁负债在租赁期内各期间的利息费用，并计入当期损益。

2018 年 12 月，财政部发布新租赁准则，在境内外同时上市以及在境外上市并采用国际财务报告准则或企业会计准则编制财务报表的企业，自 2019 年 1 月 1 日起施行，其他执行企业会计准则的企业自 2021 年 1 月 1 日起施行。取消了承租人关于融资租赁与经营租赁的分类，要求承租人对所有租赁（选择简化处理的短期租赁和低价值资产租赁除外）确认使用权资产和租赁负债，并分别确认折旧和利息费用。

注意：租赁期开始日后，租期变化、后续租赁付款额调整（含固定付款额、基于指数或比率的可变付款额、购买选择权价格、终止选择权价格、担保余值等的调整），一般折现率不变，但是，租赁付款额的变动源自浮动利率变动的，使用修订后的折现率。调整租赁负债的同时，调整使用权资产，直至使用权资产调为零，租赁负债还要调减的，计入当期损益。租赁到期，租金支付完毕后租赁负债余额转利息支出。

3. 应付债券

长期债券是指企业为筹集长期资金而发行的偿还期在一年以上的债券。资产负债表中的应付债券项目反映的是企业发行的尚未归还的各种长期债券的本金和利息。期末根据"应付债券"总账余额，扣除明细科目中将在一年内偿还的，归入"一年内到期的非流动负债"。分析时应主要关注应付债券的余额和应归还的期限。

同长期借款的目的一样，应付债券也是为了满足企业扩大再生产的需要，因此应付债券必须与当期固定资产、无形资产的规模相适应。但应付债券是企业面向社会募集的资金，债权人分散，与长期借款相比，长期债券对企业形成的风险和压力更大。如果企业使用资金不利或转移用途，将会波及企业债券的市价和企业的声誉。所以，分析时应重点关注应付债券的余额、归还的期限、增减变动及其对企业财务状况的影响。

4. 预计负债

预计负债是根据或有事项等相关准则确认的各项预计负债，包括对外提供担保、未决诉讼、产品质量保证、重组义务以及固定资产和矿区权益弃置义务等产生的预计负债。其确认要求同时满足以下三个条件：（1）该义务是企业承担的现时义务；（2）履行该义务很可能导致经济利益流出企业；（3）该义务的金额能够可靠地计量。"预计负债"项目反映企业预计负债的期末余额。满足上述条件时，应当确认为预计负债，并在资产负债表中列示；否则，则属于或有负债。或有负债只能在表外披露，不能在表内确认。分析预计负债时应注意以下问题。

首先，要对预计负债确认的合理性进行判断。借助财务报表附注中或有事项的有关说明和其他资料进行判断。对照上述条件，分析企业是否存在为了隐瞒利润，将未满足条件的或有负债确认为预计负债；或是将本已满足确认条件的或有事项仍然仅作表外披露，不予确认。

其次，预计负债并不一定代表未来实际需要偿还的金额。例如，对于预期会败诉的被告而言，因为未决诉讼将产生一项预计负债，但其最终结果都是由诉讼的最终调节或判决来决定。因此，预计负债与实际负债可能存在差异，也存在一定的转化期限。

02

📔 **拓展阅读**

新金融工具和新收入准则对预计负债的影响

企业按照《企业会计准则第 22 号——金融工具确认和计量》（财会〔2017〕7 号）的相关规定对贷款承诺、财务担保合同等项目计提的损失准备，应当在"预计负债"项目中填列。

《企业会计准则第 14 号——收入》（财会〔2017〕22 号）主要是针对附有销售退回条款的销售交易作了新的规定，明确了"预计负债—应付退货款"科目的应用。应当根据"预计负债"科目下的"应付退货款"明细科目是否在一年或一个正常营业周期内清偿，在"其他流动负债"或"预计负债"项目中填列。

三、所有者权益项目分析

所有者权益是指企业资产扣除负债后由所有者享有的剩余权益。股份公司的所有者权益称为股东权益。所有者权益具体包括实收资本（或股本）、其他权益工具、资本公积、其他综合收益、盈余公积和未分配利润等。所有者权益是投资者对企业净资产的要求权，是企业生存和持续发展的基础，也是企业维护债权人权益的保证。

1. 实收资本（或股本）

实收资本是指企业实际收到的投资者投入的资本额，对股份公司而言，实收资本称为股本。对实收资本项目进行分析，首先，结合注册资本的实缴程度判断企业的诚信风险。由于公司制企业的注册资本是企业出资人承担法定责任的最高限额，如果企业在注册资本的缴纳环节没有恪守其认缴承诺，就意味着出资人的诚信理念存在瑕疵，报表使用者要高度关注该企业在各类商事行为中可能存在的违约风险。其次，分析实收资本（或股本）的增减变动情况。除非企业出现增资、减资等情况，实收资本（或股本）在企业正常经营期间一般不会发生变动。实收资本（或股本）的变动将会影响企业投资者对企业的所有权和控制权，而且对企业的偿债能力、获利能力等都会产生影响。当然，企业投资者增加投入资本，会使营运资金增加，表明投资者对企业的未来发展充满信心。

2. 其他权益工具

"其他权益工具"项目，反映资产负债表日企业发行在外的除普通股以外分类为权益工具的金融工具的期末账面价值。对于资产负债表日企业发行的金融工具，分类为金融负债的，应在"应付债券"项目填列，对于优先股和永续债，还应在"应付债券"项目下的"优先股"项目和"永续债"项目分别填列；分类为权益工具的，应在"其他权益工具"项目填列，对于优先股和永续债，还应在"其他权益工具"项目下的"优先股"项目和"永续债"项目分别填列。

永续债是非金融企业在债券市场发行的"无固定期限、内含发行人赎回权"的债券。发行企业具有赎回的选择权。利息通常具有调整机制，如果一定时间内企业选择不赎回永续债，其利率就会相应地上升以弥补投资者的潜在风险和损失。发行企业还有权决定是否付息，原则上永续债的利息可以无限期递延，但前提是企业在付息前不可以分配股利。

企业还需要在财务报表附注中披露发行在外的所有归类为权益工具的优先股、永续债等金融工具的详细情况。

3. 资本公积

资本公积的来源主要包括资本溢价（股票溢价）、接受捐赠财产形成的公积金、法定财产重估增值等。按照规定，资本溢价和接受捐赠的资产价值可以转增资本，而财产重估增值一般只能用于补偿以后年度的财产减值损失。财务分析人员分析时关注法定财产重估增值的真实性。有的企业在不具备法定资产评估的情况下，通过虚假资产评估来虚增固定资产、在建工程、存货、无形资产等，从而虚增企业的资本公积。

（1）分析资本公积来源的可靠性。由于资本公积是所有者权益的有机组成部分，而且它通常会直接导致企业净资产增加，因此，应特别注意企业是否存在通过资本公积来改善财务状况的情况。如果该项目的数额本期增长过大，就应进一步了解资本公积的构成。因为有的企业为了小集团利益，通过虚假评估来虚增净资产，以达到粉饰资产负债率和企业信用形象的目的。

（2）分析资本公积的用途。资本公积可以用来转增资本。但应当注意，并非所有的资本公积项目都可用来转增资本，能够用来转增资本的必须是有资产做保障的已实现的资本公积，如股本（资本）溢价。至于长期股权投资采用权益法核算时因被投资单位除净损益以外所有者权益的其他变动，投资企业按应享有份额而增加或减少的资本公积，以及企业持有的可供出售金融资产在持有期间的公允价值变动等其他资本公积项目，因没有现金流或其他资产做保障，不能用来转增资本，否则会造成虚假出资。

4. 盈余公积

盈余公积是指企业按规定从税后利润中提取的积累资金。它可以用于转增资本、弥补亏损，特殊情况下还可以用于分配股利。

（1）分析盈余公积数量。盈余公积是留存企业用于维持和扩大再生产的资金。对于企业的发展而言，盈余公积越多越好。表明企业资本积累能力、亏损弥补能力、股利分配能力及应对风险的能力越强。盈余公积少说明企业内部积累不足。

（2）分析盈余公积结构。如果任意盈余公积所占比重较大，说明企业在加强积累，应着眼长远发展。

5. 未分配利润

未分配利润是指企业实现的净利润在提取盈余公积和分配利润后的余额，反映企业各年累积的尚未分配给投资者的利润。未分配利润是未确定用途的留存收益，因此企业在使用未分配利润上有较大的自主权。未分配利润越多，反映企业当年和以后年度的积累能力、股利分派能力及应付风险的能力越强。分析时应注意，未分配利润是一个变量，可将该项目的期末数与期初数相比，观察其变动的曲线和发展趋势。

【案例 2-3】发放股票股利

某公司在 2019 年底由于资金不足，不能分配现金股利，决定发放 10%的股票股利，该公司股票的市价为 20 元。在发行股票股利前，公司的股东权益情况如表 2-10 所示。

表 2-10 公司的股东权益项目表——发行股票股利前 单位：元

项目	金额
普通股（面值 1 元，已发行 200 000 股）	200 000
资本公积	400 000
未分配利润	2 000 000
股东权益合计	2 600 000

试分析发行股票股利后公司的所有者权益变动情况。

分析如下：随着股票股利的发放，公司需从"未分配利润"项目划转出的资金为：20×200 000×10%=400 000 元，由于股票面额为 1 元，发放 20 000 股，普通股只增加 20 000 元，其余的 380 000 元应作为股票溢价转至"资本公积"项目，而公司股东权益总额保持不变。发放股票股利后，公司股东权益各项目如表 2-11 所示。股票股利不影响净资产收益率，但会影响每股收益的增长性。

表 2-11 公司股东权益项目表——发放股票股利后 单位：元

项目	金额
普通股（面值 1 元，已发行 220 000 股）	220 000
资本公积	780 000
未分配利润	1 600 000
股东权益合计	2 600 000

📓 职业启迪

树立质量意识和诚信意识，具体问题具体分析

请同学们结合本节知识，思考并讨论资产负债表中的三项要素如何反映企业的财务状况？做好资产负债表项目分析，判断某一企业的财务状况或财务质量的好坏，首先是分析企业各类资产项目的质量；其次关注负债项目，要讲信用；最后分析所有者权益项目，关注资本积累能力和企业持续发展能力。

🕊 任务实施

王林对资产负债表中资产、负债和所有者权益三项要素分析重点总结如下。

对资产项目的分析，重点关注货币资金、交易性金融资产应收账款、存货、长期股权投资、固定资产、无形资产等的规模和质量，尤其是要注意会计政策选择和资产减值因素对资产净额的影响。

对负债项目的分析，重点关注短期借款、应付账款、应交税费、长期借款、应付债券、预计负债等主要负债项目的确认和计量。另外，还要特别注意企业负债披露的完整性。

对所有者权益项目的分析，应从总量和结构两个方面进行，重点关注实收资本（或股本）、资本公积、盈余公积和未分配利润，结合所有者权益变动表对所有者权益各项目进行分析判断。

请思考：资产负债表项目分析，揭示了各重要项目的单项质量情况。只有当各类资产合理搭配时，才可能实现其最佳效用，那财务分析人员如何进一步分析各项目之间及其与资产总额的配置关系呢？

任务三 资产负债表的结构分析

学习目标

素质目标：具有效率意识，追求合理的资产配置观；具有风险意识，优化资本结构。

知识目标：了解资产结构、资本结构有关知识；掌握资产结构、资本结构分析指标和应用。

技能目标：编制结构百分比资产负债表；掌握资产结构分析、资本结构分析。

任务分析

单项资产的质量和总体资产的结构是企业生存和获利的基础，也是企业未来持续发展的关键。掌握资产负债表各重要项目情况之后，王林还需要分析各项目之间及其与资产总额的配置关系。资产负债表的结构分析是运用结构分析的方法，分析企业资产负债表中有关资产、负债和所有者权益项目内部的构成及其与总额的关系情况，主要包括资产结构分析和资本结构分析。所以，本任务清单如下。

1. 学会编制结构百分比资产负债表（垂直分析表）。
2. 资产结构分析。
3. 资本结构分析。

知识准备

资产负债表反映了企业在某一特定时点的财务状况。具体来说，资产负债表的左边资产方，反映了企业实际控制的经济资源的数量及其结构，也就是企业的资产结构。因为只有当各类资产合理搭配时，才可能实现其最佳效用，所以企业的资产结构揭示了企业的经营能力是否被充分利用。资产负债表的右边负债及所有者权益方，反映了企业的资金来源及其构成情况，也就是企业的资本结构。

一、资产负债表结构分析的内涵和步骤

资产负债表结构分析是以资产负债表中的"资产总额"为基数来进行的垂直分析，即将资产负债表的每一项目以资产总额的百分比形式填列，形成结构百分比资产负债表。资产负债表的结构分析首先就是通过结构百分比资产负债表的编制予以展开的。结构百分比资产负债表把资产负债表中繁杂的各项目数额转化为简明的百分数，直接明了地揭示资产、负债、所有者权益及其具体项目与其总额的关系。

资产结构分析即资产方的结构百分比可以清楚地揭示企业不同类型的资产占总资产的比例，说明企业管理者是如何运用所拥有的资源的。

资本结构分析即在负债和所有者权益方，透过结构百分比，分析负债及所有者权益与资产结

构是否匹配，进而研究企业融资结构或资本结构的合理性。

在进行具体分析的过程中，财务分析人员通常分别计算对比期和基期的资产负债表结构百分比。通过分析比重的变动，更好地反映企业资产结构和资本结构的详细变动情况，进而判断其对企业财务状况的影响。除此之外，往往在列示两期各项目百分比的同时，增设一栏反映两期的差异，以便更明了地显示各项目的增减变动程度。

二、结构百分比资产负债表的编制与分析

【案例2-4】王林根据华强公司资产负债表的相关资料，编制结构百分比资产负债表（资产负债表垂直分析表）如表2-12所示。

表2-12　　　　　　　　　　　结构百分比资产负债表

编制单位：华强公司　　　　　　　　2020年12月31日

资产	年末结构/%	年初结构/%	变动情况/%	负债和所有者权益	年末结构/%	年初结构/%	变动情况/%
流动资产：				流动负债：			
货币资金	13.74	48.40	-34.66	短期借款	4.94	7.36	-2.42
交易性金融资产				交易性金融负债			
应收票据	24.08	14.95	9.13	应付票据	0.51	0.72	-0.21
应收账款	5.86	2.21	3.65	应付账款	17.93	20.57	-2.64
预付账款	6.55	0.08	6.47	预收账款	0.11	2.18	-2.07
其他应收款	0.28	0.84	-0.56	应付职工薪酬	0.49	0.33	0.16
存货	9.83	7.69	2.14	应交税费	-1.76	1.73	-3.49
流动资产合计	60.35	74.16	-13.81	流动负债合计	22.23	32.42	-10.18
非流动资产：				非流动负债：			
长期股权投资	4.81	3.32	1.49	长期应付款	0.53	0.41	0.12
投资性房地产				非流动负债合计	0.53	0.41	0.12
固定资产	22.03	16.99	5.04	负债合计	22.76	32.95	-10.19
在建工程	10.52	3.40	7.12	所有者权益：			
无形资产	1.23	0.14	1.09	实收资本	24.62	24.92	-0.30
开发支出				资本公积	36.60	30.92	5.68
长期待摊费用	1.06	1.99	-0.93	盈余公积	6.03	3.99	2.04
递延所得税资产				未分配利润	10.00	5.99	4.01
非流动资产合计	39.65	25.84	13.81	所有者权益合计	77.24	67.05	10.19
资产总计	100.00	100.00	—	负债及所有者权益总计	100.00	100.00	—

根据表2-12计算结果分析如下。

（一）对资产结构变化情况的分析

（1）在年末总资产中，流动资产占60.35%，非流动资产占39.65%，与年初相比较，流动资产的比重减少了13.81%，表明公司资产的流动性下降，可能会导致偿还能力、支付能力和应变能力减弱；同时反映公司加大了对非流动资产的资金投入，尤其是对长期股权和无形资产的投资，说明公司可能有意调整盈利模式，增加投资收益为新的利润增长点，实施多元化战略，并增加外购无形资产，扩大经营规模和生产能力，提升产品和公司的形象。

（2）在年末流动资产中，货币资金所占比重由年初的 48.40%下降为 13.74%，降低 34.66%；说明公司或者注意控制货币资金的存量，积极将资金投入周转，防止了资金的闲置，减少了资金的机会成本，提高了资金的使用效率，或者是由于信用政策的变化导致资金的回收速度减缓；应收票据和应收账款所占比重分别由年初的 14.95%和 2.21%上升为 24.08%和 5.86%，分别提高了 9.13%和 3.65%；存货所占比重由年初的 7.69%上升为 9.83%，提高了 2.14%。结合同期利润表数据，公司当年的营业收入规模比上一年度略有减少，说明公司迫于竞争压力或以拓展市场为目的而放宽了信用政策，但在当年没有能够在销售规模上得到明显的成效；预付账款所占比重由年初的 0.08%提高到 6.55%，应加以关注，防止本公司的流动资金被其他公司或大股东长期大量占有的现象发生。

（3）在年末非流动资产中，除长期待摊费用外，各项资产所占比重较年初相比均有所上升，其中固定资产和在建工程所占比重分别由年初的 16.99%和 3.40%上升为 22.03%和 10.52%，分别提高 5.04%和 7.12%，增长幅度较大，表明企业的生产能力进一步扩大，资产的结构更加合理，资金的获利能力有望提高。

（二）对资本结构变化情况的分析

（1）在年末总资本中，债务资本所占比重为 22.76%，权益资本所占比重为 77.24%，资产负债率为 22.76%，无论是与年初 32.95%的资产负债率相比，还是与行业平均资产负债率水平，即 55%（53.32%～55.25%）相比，本公司负债规模明显缩小，偿债义务减轻，财务风险减小，财务状况更加稳健，偿债能力更强。

（2）在年初和年末的负债总额中，全部为短期的流动负债，说明公司所有的债务都必须在短期内集中偿还，可能会引起当期财务费用提高；在流动负债中，主要是应付账款和短期借款，这两项负债之和分别在年初和年末各占流动负债总额的 86.13%和 102.89%，而其中应付账款在年初和年末各占流动负债总额的 20.57%和 17.93%，表明公司更多地利用短期商业信用作为筹集资金的主要工具。

（3）在年末所有者权益中，各项所占比重较年初相比均有所上升，表明公司自有资本实力更加雄厚，对债务资本的保障程度也更高，规避财务风险的能力更强，也更有利于吸收投资和开展筹资活动。

三、资产结构分析

资产结构是指流动资产和长期投资、固定资产、无形资产等非流动资产及其各主要项目占企业总资产的比重。企业的资源是有限的，为了能够更大限度地发挥各项资产的功能，获得较高的资源利用效率，企业必须对各项资源进行合理配置。

资产结构分析就是通过分析资产负债表中各类资产与资产总额以及各类资产之间的比例关系，反映企业资源配置情况，具体分析方法有两种。

第一种方法：按照上述编制资产负债表垂直分析表的方法，进行全面分析资产结构状况。

第二种方法：采用比率分析法，直接计算重要的资产结构比率进行分析。资产结构分析需要关注以下几个重要的资产结构比率。

1. 流动资产结构比率的计算与分析

流动资产结构比率是指流动资产占资产总额的百分比，计算公式如下。

$$流动资产结构比率=流动资产/资产总额×100\%$$

判断流动资产结构比率是否合理，应结合固定资产和其他各项非流动资产的构成情况，联系

02

企业生产经营的变化趋势进行分析。在固定资产和其他各项非流动资产不变的情况下，如果流动资产比例提高，使生产经营大幅度增长，说明流动资产在资产总额中所占比例较为合理。但如果流动资产比例增长速度高于生产经营的增长速度，单位生产经营增加值占用的资产额比上期增加，说明资金利用效率下降，流动资产在资产总额中所占比例不合理。

流动资产的结构比率是否合理还应结合企业利润进行分析。如果流动资产在资产总额中的比例提高了，则企业的营业利润也应有所增长。如果流动资产比例提高，利润却不增长，说明企业生产的产品销量不好，企业经营趋势不乐观。

由于各行业企业生产经营情况不同，流动资产在资产总额中的比例也不相同，因此合理的流动资产的结构比率应根据行业、企业的具体情况进行判断及分析。

2. 固定资产结构比率的计算与分析

固定资产结构比率是指固定资产占资产总额的百分比，计算公式如下。

固定资产结构比率=（固定资产+在建工程+工程物资+固定资产清理）/资产总额×100%

判断固定资产比例是否合理，应根据各企业自身特点确定。固定资产结构比率决定企业的行业特点、生产规模和发展方向。一般来说，工业企业固定资产结构比率较高，商品流通企业的固定资产结构比率较低。因此，研究分析固定资产在资产总额中的比例是否合理，首先应了解企业自身生产经营特点，制定与之相适宜的比例标准。否则，比例过高，造成资金浪费，比例过低，影响生产经营业务的发展。

3. 固流结构分析

在企业资产结构体系中，固定资产与流动资产之间的结构比例是非常重要的。固定资产与流动资产之间的结构比例通常称为固流结构。在企业经营规模一定的条件下，如果固定资产存量过大，正常的生产能力不能充分发挥，会造成固定资产的部分闲置或生产能力利用不足；如果流动资产存量过大，则会造成流动资产闲置，影响企业盈利能力。无论上述哪种情况出现，最终都会影响企业资产的利用效果。

（1）固流结构策略

企业主要有以下三种固流结构策略可供选择。

① 适中的固流结构策略。采用这种策略，通常使固定资产存量与流动资产存量的比例保持平均水平。该情况下，企业的盈利水平一般，风险程度一般。

② 保守的固流结构策略。采用这种策略，流动资产比例较高，由于流动资产增加，提高了企业资产的流动性，因此降低了企业的风险，但同时也会降低企业的盈利水平。

③ 冒险的固流结构策略。采用这种策略，流动资产比例较低，资产的流动性较差。虽然会因为固定资产占用量的增加，而相应提高企业的盈利能力，但同时也给企业带来较大的风险。

课堂小贴士

关注资产配置的效率，在投资获利的归因分析中，百分之九十以上收益是由合理的资产配置结构决定的。所以科学的资产配置结构是获得投资效率的关键因素。

（2）选择固流结构应考虑的因素

在实际分析中，评价企业的固定资产与流动资产的结构比例是否合理，通常考虑以下几个因素。

① 盈利水平与风险程度。企业将大部分资金投资流动资产，虽然能够减少企业的经营风险，但是会造成资金大量闲置或固定资产不足，降低企业生产能力和资金利用率，从而影响企业的经济效益；反之固定资产比例增加，虽然有利于提高资产利润率，但同时导致经营风险增加。企业选择何种资产结构，主要取决于企业经营者对待风险的态度。如果经营者敢于冒险，就可能采冒险的固流结构策略；如果经营者比较保守，则选择保守的固流结构策略。

② 行业特点。不同的行业，因其经济活动内容不同，技术装备水平也存在差异，固流结构会有较大差异。一般来说，创造附加值低的企业，如商品流通企业，需要保持较高的资产流动性；而创造附加值高的企业，如制造业企业，则需要保持较高的固定资产比例。同一行业内部，因其生产特点、生产方式的差异较小，所以固流结构比较接近，行业的平均固流结构比例应是本企业固流结构的主要参照标准。

③ 企业经营规模。企业经营规模对固流结构有着重要影响。一般来说，规模较大的企业，固定资产比例相对较高，因其筹资能力强，流动资产比例相对较低。

4. 长期投资结构比率的计算与分析

长期投资结构比率是指各项长期性投资占资产总额的百分比，计算公式如下。

$$长期投资结构比率=（债权投资+其他债权投资+其他权益工具投资+其他非流动性金融资产$$
$$+长期股权投资+投资性房产）/资产总额×100\%$$

判断长期投资比例是否合理，需要分析资金对外投资有没有影响企业生产资金周转。长期投资占资产总额比例的提高，可能是由于企业长期资金来源充足，在不影响生产经营的前提下，对外进行长期投资取得了更多的收益；也可能是企业内部发展受到限制，目前产业或产品利润率较低，需要寻求新的发展目标。不论何种原因，随着长期投资比例的提高，企业的风险会随之增大。

多数企业希望长期投资结构比率高些，原因有以下几点：第一，企业的资产需要有一个适当的组合，内外分布便是企业降低资产风险的重要途径；第二，商品经营与资本经营并举，是现代企业经营发展的新趋势，而对外投资就是资本经营的重要形式；第三，集团化的大企业一般都是以资本为纽带组建的，如果企业对外投资较少，则集团化和大型化的进程通常会受到一定的限制。

5. 无形资产结构比率的计算与分析

无形资产结构比率是指无形资产占资产总额的百分比，计算公式如下。

$$无形资产结构比率=（无形资产+开发支出）/资产总额×100\%$$

无形资产结构比率是否合理，应结合企业的具体情况来看，一般来说，无形资产的比例，越高越好。随着科技进步和经济发展，硬资源在企业生存和发展中的作用和相对价值在不断下降，而包括无形资产在内的软资源的作用和相对价值在不断上升。通过分析无形资产比例，可以判断企业知识文化和高新技术化的发展程度，也可以分析企业可持续发展的潜力及综合竞争能力。

【案例 2-5】根据 A 公司资产负债表（见表 2-13），用两种方法进行资产结构分析。

表 2-13　　　　　　　　　　　　　资产负债表　　　　　　　　　　　　　会企 01 表

编制单位：A公司　　　　　　　　　2020 年 12 月 31 日　　　　　　　　　单位：万元

资产	年初余额	期末余额	负债和所有者权益	年初余额	期末余额
流动资产：			流动负债：		
货币资金	4 000	6 600	短期借款	500	2 000
交易性金融资产			交易性金融负债	1 300	200

续表

资产	年初余额	期末余额	负债和所有者权益	年初余额	期末余额
应收票据	3 600	4 400	应付票据	3 200	5 100
应收账款	2 200	1 800	应付账款	1 800	1 400
存货	5 000	6 600	预收款项	700	500
其他流动资产	2 400	3 000	应付职工薪酬	140	260
流动资产合计	17 200	22 400	流动负债合计	7 640	9 460
非流动资产：			非流动负债：		
长期股权投资	350	500	长期借款	2 640	4 000
固定资产	21 300	21 500	长期应付款	800	2 000
在建工程			非流动负债合计	3 400	6 000
无形资产	200	2 000	负债合计	11 040	15 460
开发支出	720	640	所有者权益：		
长期待摊费用			股本	18 000	18 000
商誉			资本公积	4 000	5 000
递延所得税资产			盈余公积	3 200	5 000
其他非流动资产			未分配利润	3 530	3 580
非流动资产合计	22 570	24 640	所有者权益合计	28 730	31 580
资产总计	39 770	47 040	负债和所有者权益总计	39 770	47 040

第一种方法：按照编制资产负债表垂直分析表的方法。

通过编制结构百分比资产负债表进行分析，即将资产负债表中资产总额看作 100%，再以各项目数据逐一除以资产总额，求得各项目的百分率，然后将不同时期的数据进行比较，以揭示报表中各项目与总体之间的关系及其变动情况。

编制 A 公司结构百分比资产负债表，如表 2-14 所示。

表 2-14　　　　　　　　　　　　结构百分比资产负债表

编制单位：A公司　　　　　　　　　2020 年 12 月 31 日　　　　　　　　　单位：万元

项目	年初结构	年末结构	差异	项目	年初结构	年末结构	差异
流动资产：				流动负债：			
货币资金	10.06	14.03	3.97	短期借款	1.26	4.25	2.99
交易性金融资产				交易性金融负债	3.27	0.43	-2.84
应收票据	9.05	9.35	0.30	应付票据	8.05	10.84	2.80
应收账款	5.53	3.83	-1.70	应付账款	4.53	2.98	-1.55
存货	12.57	14.03	1.46	预收账款	1.76	1.06	-0.70
其他流动资产	6.03	6.38	0.35	应付职工薪酬	0.35	0.55	0.20
流动资产合计	43.25	47.62	4.37	流动负债合计	19.21	20.11	0.90
非流动资产：				非流动负债：			
长期股权投资	0.88	1.06	0.18	长期借款	6.54	8.50	1.97
固定资产	53.56	45.71	-7.85	长期应付款	2.01	4.25	2.24
在建工程				非流动负债合计	8.55	12.76	4.21
无形资产	0.50	4.25	3.75	负债合计	27.76	32.87	5.11
开发支出	1.81	1.36	-0.45	所有者权益			

续表

项目	年初结构	年末结构	差异	项目	年初结构	年末结构	差异
商誉				股本	45.26	38.27	-6.99
长期待摊费用				资本公积	10.06	10.63	0.57
递延所得税资产				盈余公积	8.05	10.63	2.58
其他非流动资产				未分配利润	8.88	7.61	-1.27
非流动资产合计	56.75	52.38	-4.37	所有者权益合计	72.24	67.13	-5.11
资产合计	100.00	100.00	0	负债和所有者权益合计	100.00	100.00	0

第二种方法：采用比率分析法，直接计算重要的资产结构比率进行分析，如表 2-15 所示。

表 2-15　　　　　　　　　重要的资产结构比率计算表　　　　　　金额单位：万元

项目	2019 年		2020 年		差异	
	金额	比例/%	金额	比例/%	金额	比例/%
流动资产	17 200	43.25	22 400	47.62	5 200	4.37
长期性投资	350	0.88	500	1.06	150	0.18
固定资产	21 300	53.56	21 500	45.71	200	-7.85
无形资产	920	2.31	2 640	5.61	1 720	3.30
资产合计	39 770		47 040		7 270	

根据表 2-14 和表 2-15 相关资料，可以对资产结构基本情况进行如下分析。

① 2020 年该公司的流动资产占资产总额 47.62%，比 2019 年提高 4.37%，说明资产的流动性有所提高。但该比例提高是否合理，还应该结合公司的负债状况、销售状况、经营性质及市场环境等因素具体分析。

② 2020 年该公司固定资产比例有所下降，由 2019 年的 53.56%降至 2020 年的 45.71%，但从绝对量上看，固定资产增长了 200 万元，比例下降主要是无形资产、流动资产、长期性投资、其他非流动资产增长的绝对数远远大于固定资产增长的绝对数。

③ 无形资产比例有所上升，说明公司的后续发展能力增强。从该公司的情况来看，2020 年无形资产绝对额约是 2019 年的 3 倍，表明企业的潜在能力有所增强。

④ 长期性投资的比例，这两年都比较低，说明该公司立足于内部发展，没有进行大规模的资本扩张。

通过资产结构基本情况的分析，对公司资产布局有了初步认识，为进一步分析奠定了基础，而要得出资产结构是否合理的结论，还需结合公司的负债状况、销售状况、经营性质及市场环境等因素具体分析。

四、资本结构分析

（一）资本结构的含义

资本结构是指负债和所有者权益及其各主要项目占企业总资本的比重。企业筹集资金的主要来源有两个方面。一是来源于企业内部自有的资金，即所有者权益，形成权益资本；二是来源于企业外部借入的资金，即负债，形成债务资本。

02

（二）资本结构分析的意义

资本结构分析是指通过对债务资本与权益资本结构及其各主要项目内部结构的分析，反映企业资金来源的渠道和筹资方式及其变动情况，分析企业财务结构及其稳定性。通过对资本结构的分析，还能够反映企业的偿债能力与财务风险的大小及资本保值增值情况。

对不同的分析主体来说，资本结构分析的意义也不同。

1. 对企业债权人来说，通过资本结构分析可以判断其债权的偿还保证程度。

2. 对企业投资人来说，通过资本结构分析可以判断其承担终极风险与可能获得的财务杠杆利益，以确定投资决策。

3. 对企业经营者来说，通过资本结构分析可以优化融资结构，降低融资成本。

4. 对往来企业来说，通过资本结构分析可以判断是否有足够的支付能力和供货能力。

（三）资本结构的类型

不同企业或同一企业的不同时期，其资本结构是不同的，具体来说有以下三种类型。

1. 谨慎型资本结构

谨慎型资本结构是指企业的资金来源主要由权益资本和长期负债构成，即企业的长期资产和部分流动资产全部由主权资本和长期负债提供，流动负债只是满足部分临时性流动资产占用所需资金。这种资本结构下，企业融资风险相对较小，而融资成本较高，因此收益水平相对较低。

谨慎型资本结构图如图 2-1 所示。

流产资动	流动负债
	非流动负债
	所有者权益
非流动资产	

图 2-1　谨慎型资本结构图

2. 风险型资本结构

风险型资本结构是指企业的资金来源主要是负债融资，特别是流动负债，在这一结构形式中，流动负债不仅用于满足流动资产的资金需要，而且还用于满足部分长期资产的资金需要。而主权资本和长期负债只是满足于部分长期资产。在这种资本结构高风险、低成本，因此收益水平也会增高。风险型资本结构图如图 2-2 所示。

流动资产	流动负债
非流动资产	
	非流动负债
	所有者权益

图 2-2　风险型资本结构图

3. 适中型资本结构

适中型资本结构是介于上述两种资本结构之间的一种形式。以流动负债满足流动资产的资金需要，以非流动负债及所有者权益满足长期资产的资金需要，这种资本结构下，企业的融资风险、融资成本和收益水平都是处于中等水平。适中型资本结构图如图 2-3 所示。

流动资产	流动负债
非流动资产	非流动负债 所有者权益

图 2-3　适中型资本结构图

不同企业或同一企业的不同时期，由于对风险和收益的态度不同，故可以采取不同的资本结构，凡期望获得较高收益的企业，可以采取风险型的资本结构；凡期望获得较低而稳定收益的企业，可以采取谨慎型的资本结构；凡期望获得平均收益的企业，可以采取适中型的资本结构。

拓展阅读

风险一般是指某一事件其结果的不确定性。风险是客观存在的，广泛影响着企业的财务和经营活动，按风险形成的原因分为经营风险与财务风险。

经营风险是指企业因经营原因导致利润变动的不确定性。例如，原材料价格变动、市场销售因素、生产成本因素等变动，使得企业的收益变得不确定。财务风险也称筹资风险，是指因举债或发行优先股而增加的风险，是筹资决策带来的风险。因为举债的利息和优先股股利固定，当企业经营状况不佳时，将导致企业所有者收益下降甚至无法按期支付利息或优先股股利，影响企业偿债能力。当企业经营风险较大时，通过降低财务风险，就可以使企业总风险降低；当企业财务风险较大时，可以通过降低经营风险而使企业总风险降低。

（四）资本结构分析的方法

财务分析人员对资本结构进行分析时，可以采用比率分析法，直接计算重要的资本结构比率。资本结构分析需要关注以下几个重要的资本结构比率。

1. 负债资本比率

负债资本比率是指负债总额对资本总额的比例关系。即债权人所提供资金占企业总资金的比重，计算公式如下。

$$负债资本比率=负债总额/资本总额×100\%$$

负债资本比率从偿债能力角度分析，也称资产负债率。该比率的高低，反映企业负债经营的程度。一般而言，负债资本比率越低，企业的资金实力越强，债权保障程度越高。因此，对债权人而言，希望负债比率越低越好，因为负债比率越低，债权人收回债务的可能性就越大。但对于投资者而言，则希望负债比率越高越好，因为一则可扩大企业的盈利能力，二则可以利用较少的投资控制整个企业。然而，实际工作中衡量负债资本比率的大小，还受其他因素的影响，例如，企业盈利的稳定性、营业额的增长率、行业的竞争程度、资产结构、企业规模、负债期限等。因此，负债资本比率分析必须结合这些因素进行综合分析。

2. 权益资本比率

权益资本比率是指所有者权益总额与资本总额的比率，也称自有资本比率，计算公式如下。

$$权益资本比率=权益总额/资本总额×100\%$$

企业的资本是由负债资本和权益资本构成的。因此，负债资本比率与权益资本比率是此消彼长的关系。该指标的分析与负债比率的分析是反向的。权益资本比率的倒数，称作权益乘数，即企业的资产总额是所有者权益的多少倍。权益乘数越大，说明投资者投入的一定量的资本在生产经营中所运营的资产越多。

3. 负债权益比率

负债权益比率是指负债资本与权益资本的比例关系，也称产权比率，计算公式如下。

$$负债权益比率=负债资本/权益资本×100\%$$

为进一步了解企业对负债的保证程度，企业还需计算负债权益比率。对债权人而言，负债权益比率越低，表示企业长期偿债能力越强，即长期财务状况越好，债权人越有安全感。对投资者而言，却不希望看到企业因负债压力太大而导致周转不灵。一般来说，负债权益比率正常的标准是小于100%，也就是负债总额必须小于权益总额。如果该比率大于100%，则表示企业借入资金多于投资者的投资，一旦企业破产清算，债权人的损失会很大。

4. 流动负债对总负债比率

流动负债对总负债比率是指企业流动负债总额在负债总额中所占的比重。这一指标可以反映企业依靠银行或短期债权人融资的程度，计算公式如下。

$$流动负债对总负债比率=流动负债总额/负债总额×100\%$$

如果这个比率越大，表明企业依靠银行或短期债权人融资的程度越高，企业所承担的财务风险越大，对企业偿债能力要求越高。反之，这个比率越小，则表明企业利用银行或短期债权人融资的程度越低，企业所承担的财务风险越小，对企业偿债能力要求越低。

5. 长期负债比率

长期负债比率是指企业的长期负债与负债总额之间的比例关系，用以反映企业负债中长期负债的份额，计算公式如下。

$$长期负债比率=长期负债/负债总额×100\%$$

长期负债比率的高低，一方面反映企业筹措长期负债资金的能力，另一方面也反映企业借入资金成本的高低。与流动负债比较，长期负债具有期限长、成本高、风险低、稳定性强的特点。在企业资金需求量一定的情况下，提高长期负债比率，可以降低企业对短期借入资金的依赖，从而减轻企业的近期偿债压力。就一般企业而言，长期负债比率应在50%左右为佳。

6. 附加资本对实收资本比率

附加资本是指企业权益资本总额扣除实收资本的余额，即表示企业用所有者实际投资带来的资本积累。该指标不仅反映了企业投资者投入资本的利用效果，而且能具体反映企业自有资本的构成情况。其计算公式如下。

$$附加资本对实收资本比率=附加资本/实收资本×100\%$$

如果企业每期的经营效果很好，且利润很少流向企业外部的话，那么，该比率一定会呈现不断提高的趋势，企业的附加资本额也会不断增长。该比率越高，说明附加资本越多。就债权人而言，附加资本越多，就能相对减少利润的外流，从而增加偿还债务的可能性。就企业本身而言，附加资本越多，即使某一期利润减少，仍能保持适当的分红率。因此，积累附加资本，提高附加资本对实收资本的比率，是企业充实资金来源的主要基础。

✿ **任务实施**

根据表 2-16 相关资料，对 C 公司 2020 年资产负债表进行资产结构分析和资本结构分析。

表 2-16   资产负债表   会企 01 表

编制单位：C 公司   2020 年 12 月 31 日   单位：万元

资产	期末余额	年初余额	负债及所有者权益	期末余额	年初余额
流动资产：			流动负债：		
货币资金	93 290	85 732	短期借款	130 261	266 948
交易性金融资产	6 645	7 664	交易性金融负债	110	29 959
应收票据	5 088	6 590	应付票据	52 545	43 563
应收账款	16 521	16 772	应付账款	64 691	65 151
预付账款	13 435	17 023	预收账款	12 907	14 798
其他应收款	30 767	23 827	应付职工薪酬	4 159	3 206
存货	130 550	122 381	应交税费	18 481	12 176
其他流动资产	1 412	1 375	其他应付款	75 922	71 164
流动资产合计	297 708	281 364	其他流动负债	12 875	15 625
非流动资产：			流动负债合计	371 951	522 640
长期应收款			非流动负债：		
长期股权投资		3 437	长期借款	111 699	9 066
投资性房地产			非流动负债合计	111 699	9 066
固定资产	512 454	520 499	负债合计	483 650	531 706
在建工程	21 499	21 342	所有者权益：		
无形资产	62 570	59 646	股本	106 000	100 000
长期待摊费用	608	683	资本公积	245 078	222 051
递延所得税资产		510	盈余公积	39 516	29 222
其他非流动资产	5 381	6 381	未分配利润	25 976	10 883
非流动资产合计	602 512	612 498	所有者权益合计	416 570	362 156
资产总计	900 220	893 862	负债及所有者权益总计	900 220	893 862

一、资产结构分析

步骤 1：对资产负债表进行资产结构变动数据的计算，如表 2-17 所示。

表 2-17   资产结构比率计算表

指标	2018 年	2019 年	2020 年
流动资产比率	26.72%	31.48%	33.07%
固定资产比率	65.15%	60.62%	59.31%
流动资产与固定资产比率	41.02%	51.93%	55.76%
对外投资比率	0.68%	1.24%	0.74%
无形资产比率	7.50%	6.67%	6.95%

步骤 2：对资产结构变化情况的分析。

表 2-17 显示，该公司三年资产结构变动比较明显的是流动资产与固定资产比率。流动资产与

固定资产比率由 2018 年的 41.02%上升到 2020 年的 55.76%，这与流动资产比率提高和固定资产比率下降正相关，说明公司资产总体结构变动正常。

该公司流动资产比率由 2018 年的 26.72%上升到 2020 年的 33.07%；而固定资产比率由 2018 年的 65.15%下降到 2020 年的 59.31%。流动资产比率的提高，一方面说明公司资产的流动性增强，偿债能力增强；但另一方面，也可能预示该公司的流动资产有闲置情况，公司的盈利能力下降。固定资产比率不断下降，一方面说明公司的固定资产更新与固定资产磨损不同步，导致固定资产规模下降；另一方面也可能说明公司的经营战略发生了变化。

二、资本结构分析

步骤 1：对资产负债表进行资本结构数据的计算，如表 2-18 所示。

表 2-18 资本结构比率计算表

指标	2019 年	2020 年
负债资本比率	59.48%	53.73%
权益资本比率	40.52%	46.27%
负债权益比率	146.82%	116.10%
流动负债对总负债比率	98.30%	76.90%
长期负债比率	1.70%	23.10%
附加资本对实收资本比率	262.16%	292.99%

步骤 2：对资本结构变化情况的分析。

该公司的负债比率由 2019 年的 59.48%下降到 2020 年的 53.73%，权益资本比率由 2019 年的 40.52%上升到 2020 年的 46.27%，负债资本比率与权益资本比率变动幅度不大，说明公司总体负债水平比较稳定。但是，公司总体负债水平较高，特别是流动负债比重偏大，公司短期偿债压力大，财务风险水平高，应引起高度重视。

表 2-19 还显示，该公司流动负债对总负债比率由 2019 年的 98.30%下降到 2020 年的 76.90%，流动负债对总负债比率下降说明公司已经意识负债结构的不合理性，在 2020 年进行了较大幅度的调整，使财务风险有所降低。

附加资本对实收资本比率由 2019 年的 262.16%提高到 2020 年的 292.99%，说明投资者投入资本的利用效果在不断提高。由表 2-19 可以看出，C 公司的资本结构在向稳定合理的方向发展。

请思考：资产负债表结构分析可以使分析者看到具体的资产配置结构和资本结构。要想全面了解公司的财务状况往往还需要了解资产、负债及所有者权益的增减变化及发展趋势，如何分析财务状况的增减变化及发展趋势？

任务四　资产负债表的趋势分析

学习目标

素质目标：懂得接受新生事物，主动去寻求改变；把握趋势，才能赢得未来。

知识目标：掌握资产负债表趋势分析的基本知识、方法要点。

技能目标：学会编制比较资产负债表，进行趋势分析。

任务分析

通过资产负债表的趋势分析，比较各项资产、负债及所有者权益项目的金额、增减方向和幅度，揭示财务状况的增减变化原因和发展趋势。所以，本任务清单如下。

1. 掌握资产负债表趋势分析的含义、方法。
2. 学会编制比较资产负债表。
3. 能用比较资产负债表进行水平分析，揭示财务状况的发展趋势。

知识准备

一、资产负债表趋势分析的含义

资产负债趋势分析是通过计算资产负债表中各项目不同年度之间的差异额或差异率，对比分析各项资产、负债及所有者权益及其影响因素的变动情况及变动趋势，可以从以下几个方面进行分析。

1. 根据企业总资产或总权益的变动情况与变动趋势，评价企业规模变动状况，判断企业发展周期及发展潜力。

2. 根据企业各类资产的变动情况及变动趋势，结合企业所处行业的特点，评价各类资产变动趋势的合理性。

3. 根据企业负债及所有者权益的变动情况和趋势，观察企业资金来源变动情况和趋势，评价企业财务运行质量和风险情况。

二、资产负债表趋势分析的方法

财务分析人员可以通过编制比较资产负债表（水平分析表）进行趋势分析，即将两期或数期内财务报表的指标数据在比较报表中并列，同时设置增减金额栏和增减百分比栏，分别列示各项财务指标的增减变动情况。它的编制方式非常灵活，既可以对资产负债表的全部项目进行变动情况的计算与分析，也可以对资产负债表中的主要项目进行趋势计算与分析；既可以对企业进行多期比较分析，反映其发展趋势，也可以与其他相关企业进行同期对比分析，反映各自的特点。比较性资产负债表可以是绝对额的比较，也可以是相对额的比较；可以只作简单比较，也可以在表中计算定基或环比发展速度、增长率等比率进行比较。

职业启迪

把握趋势，开拓未来

自然资源资产负债表是我国提出的一个新概念，它是我国一项重要理论和制度创新。自然资源资产负债表充分吸收、借鉴其他国家在生态资源核算方面的最新研究成果和实践经验，客观地评估自然资源资产实物量和价值量的变化，准确把握经济主体对自然资源资产的占有、使用、消耗、恢复和增值活动情况，全面反映经济发展的资源消耗、环境代价和生态效益，从而为环境与发展综合决策提供依据，从整体上调控发展方向，实现经济社会与资源环境协调发展。

任务实施

根据 D 公司 2020 年资产负债表（见表 2-19）进行资产负债表趋势分析。

表 2-19　　　　　　　　　　　　资产负债表

编制单位：D 公司　　　　　　　　　2020 年 12 月 31 日　　　　　　　　　单位：万元

资产	期末余额	年初余额	负债及所有者权益	期末余额	年初余额
流动资产：			流动负债：		
货币资金	25 334	40 786	短期借款	51 300	26 450
交易性金融资产	525	485	应付票据	1 994	1 610
应收票据	4 093	2 054	应付账款	3 369	2 574
应收账款	24 168	22 545	预收账款	3 302	2 928
预付账款	6 368	4 513	应付职工薪酬	222	56
应收股利	75	75	应交税费	−316	649
其他应收款	14 492	10 414	应付股利	9 084	9 083
存货	15 937	14 292	其他应付款	2 479	2 392
一年内到期的非流动资产			一年内到期的非流动负债	26 257	13 400
流动资产合计	90 992	95 164	流动负债合计	97 691	59 142
非流动资产：			非流动负债：		
长期股权投资	61 948	34 525	长期借款	40 650	38 657
固定资产	137 431	116 744	非流动负债合计	40 650	38 657
在建工程	3 130	3 635	负债合计	138 341	97 799
工程物资	1 005	1 006	所有者权益：		
固定资产清理			股本	88 180	88 180
无形资产			资本公积	48 349	48 284
长期待摊费用	2 210	2 712	盈余公积	21 018	19 431
递延所得税资产			未分配利润	828	92
非流动资产合计	205 724	158 622	所有者权益合计	158 375	155 987
资产总计	296 716	253 786	负债及所有者权益总计	296 716	253 786

步骤 1：编制资产负债趋势分析表，如表 2-20 所示。

步骤 2：对资产负债趋势分析表进行如下分析。

根据资产负债趋势分析表数据可以看出，该公司总资产比年初增加 16.92%，从资产角度分析，主要表现为应收票据增加 99.27%，预付账款增加 41.10%，其他应收款增加 39.16%，长期股权投资增加 79.43%，固定资产增加 17.72%。

长期股权投资增加 79.43%，固定资产增加 17.72%，表明公司对市场前景比较看好，扩大了对外投资规模。从资金来源看，主要是负债增加 41.45%，尤其是流动负债增加 65.18%，特别是短期借款增加了 93.95%，一年到期的流动负债增加 95.95%。

流动负债增幅很大，高达 65.18%，而流动资产并没有相应增加，反而下降了 4.38%，一方面说明企业营运资金短缺，企业短期偿债压力较大，短期偿债的风险高，值得重视；另一方面表明新增的流动负债主要用于长期资产的投资，从财务管理的角度讲，短融长投，无疑是极具风险的。

表 2-20　　　　　　　　　　　　资产负债趋势分析表（水平分析表）

编制单位：D公司　　　　　　　　　2020 年 12 月 31 日　　　　　　　　　　　金额单位：万元

资产	期末余额	年初余额	差异额	差异率/%	负债及所有者权益	期末余额	年初余额	差异额	差异率/%
流动资产：					流动负债：				
货币资金	25 334	40 786	-15 452	-37.89	短期借款	51 300	26 450	24 850	93.95
交易性金融资产	525	485	40	8.25	应付票据	1 994	1 610	384	23.85
应收票据	4 093	2 054	2 039	99.27	应付账款	3 369	2 574	795	30.89
应收账款	24 168	22 545	1 623	7.20	预收账款	3 302	2 928	374	12.77
预付账款	6 368	4 513	1 855	41.10	应付职工薪酬	222	56	166	296.43
应收股利	75	75	0	0	应交税费	-316	649	-965	-148.69
其他应收款	14 492	10 414	4 078	39.16	应付股利	9 084	9 083	1	0.01
存货	15 937	14 292	1 645	11.51	其他应付款	2 479	2 392	87	3.64
一年内到期的非流动资产					一年内到期的非流动负债	26 257	13 400	12 857	95.95
流动资产合计	90 992	95 164	-4 172	-4.38	流动负债合计	97 691	59 142	38 549	65.18
非流动资产：					非流动负债：				
长期股权投资	61 948	34 525	27 423	79.43	长期借款	40 650	38 657	1 993	5.16
固定资产	137 431	116 744	20 687	17.72	非流动负债合计	40 650	38 657	1 993	5.16
在建工程	3 130	3 635	-505	-13.89	负债合计	138 341	97 799	40 542	41.45
工程物资	1 005	1 006	-1	-0.10	所有者权益：				
固定资产清理					股本	88 180	88 180	0	0
无形资产					资本公积	48 349	48 284	65	0.13
长期待摊费用	2 210	2 712	-502	-18.51	盈余公积	21 018	19 431	1 587	8.17
递延所得税资产					未分配利润	828	92	736	800
非流动资产合计	205 724	158 622	47 102	29.70	所有者权益合计	158 375	155 987	2 388	1.53
资产总计	296 716	253 786	42 930	16.92	负债及所有者权益总计	296 716	253 786	42 930	16.92

项目总结

资产负债表项目分析结合会计核算规范说明实践中企业资产、负债和所有者权益各项目会计信息列报的质量和可能存在的问题；资产负债表结构分析利用结构百分比进行垂直分析，说明企业资产结构、资本结构的合理性；资产负债表趋势分析用比较资产负债表进行水平分析，揭示企业财务状况的发展趋势。

02

技能训练

- 专业知识训练

一、单项选择题

1. 资产负债表是反映企业在某一特定日期（　　　）的财务报表。

    A. 经营成果   B. 财务状况   C. 现金流量   D. 所有者权益变化

2. 根据我国《企业会计准则》的规定，企业的资产负债表采用的结构是（　　　）。

    A. 账户式   B. 报告式   C. 财务状况式   D. 多步式

3. 资产负债表内各资产项目是按照（　　　）排列的。

    A. 变现速度   B. 盈利能力   C. 流动性   D. 偿债能力

4. 在企业流动资产中，流动性较差，占有总额较大的资产往往是（　　　）。

    A. 固定资产   B. 无形资产   C. 应收账款   D. 存货

5. 下列各项中，属于流动资产的是（　　　）。

    A. 持有至到期投资   B. 可供出售金融资产

    C. 交易性金融资产   D. 投资性房地产

6. 正常经营企业保守型融资结构的特点是（　　　）。

    A. 高财务风险、低资金成本   B. 低财务风险、高资金成本

    C. 中等财务风险、中等资金成本   D. 低财务风险、低资金成本

二、多项选择题

1. 资产负债表的格式组成一般包括（　　　）。

    A. 表头   B. 表体   C. 补充资料   D. 表名

2. 工业企业的存货包括（　　　）。

    A. 包装物   B. 委托加工材料   C. 半成品   D. 产成品

3. 判断企业货币资金持有量是否合理的因素有（　　　）。

    A. 资产规模与业务量   B. 筹资能力

    C. 运用货币的能力   D. 行业特点

4. 分析存货的质量和流动性时应该注意的问题有（　　　）。

    A. 计价   B. 跌价准备   C. 库存周期   D. 潜亏风险

5. 放松应收账款信用政策将会（　　　）。

    A. 增大销售规模   B. 延长应收账款平均收账期

    C. 减少销售规模   D. 缩短应收账款平均收账期

6. 影响企业资产结构的因素有（　　　）。

    A. 企业的经营特点   B. 企业的经营风险偏好

    C. 企业的市场环境   D. 企业的经营性质

7. 资本结构的主要类型包括（　　　）。

　　A. 保守型　　　　　B. 适当型　　　　　C. 激进型　　　　　D. 收益型

三、判断题

1. 资产表明企业可以用来赚取收益的资源，因此资产总是越多越好。　　　　（　　　）

2. 企业的应收账款增长率超过销售收入的增长率是正常现象。　　　　　　（　　　）

3. 短期借款绝对数的高低并不代表企业运营状况的好坏。　　　　　　　　（　　　）

4. 资产结构是指企业流动资产与非流动资产各主要项目占资产总额的比重。（　　　）

5. 同一行业中，流动资产和负债较高的企业稳定性较差，而非流动资产和自有资本占较大比重的企业灵活性较差。　　　　　　　　　　　　　　　　　　　　　　　　（　　　）

6. 资本结构是指各种资本的构成及其比例关系，其实质是债务资本在资本结构中占多大的比例。　　　　　　　　　　　　　　　　　　　　　　　　　　　　　　　（　　　）

7. 债务资本可以降低企业的资本成本，发挥财务杠杆作用，也会降低企业的财务风险。

　　　　　　　　　　　　　　　　　　　　　　　　　　　　　　　　　　（　　　）

- **综合技能训练**

某企业是一家上市公司，其年报有关资料如下。

资产负债表

编制单位：×××　　　　　　　　　　2020 年 12 月 31 日　　　　　　　　　　单位：万元

资产	期初数	期末数	负债及所有者权益	期初数	期末数
流动资产：			流动负债：		
货币资金	8 679	20 994	短期借款	13 766	37 225
交易性金融资产		973	交易性金融资产		
应收账款	9 419	13 596	应付账款	2 578	5 238
其他应收款	3 489	7 215	应付职工薪酬	478	508
减：坏账准备	35	2 081	应交税费	51	461
应收款项净额	12 873	18 730	其他应付款	2 878	7 654
存货	13 052	16 007	流动负债合计	19 751	51 086
减：存货跌价准备		229	非流动负债：		
存货净额	13 052	15 778	长期借款	640	320
其他流动资产	2 828	3 277	应付债券		
流动资产合计	37 432	59 752	非流动负债合计	640	320
非流动资产：			负债合计	20 391	51 406
长期投资	13 957	15 197	所有者权益：		
固定资产	40 202	68 185	股本	16 535	24 803
减：累计折旧	20 169	25 246	资本公积	25 752	17 484
固定资产净值	20 033	42 939	盈余公积	6 017	7 888
在建工程	9 978	1 534	未分配利润	13 395	19 225
无形资产	690	1 384	所有者权益合计	61 699	69 400
非流动资产合计	44 658	61 054			
资产合计	82 090	120 806	负债及所有者权益合计	82 090	120 806

应收账款账龄表

账龄	期初数	比例/%	期末数	比例/%
1 年以内	8 617	91.48	10 699	78.68
1～2 年	376	3.99	2 147	15.79
2～3 年	180	1.91	325	2.38
3 年以上	246	2.62	425	3.14
合计	9 419	100	13 596	100

其他应收款账龄表

账龄	期初数	比例/%	期末数	比例/%
1 年以内	2 715	77.8	5 052	70.02
1～2 年	516	14.79	1 706	23.64
2～3 年	248	7.12	416	5.76
3 年以上	10	0.29	41	0.58
合计	3 489	100	7 215	100

有关会计政策如下。

（1）坏账准备原按应收账款余额的 5‰计提，改按应收款项（包括应收账款和其他应收款）余额的 10%计提。

（2）期末存货原按成本计价，现改按成本与可变现净值孰低法计价。

（3）期末长期投资原不计提减值准备，现改为计提减值准备。

要求：根据以上资料，编制比较资产负债表、结构百分比资产负债表，并结合资产负债表各重要项目情况对该公司财务状况进行全面分析和评价。

项目三

分析利润表

财务造假——A 咖啡公司

2020 年 4 月 2 日，A 咖啡公司发布公告，承认虚假交易 22 亿元人民币，导致股价暴跌 80%，盘中数次暂停交易。4 月 27 日，A 咖啡公司官方称，公司正在积极配合市场监管部门对本公司经营情况进行调查。5 月 12 日，A 咖啡公司宣布调整董事会和高级管理层，CEO 王某和 COO 刘某被暂停职务。5 月 19 日晚间，A 咖啡公司发布公告称，收到纳斯达克交易所通知，要求公司从纳斯达克退市。6 月 27 日，A 咖啡公司发布声明：将于 6 月 29 日停牌并进行退市备案。

A 咖啡公司虚增广告支出（费用）3.36 亿美元，虚增收入 3.97 亿美元。两个数额相差不大，最终的净利润并没有增加。传统的造假方式，往往是增加资产的同时，增加利润。但咖啡行业是轻资产行业，虚增资产，很容易被专业人员分析出来。所以，该公司只能通过虚增集团层面的费用以及增加门店层面的利润等方式来粉饰报表。

这是一种新型的造假方式，虚增集团层面的费用，同时虚增门店层面的利润。虽然 A 咖啡公司整体没有虚增利润，但是门店的数据非常可观，从而使市场和销量数据可观，股票就会随之增长，可能存在创始人和投资机构套现的现象。新型的财务造假方式随之出现，不追求最终的净利润。

王林面对 A 咖啡公司财务造假的问题，深深感到学好利润表分析的重要性。根据所学的分析方法，王林决定进行重要项目分析、利润表的结构分析和业绩变动的趋势分析，从而能够正确地反映企业真实的利润状况。

任务一　解读利润表

学习目标

素质目标：培养求真务实的职业道德，遵守行业规范的工作意识和行为意识。

知识目标：了解利润表的基本结构，掌握利润表各项目之间的关系。

技能目标：掌握利润表之间的勾稽关系，判断企业利润是否正常。

任务分析

利润表是企业综合经营业绩的体现，又是企业进行利润分配的主要依据。而王林要读懂利润表，首先需要了解利润表的相关知识。所以，本任务清单如下。

1. 了解利润表的含义。
2. 明确利润表的基本结构和格式。
3. 掌握利润表各项目之间的关系。
4. 读懂利润表。

知识准备

一、利润表的含义

利润表又称损益表，是总括地反映企业一定会计期间内经营成果的会计报表。与资产负债表不同，利润表是一种动态的会计报表，主要揭示企业一定时期（月、季、年）的收入实现情况、费用耗费情况以及由此计算出来的企业利润（或亏损）情况。利润表的列报必须充分反映企业经营业绩的主要来源和构成，这样才有助于报表使用者判断净利润的质量及其风险，有助于报表使用者预测净利润的持续性，从而做出正确的决策。

微课视频：了解
利润表

二、利润表的基本结构及格式

1. 利润表的基本结构

利润表一般由表头、表身和补充数据三个部分构成。

利润表的表头，主要填制编制单位、报表日期、货币计量单位等。由于利润表说明的是某一时期的经营成果，因此利润表的表头必须注明"某年某月份"或"某会计年度"。

表身是利润表的主体部分，主要反映收入、费用和利润各项目的具体内容及各项目之间的相互关系。为了使报表使用者通过比较不同期间利润的实现情况，判断企业经营成果的未来发展趋势，企业需要提供比较利润表，因此，各项目又分为"本期金额"和"上期金额"两栏分别填列。

补充数据反映了一些在主体部分中未能提供的以及未能充分说明的信息，这部分数据通常在报表附注中列示。

2. 利润表的格式

利润表的具体格式如表 3-1 所示。

表 3-1   利润表   会企 02 表

编制单位：××   2021 年度   单位：元

项目	本期金额	上期金额
一、营业收入		
减：营业成本		
税金及附加		
销售费用		
管理费用		
财务费用		

续表

项目	本期金额	上期金额
资产减值损失		
加：公允价值变动收益（损失以"－"号填列）		
投资收益（损失以"－"号填列）		
其中：对联营企业和合营企业的投资收益		
二、营业利润（损失以"－"号填列）		
加：营业外收入		
减：营业外支出		
三、利润总额（亏损总额以"－"号填列）		
减：所得税费用		
四、净利润（净亏损以"－"号填列）		
（一）持续经营净利润		
（二）终止经营净利润		
五、其他综合收益的税后净额		
（一）不能重分类进损益的其他综合收益		
（二）将重分类进损益的其他综合收益		
六、综合收益总额		
七、每股收益		
（一）基本每股收益		
（二）稀释每股收益		

03

利润表是根据"利润＝收入－费用"的基本关系编制的。在实际编制时，有两种方式可供选择：一是以企业一定时期的全部收入减去全部费用的总和；二是根据企业收入和费用的性质分类，尽可能相互配比，以计算不同业务所取得的利润，将各种利润加起来即为利润总额，然后再减去所得税费用，即为净利润。相应地，利润表的格式也有两种：按照第一种方法计算净损益的格式称为单步式利润表，其主要优点是表式简单，易于理解，避免了项目分类上的困难，但单步式利润表提供的数据过少，不利于前后各期对应项目的比较；按照第二种方法计算净利润的格式称为多步式利润表，多步式利润表披露的信息量更为丰富。

三、利润表各项目之间的关系

1. 营业利润

营业利润＝营业收入－营业成本－税金及附加－销售费用－管理费用－财务费用

－资产减值损失＋公允价值变动净收益＋投资净收益

营业利润是指企业在生产经营活动中实现的经营性利润。

营业收入是指企业经营主要业务和其他业务所确认的收入总额，包括主营业务收入和其他业务收入。

营业成本是指企业经营主要业务和其他业务所发生的实际成本总额，包括主营业务成本和其他业务成本。

税金及附加是指企业经营业务应负担的营业税、消费税、城市维护建设税、资源税、土地增值税和教育费附加等。

销售费用是指企业在销售商品过程中发生的包装费、广告费等以及为销售本企业商品而专设的销售机构的职工薪酬费用、业务费等。

管理费用是指企业行政管理部门为组织和管理生产经营而发生的各种费用。

财务费用是指企业为筹集生产经营所需资金而发生的筹资费用。

资产减值损失是指企业各项资产由于减值而发生的各项损失。

公允价值变动净收益是指企业按照相关准则规定应当计入当期损益的各项资产或负债公允价值变动的净收益，如为净损失，以"-"表示。

投资净收益是指企业以各种方式对外投资所取得的净收益，如为净损失，以"-"表示。

2. 利润总额

$$利润总额=营业利润+营业外收入-营业外支出$$

营业外收入是指企业发生的与其经营活动无直接关系的各项收入。

营业外支出是指企业发生的与其经营活动无直接关系的各项支出，其中包括非流动资产处置净损失（净收益以"-"号列示）。

3. 净利润

$$净利润=利润总额-所得税费用$$

所得税费用是指企业根据"所得税"会计准则确认的应从当期利润总额中扣除的所得税费用。税后净利润归属于所有者，因此企业若实现了净利润就增加了所有者权益，若发生净亏损则减少了所有者权益。

4. 综合收益总额

综合收益总额项目是企业净利润和其他综合收益扣除所得税费用的净额相加后的合计金额，计算公式如下。

$$综合收益总额=净利润+其他综合收益税后净额$$

在合并利润表中，企业应在综合收益总额项目下单独列示归属于母公司所有者的综合收益总额和归属于少数股东的综合收益总额。

其他综合收益是指企业根据其他会计准则规定未在当期损益中确认的各项利得和损失。其他综合收益项目分为两种情形，需要进行分类列报：一是以后会计期间不能重新分类为损益的其他综合收益项目；二是以后会计期间在满足规定条件时将重新分类为损益的其他综合收益项目。

5. 每股收益

每股收益是衡量企业经营成果、反映普通股股东所享有的利润的重要指标。按照国际惯例，每股收益的计算包括基本每股收益和稀释每股收益的计算。

（1）基本每股收益

$$基本每股收益=归属于普通股股东的当期净利润÷发行在外普通股的加权平均数$$

公式中，"归属于普通股股东的当期净利润"是从公司本期利润表中的净利润减去归属于优先股股东的当期利润。在我国，由于目前还没有发行优先股，所以本期净利润就等于普通股股东的净利润。

"发行在外普通股的加权平均数"可以根据下述公式进行计算。

发行在外普通股的加权平均数=期初发行在外的普通股股数+当期新发行普通股股数×已发时间
÷报告期间-当期回购普通股股数×已回购时间÷报告期间

（2）稀释每股收益

存在潜在普通股的前提下，如果该潜在普通股具有稀释性，企业还应当计算稀释每股收益。计算稀释每股收益时，可以根据下列事项对归属于普通股股东的当期净利润进行调整。

① 当期已确认为费用的稀释性潜在普通股的利息。

② 稀释性潜在普通股转换时将产生的收益或费用。

上述调整应当考虑相关的所得税影响。

计算稀释每股收益时，当期发行在外普通股的加权平均数，应当为计算基本每股收益时普通股的加权平均数与假定稀释性潜在普通股转换为已发行普通股而增加的普通股股数的加权平均数之和。

> **课堂小贴士**
>
> 利润表客观反映了企业一定时期的经营成果，数据需要真实无误，这样才能实事求是地反映实际情况，为报表使用者提供正确的信息。

任务实施

解读利润表需要以下三个步骤。

第一步：看利润金额，看是否盈利。

第二步：辨明营业外收支和营业利润，盈利质量和盈利可持续性。

第三步：与往年数据进行对比，看利润的变动情况。

【案例 3-1】对汤臣倍健 2019 年前三季度利润表进行解读，如表 3-2 所示。

表 3-2　　　　　　　　　　　　汤臣倍健 2019 年前三季度利润表

项目	金额/万元	同比
一、营业收入	438 100.00	28.04%
减：营业成本	143 200.00	35.43%
税金及附加	4 701.07.00	-9.18%%
销售费用	121 200.00	54.02%
管理费用	29 300.00	46.30%
研发费用	8 169.25	34.13%
财务费用	1 456.44	153.78%
资产减值损失	64.39	-99.28%
加：公允价值变动收益（损失以"-"号填列）		
投资收益（损失以"-"号填列）	2 868.26	-21.29%
其中：对联营企业和合营企业的投资收益		
资产处置收益	-16.23	-215.02%

项目	金额/万元	同比
其他收益	1 033.54.00	65.95%
二、营业利润（损失以"-"号填列）	131 400.00	7.50%
加：营业外收入	4 300.97.00	5.99%
减：营业外支出	196.19.00	-88.39%
三、利润总额（亏损总额以"-"号填列）	135 500.00	8.75%
减：所得税费用	21 600.00	-14.62%
四、净利润（净亏损以"-"号填列）	113 900.00	14.71%
（一）持续经营净利润	119 100.00	12.56%
（二）终止经营净利润		
少数股东权益	-5 243.73	20.04%
扣除非经常性损益后的净利润	113 500.00	12.12%
五、其他综合收益的税后净额		
（一）不能重分类进损益的其他综合收益		
（二）将重分类进损益的其他综合收益		
六、综合收益总额		
七、每股收益		
（一）基本每股收益	0.80	11.11%
（二）稀释每股收益		

第一步解析如下。

2019 年汤臣倍健前三季度实现净利润 11.39 亿元，同比增长 14.71%，公司 2019 年业绩较稳定。但结合利润率分析后发现，公司毛利率同比下滑 3 个百分点，净利率同比下滑 3.7 个百分点。

第二步解析如下。

企业的利润来源主要分为三个部分：营业外利润、营业利润中与投资筹资有关的利润以及与经营有关的利润。

营业外利润，这部分是与企业日常经营无关的利润，常见的有处置固定资产利得，以及政府补贴。对于汤臣倍健来说，这部分利润占比很低。

营业利润中与投资筹资有关的利润，这部分利润很容易有"水分"。比如公允价值变动损益，只要没有处置，账面的浮盈就是数字，不是真正的现金。此外值得注意的是资产减值，特别是临近年末的商誉减值。通过 2019 年发布的业绩预告，可以看出，汤臣倍健预计计提商誉和无形资产减值 15 亿元，由于并购某子公司不达预期，直接导致公司净利润预计亏损 3.65 亿元，而公司不含商誉和无形资产减值损失的归母公司净利润预计为 10 亿～11 亿元。

经营有关的利润，这部分是公司利润的主要来源，也是衡量公司强弱的关键指标，其重要性不言而喻。应着重关注公司营收和"三费"（销售费用、管理费用、财务费用）占比以及变化以分析公司的运营效率、成本控制以及业务模式。

第三步解析如下。

利润的质量。利润只是用来衡量业绩的会计数据，利润不能用来支付员工工资，利润也不能购买原材料，公司更关注的是利润能否转化成现金。所以在对利润进行分析时，主要看利润转换为现金的能力，利润与现金流越匹配越好，这部分需要结合现金流量表分析。

利润的持续性。相比投资收益和营业外收支的波动性和风险，营业利润是保证公司利润可持续的关键。这也是为什么汤臣倍健在发布业绩预告后，股市并没有大跌反而涨了的原因。如果营业利润的占比太低，那利润的结构就不合理，意味着公司的经营状况可能已经出现问题，必须要引起重视，像汤臣倍健基本没有这样的问题。

任务二　利润表重要项目分析

学习目标

素质目标：锻炼数据思维，具备一定的数据分析能力。

知识目标：掌握收入、费用、利润各项目的基本知识和具体分析方法。

技能目标：能够利用数据进行利润表各项目的分析。

任务分析

利润表重要项目分析主要为收入类项目、费用类项目和利润类项目进行分析的分析方法和应用，所以，本任务清单如下。

1. 收入类项目分析与应用。
2. 费用类项目分析与应用。
3. 利润类项目分析与应用。

知识准备

利润表重要项目包括收入类项目、费用类项目和利润类项目。

微课视频：如何看利润表中营业收入

一、收入类项目

（一）营业收入

1. 营业收入的确认分析

新准则下的利润表不再区分主营业务收入与其他业务收入。而是统一在"营业收入""营业成本""税金及附加"中进行列报。这一方面是基于市场经济中企业经营规模不断扩大，经营内容呈多元化发展，不同经营业务收入相当，主营业务与其他业务的界限已经很模糊；另一方面也是我国新会计准则体系与国际准则的趋同。

2. 营业收入构成变动分析

营业收入是指在一定时期内，企业销售商品或提供劳务所获得的货币收入。收入构成分析对于不同企业而言，收入的构成可能不尽相同。营业收入构成分析主要是对构成营业收入的各个项目占营业收入百分比的情况进行分析。

3. 营业收入增减变动分析

营业收入增减变化情况主要是指企业本年营业收入增长额与上年营业收入总额的比率，衡量企业经营状况和市场占有能力，预测企业经营业务拓展趋势的重要指标。同时也反映了企业营业收入的成长状况及发展能力。该指标大于 0，表示营业收入比上期有所增长，该指标越大，营业收入的增长幅度越大，企业的前景越好。该指标小于 0，说明营业收入减少，表示产品销售可能存在问题。

（二）公允价值变动收益

公允价值变动收益是指公允价值变动损益为正利润的情况，如果公允价值变动损益为负利润，则是公允价值变动损失，以负号列示。作为冲减项目，该项目主要用来核算企业某些项目公允价值变动形成的应计入当期损益的收益或者损失。例如，交易性金融资产、交易性金融负债（包含指定为以公允价值计量且其变动计入当期损益的金融资产、金融负债），采用公允价值模式计量的投资性房地产、生产性生物资产，以及衍生工具、套期保值业务等。

由于公允价值变动损益通常来自企业持有的投资类资产的会计计量模式的影响，其往往与企业的主营业务不相关，因此通常波动巨大，且不具有可持续性，同时不涉及现金流量，是一种未实现的收益（或损失），在分析时需要谨慎使用相关数据。

（三）投资收益

投资收益是指企业在一定的会计期间对外投资所取得的回报，包括长期股权投资的投资收益，企业处置交易性金融资产、交易性金融负债、可供出售金融资产实现的损益，以及企业持有至到期投资在持有期间取得的投资收益等。当然，投资活动也可能遭受损失，如投资到期收回的或到期前转让所得款低于账面价值的差额，即为投资损失。投资收益减去投资损失则为投资净收益。从投资收益的确认和计量角度来看，在成本法下投资收益的确认不会引起现金流量的不足；在权益法下投资收益的确认会引起企业现金流量的困难，而企业还要将此部分投资收益用于利润分配，采用权益法确认的投资收益质量较差。

分析时要着重注意，对于一次性的收益增加，如股权投资转让调节利润，在评价企业未来盈利趋势时要予以调整或剔除。因此，在对投资收益（或损失）进行分析时，应该注意是否有现金的流入和流出及投资收益占净利润的比例。

（四）其他综合收益与综合收益

《企业会计准则解释第 3 号》规定，企业应当在利润表"每股收益"项下增列"其他综合收益"项目和"综合收益总额"项目。"其他综合收益"项目主要反映企业根据《企业会计准则》规定未来在损益中确认的各项利得和损失扣除所得税影响后的净额。企业应当在附注中详细披露其他综合收益各项目及所得税影响，以及原计入其他综合收益、当期转入损益的金额等相关信息。

在净利润后面披露其他综合收益，既保证了传统利润表的完整性，又反映了企业其他综合收益的具体情况。净利润反映的主要是本期实现的净资产变动，而其他综合收益反映的主要是本期确认的为实现净资产变动，两者相结合提供了企业全面的已实现及未实现损益信息。

利润表全面引入综合收益概念，有助于及时、准确地预测企业未来的现金流量，有效限制了企业管理层通过盈余管理进行操控的空间，也有助于企业所有者等财务报告使用者全面分析企业的收益情况，以便进行科学的经济决策。

二、费用类项目

（一）营业成本

营业成本是指反映企业经营主要业务和其他业务发生的实际成本总额。它是与营业收入相关的、已经确定了归属期和归属对象的成本。在不同类型的企业里，营业成本有不同的表现形式。在工业企业里，营业成本表现为已销售产品的生产成本；在商品流通企业里，营业成本表现为已销售商品成本。

在对营业成本进行分析时，企业主要精力应放在主要业务成本的变动上，确定本期与前期或同行业企业的成本差异，从而找出产生差异的原因。

（二）税金及附加

税金及附加是指企业经营业务应负担的营业税、消费税、城市维护建设税、资源税、土地增值税和教育费附加等。其中，营业税是对提供劳务、转让无形资产或者销售不动产的单位和个人征收的税种，其金额按照营业额和规定的税率相乘计算得出；资源税是对国家境内开采税矿产品或生产盐的单位和个人征收的税种；教育费附加是为了加快发展地方教育事业、扩大地方教育经费的资金来源而征收的税种。

总之，税金及附加虽然不构成产品的生产成本，但却是企业为了取得营业收入而必须发生的一项费用支出。在分析时，企业应注意计算的准确性和缴纳的及时性。

（三）销售费用

销售费用是指企业在销售商品过程中发生的包装费、广告费以及为销售本企业商品而专设的销售机构的职工薪酬、业务费等经营费用。

从销售费用的基本构成及功能来看，有的销售费用与企业的业务活动规模有关（如：运输费、装卸费、整理费、包装费、保险费、销售佣金、差旅费、展览费、委托代销手续费、检验费等）；有的销售费用与企业从事销售活动人员的待遇有关（如营销人员的工资和福利费）；也有的销售费用与企业的市场开拓、企业品牌知名度的扩大等有关。从企业管理层对上述各项费用的有效控制来看，尽管管理层可以对广告费、营销人员的工资和福利费等采取控制或降低其规模等措施。但是，这种控制或降低，对企业的长期发展是不利的，或者会影响有关人员的积极性。

因此，对利润表进行分析时，应将企业销售费用的变动和销售量的变动结合起来，分析这种变动的合理性、有效性。一般认为，在企业发展的前提下，企业的销售费用不应当降低。片面追求在一定时期的费用的降低，有可能会对企业的长期发展造成不利影响。

（四）管理费用

管理费用是指企业行政管理部门为组织和管理生产经营发生的各项费用。与销售费用一样，尽管管理层可以对管理费用中的业务招待费、技术开发费、董事会会费、职工教育经费、涉外费、租赁费、咨询费、审计费、诉讼费、修理费、管理人员工资和福利费等项支出采取控制或降低其规模的措施，但是，这种控制或降低，会影响企业的长期发展。另外，折旧费、摊销费等是企业以前各个会计期间已经支出的费用，不存在控制其支出规模的问题，对这类费用的处理，更多地受企业会计政策的影响。

（五）财务费用

财务费用是指企业为筹集生产经营所需资金而发生的筹资费用。包括利息支出（减利息收入）、汇兑损失（减汇兑收益）以及相关的手续费等。其中，经营期间发生的利息支出构成了企业财务支出的主体，企业贷款利息水平的高低主要取决于三个因素：贷款规模、贷款利息率和贷款期限。

（1）贷款规模。如果因贷款规模，导致计入利润表的财务费用下降，则企业因此而降低财务风险。但是企业可能因贷款规模的降低而被限制发展。

（2）贷款利息率。从企业融资的角度来看，贷款利息率的水平主要取决于一定时期资本市场的供求关系、贷款规模、贷款的担保条件以及贷款企业的信誉等。在利率的选择上，可以采用固定利率、变动利率或浮动利率等。可见，在贷款利息率中，企业既有不可控制的因素，也有其可以选择的因素。

（3）贷款期限。在不考虑贷款规模和贷款期限的条件下，企业的利息费用将随着利率水平而波动。从总体上说，贷款期限对企业财务费用的影响，主要体现在利率因素上。企业的利率水平主要受一定时期资本市场的利率水平的影响，在分析时，不应对企业因贷款利息率的宏观下调而导致的财务费用降低给予过高的评价。

总之，财务费用是由企业筹资活动产生的，因此在进行财务费用分析时，企业应当将财务费用的增减变动和企业筹资活动联系起来，分析财务费用的增减变动的合理性和有效性，发现其中存在的问题，查明原因，采取对策，以控制和降低费用，提高企业利润水平。

（六）信用减值损失

信用减值损失反映企业按照要求计提的各项金融工具减值准备所形成的预期信用损失。预期信用损失是指企业以发生违约的风险为权重的金融工具信用损失的加权平均值。损失准备是指针对按照以摊余成本计量的金融资产、租赁应收款和合同资产的预期信用损失计提的准备，按照以公允价值计量且其变动计入当期损益的金融资产的累计减值金额以及针对贷款承诺和财务担保合同的预期信用损失计提的准备。

在分析信用减值损失项目时，企业需要着重关注各类金融资产预计信用损失计算的合理性和可靠性。

（七）资产减值损失

资产减值损失是指资产的可收回金额低于其账面价值时，将减计金额确认为资产减值损失，资产负债表方面主要表现为计提相应的资产减值准备。在资产负债表中，需要计提资产减值准备的资产有存货、固定资产、无形资产等，在资产减值损失科目的财务报表附注中会列出资产减值损失的明细。在这些减值准备中，有些是一次性不可转回的，如固定资产减值准备、无形资产减值准备。

在分析资产减值损失项目时，企业要注意分析一次性大额的资产减值损失对利润的影响，警惕利用资产减值损失来进行利润调节，如转回减值准备或少计提减值准备，同时要注意资产减值损失不涉及现金流量，分析时要注意审慎使用相关数据。

（八）所得税费用

所得税费用是指企业根据所得税准则确认的应从当期利润总额中扣除的所得税费用。所得税费用应在利润表中单独列示。它由两部分内容构成：一是按照税法规定计算的当期应交所得税；二是按照上述规定计算的递延所得税费用，但不包括计入所有者权益项目的交易和事项以及企业合并的所得税影响。

所得税费用的分析关键在于确定资产、负债的计税基础，资产、负债的计税基础一经确定，即可计算暂时性差异，并在此基础上确认递延所得税资产、递延所得税负债以及递延所得税费用。

三、利润类项目

（一）营业利润

企业营业利润的多少代表了企业总体经营的管理水平和效果。通常营业利润越大的企业，效益越好。在进行具体分析时，还应注意以下问题。

（1）营业利润不但包括主要业务利润，而且还包括其他业务利润。所以当企业进行多元化经营、多种经营业务开展的较好时，其他业务利润会弥补主要业务利润低的缺陷；但如果企业其他业务利润长期高于主要业务利润，则企业应适当考虑产业结构的调整问题。如果企业的营业利润主要由投资收益盈利获得，则应肯定以前的投资决策是正确的，但要分析内部经营管理存在的问题，以提高企业内部生产经营活动的创新能力。

（2）关注其他业务利润的用途，是用于发展主要业务，还是用于非生产经营性消费。如果是前者，企业的盈利能力会越来越强；如果是后者，企业将缺乏持续的盈利能力。

当企业营业利润较小时，应着重分析主要业务利润的大小、多元化经营的发展情况和期间费用的多少。如果企业主要业务利润和其他业务利润均较大，但期间费用较高时，也会出现营业利润较小的情况，这时，企业就应重点分析销售费用、管理费用和财务费用。分析这几项费用的构成，找出费用较高的原因，并严格控制和管理，通过降低费用提高营业利润。

（二）利润总额

企业的利润总额包括营业利润和营业外收支。一般情况下，企业利润反映了企业正常生产经营活动的成果，而营业外收支项目则反映与其经营活动无直接关系的各项收入和支出。因此，企业应重点对营业外支出项目进行分析，着重检查是否严格按照国家规定的项目、范围和标准列支，是否违反了国家关于成本开支范围的规定，把应计入产品成本的费用也计入营业外支出中，从而在成本指标中造成虚假现象等。

通过营业外收支的分析，企业可以补充说明其工作质量，揭露工作中的薄弱环节，并据以制定措施，改进工作。

一般情况下，营业利润是企业生产活动中主要业务所得，也是利润总额的基本构成因素，在利润总额中占的比重应最大，而营业外收支等在利润总额中所占比重较小。根据这个原则，在分析时，企业要注意利润总额的构成是否符合上述情况。如果企业的利润总额是在扩大其他销售利润的基础上完成的，说明企业过多地从事了基本生产经营活动以外的业务活动，若不是产品结构或经营方针进行重大调整，势必会阻碍企业的基本生产经营活动。所以，还应当结合企业的情况具体分析，以查明原因。

（三）净利润

净利润是企业在一定时期实现的完全属于股东所有的经营成果，等于利润总额减去所得税费用后的余额。它不仅包括经营性盈利，还包括投资、资本运作等理财性盈利和非经常性损益。因此，净利润的增减变动是利润表所有项目增减变动的综合结果。在对营业利润和利润总额进行初步分析的基础上，企业对净利润的增减变动及其构成进行分析时，应将分析的重点放在本期净利润增减变动的主要项目上，尤其应分清经营性、经常性损益项目的影响和非经营性及非经常性损益项目的影响。

在正常情况下，企业的非营业利润较少，所得税相对稳定，因此，只要营业利润较大，利润总额和净利润也会较高。如果企业的利润总额和净利润主要由非营业利润获得，该企业利润实现的真实性和持续性应引起报表分析人员的重视。对于任何企业来讲，经营性的营业利润必须是构成净利润的最重要的部分，其金额应远远高于非经营性损益项目金额。反之，则企业正常的生产经营能力和生存能力令人怀疑。

对净利润的分析，可以结合对形成净利润的各个项目的增减变动及其结构变动的分析，以及对其中变动较大的重大项目的分析。

03 🔆 **任务实施**

一、收入类项目分析

1. 营业收入构成变动分析

企业可以通过计算各种收入在总收入中的占比对收入的构成情况进行分析。

【案例 3-2】某企业营业收入的构成情况如表 3-3 所示，请进行分析评价。

表 3-3 营业收入的构成情况

项目	2020 年占比	2021 年占比
营业收入	100.00%	100.00%
主营业务收入：	90.00%	92.00%
其中：甲	35.00%	25.00%
乙	48.00%	57.00%
丙	7.00%	10.00%
其他业务收入：	10.00%	8.00%
其中：材料销售	5.00%	4.00%
运输业务	3.00%	2.00%
出租包装物	2.00%	2.00%

在企业的营业收入中，2021 年的构成情况：主营业务收入占 92%，其中甲产品占 25%，乙产品占 57%，丙产品占 10%；其他收入占 8%，其中材料销售占 4%，运输业务占 2%，出租包装物占 2%。因此，企业要增加收入，重点应放在扩大甲、乙两种产品的销售上。在此基础上，再将其与企业上一年度（2020 年）的营业收入构成进行对比分析，从而进一步了解哪一种产品的比重上升（下降），上升（下降）的原因是什么，然后根据分析做出正确的决策。例如，甲产品所占比重 2021 年比 2020 年下降 10%，经分析，其主要原因是该产品处于成熟阶段，市场已经饱和，企业应停止扩大生产该产品，以免遭受损失；乙产品所占比重由 2020 年的 48% 上升到 2021 年的 57%，经分析，其主要原因是该产品正处于成长期，市场销售潜力较大，所以企业应该保持该产品的生产规模；丙产品所占比重虽然不大，但也有一定程度的上升，经分析，该产品正处于上升阶段，市场前景良好，企业应扩大生产和销售，以占有更多的市场份额。

从其他业务收入来看，2021年比2020年降低2%。其中材料销售降低1%，运输业务降低1%，出租包装物的比重没有变化。从企业经营目标来看，这种变化是较好的，说明企业将主要精力放在了主要业务上，应予以肯定。

2. 营业收入增减变动分析

对营业收入类项目增减变动的分析，可通过编制营业收入类项目增减变动分析表来进行。

【案例3-3】某企业2017年至2021年营业收入的增减变动情况如表3-4所示，请进行分析。

表3-4 营业收入的增减变动情况

年度	营业收入/万元	变动情况	
		变动额/万元	变动率/%
2017年	6 140	—	—
2018年	8 195	2 055	33.47
2019年	9 458	1 263	15.41
2020年	12 521	3 063	32.39
2021年	18 889	6 368	50.86

计算结果表明，该企业营业收入近几年来一直呈上升趋势。2021年企业营业收入比2020年增长6368万元，增长率为50.86%。说明企业的经营状况良好，发展势头较好。另外，企业经营者还可以进一步将本企业营业收入的增长速度与同行业企业的增长速度进行比较，从企业在行业竞争中所处的位置来评价本企业的经营业绩。

二、费用类项目分析

【案例3-4】某企业近年来费用类项目及利润项目情况如表3-5所示，请进行分析。

表3-5 费用类项目及利润项目情况

项目	2021年	2020年	增减额/元	增减率/%
营业总收入	2 316 444	1 798 408	518 036	28.81
营业总成本	2 259 444	1 767 009	492 435	27.87
营业成本	1 860 734	1 462 935	397 799	27.19
税金及附加	9 860	9 247	613	6.63
销售费用	87 603	77 122	10 481	13.59
管理费用	201 140	149 104	52 036	34.90
财务费用	62 429	87 287	-24 858	-28.48
资产减值损失	35 419	—	35 419	
投资收益	-2 259	18 686	-20 945	112.09
营业利润	57 000	31 399	25 601	81.53
营业外收入	113 903	2 253	111 650	4 955.61
营业外支出	3 359	1 402	1 957	139.59
利润总额	167 544	32 250	135 294	419.52
所得税	50 360	-1 496	51 856	3 466.31
净利润	117 184	33 746	83 438	247.25

从营业成本的变化来看，2021 年比 2020 年营业成本增加 397 799 元，增长率为 27.19%。营业总成本的增长不能只分析费用类项目，还要结合营业总收入进行分析。如果收入增长，那么成本的增长属于正常增长，但还要考虑增长的比率。如果营业总收入增多，而营业总成本降低，这时就需要具体分析营业总成本降低的原因。

税金及附加是在营业总收入的基础上按一定比例进行计算得到的，所以正常情况下税金及附加应和营业总收入成正比例关系。

销售费用由 2020 年的 77 122 元增长到 2021 年 87 603 元，增长 10 481 元，增长率为 13.59%。营业成本和企业的销售费用同时增长，在营业总收入增长的情况下，销售费用增长是合理的。2021 年管理费用比 2020 年增长 52 036 元，增长率为 34.90%，一般情况下，企业进入稳定期后，其管理费用变动较小，如果一味追求在一定时期的费用的降低，也有可能对企业的长期发展造成不利影响。财务费用 2021 年比 2020 年降低 24 858 元，为何降低还需进一步结合企业发展的规划做进一步分析。2021 年计提资产减值损失 35 419 元，这需要引起财务分析人员足够的重视，资产减值损失的计提是否符合会计准则的要求，计提的数额是否合理，后期资产减值损失是否有消失的迹象，这些都需要进一步关注。

三、利润类项目分析

1. 营业利润的分析

【案例 3-5】接【案例 3-4】，分析企业营业利润的情况。

企业营业利润增加主要是营业总收入增加和财务费用降低所致。营业总收入比上年增加 518 036 元，增长率为 28.81%，根据企业年报，其营业总收入大幅增长，主要原因在于企业不断调整产品结构，增加产量，不断满足市场需求，使得主营业务收入大幅上升；财务管理费用的降低，使利润增加了 24 858 元，由于营业成本、税金及附加、销售费用、管理费用、资产减值损失的增加，以及投资净收益的大幅下降等原因，利润减少 517 295 元，增减相抵，最终营业利润增加 25 601 元，增长率为 81.53%。

> **课堂小贴士**
>
> 营业利润是企业盈利的主要因素，企业要良性发展，必须要有营业利润作为支柱。作为利润中最重要的部分，其影响企业整体经营成果，直接决定企业是否能持续稳定地经营下去。

2. 利润总额的分析

利润总额是根据利润表所反映的数据以及有关数据进行计算得到的，主要根据组成利润总额的项目来进行比较分析。

【案例 3-6】接【案例 3-5】，分析企业利润总额的情况。

企业利润总额增长 135 294 元，关键原因是企业营业外收入增长，企业营业外收入增长 111 650 元，增长率为 4955.61%，同时营业利润增长也是导致利润总额增长的有利因素，营业利润比上年增长 25 601 元，增长率为 81.53%。但营业外支出的不利影响，使利润总额减少 1 957 元。增减相抵，最终利润总额增加 135 294 元。

3. 净利润的分析

【案例 3-7】接【案例 3-6】，分析企业净利润的情况。

企业 2021 年实现净利润 117 184 元，比上年增长 83 438 元，增长率为 247.25%，增长幅度较高。从表 3-5 来看，企业净利润增长主要是由利润总额比上年增长 135 294 元引起的，由于所得税比上年增长 51 856 元，二者相抵，最终企业净利润增长 83 438 元。

任务三　利润表的综合分析

学习目标

素质目标：具备求真务实的工作态度，准确把握业绩发展趋势。

知识目标：了解利润表水平分析，掌握编制利润表的水平分析表技能，并通过学习利润表结构分析，学会编制利润表的垂直分析表。

技能目标：能够利用水平分析表对利润的增减变动情况进行分析，利用垂直分析表对利润的结构进行分析。

任务分析

通过学习利润表水平分析，学会编制利润表的水平分析表，能够利用水平分析表对利润的增减变动情况进行分析。通过学习利润表结构分析，学会编制利润表的垂直分析表，并能够利用垂直分析表对利润的结构进行分析。所以，本任务清单如下。

1. 掌握利润表水平分析和垂直分析的有关知识。
2. 学会编制利润表的水平分析表，并进行水平分析。
3. 学会编制利润表的垂直分析表，并进行结构分析。

知识准备

一、利润表水平分析

利润表水平分析，也称利润表的趋势分析，是指将利润表中反映企业报告期经营成果的信息（也就是财务报表信息资料）与反映企业前期或历史某一时期经营成果的信息进行对比，研究企业各项经营业绩发展变动情况的一种财务分析方法。

水平分析所进行的对比，不是指单指标对比，而是对反映某方面情况的报表的全面、综合对比分析。需要计算利润表中各项目的变动数额和变动率，其中，变动数额和变动率的计算公式如下。

$$变动数额 = 分析期某项指标实际数 - 前期同项指标实际数$$

$$变动率（\%）= 变动数额 / 前期实际数量 \times 100\%$$

公式中的前期，可指上年度，也可指以前某一年度。

按水平分析法编制的报表形式，称为利润水平分析表（又称比较利润表），如表 3-6 所示。比较利润表也可以同时选取多期（两期以上）会计数据进行比较，称为长期比较利润表。长期比较利润表的优点是可以帮助报表使用者排除各年份非常或偶然事项的影响，同时，将企业若干年的财务报表按时间序列加以分析，能更准确地看出企业发展的总体趋势，有助于更好地预测未来。

在使用水平分析法进行分析时，还应特别关注相关指标的可比性，分析是否存在因会计政策或会计处理方法变动而影响报表中某些项目前后的可比性，同时也应了解各项目相对比例的变动情况。

二、利润表垂直分析

利润表垂直分析，也称利润表的结构分析，如表 3-7 所示。通过利润结构的变动情况，分析企业持续营利的能力以及利润形成的合理性。在对利润表进行垂直分析的基础上，揭示各项利润及成本费用与收入的关系，以反映企业各环节的利润构成、利润及成本费用水平。

微课视频：利润质量分析

任务实施

一、利润表水平分析

根据某企业的利润表编制利润水平分析表，如表 3-6 所示，对该企业利润的增减变动情况分析如下。

表 3-6　　　　　　　　　　利润水平分析表

项目	2020 年	2021 年	增减额/万元	增减率/%
一、营业收入	12 121	18 889	6 768	55.58
减：营业成本	8 440	12 000	3 560	35.75
税金及附加	370	420	50	13.51
销售费用	1 100	1 575	475	43.18
管理费用	1 370	3 170	1 800	131.39
财务费用	60	130	70	116.67
资产减值损失	50	55	5	10.00
加：公允价值变动净收益（净损失以"-"号填列）				
投资净收益（净损失以"-"号填列）	38	-46	-84	-221.05
二、营业利润（亏损以"-"号填列）	769	1 493	724	94.15
加：营业外收入	15	16	1	6.67
减：营业外支出	38	16	-22	-57.89
其中：非流动资产处置净损失（净收益以"-"号填列）				
三、利润总额（亏损以"-"号填列）	746	1 493	747	100.13
减：所得税	246	493	247	100.41
四、净利润（净亏损以"-"号填列）	500	1 000	500	100.00

对企业的利润增减变动情况进行分析时，应对几个关键的指标进行重点分析。

1. 净利润分析

净利润是企业经营的最终成果，是衡量一个企业经营效益的主要指标。净利润多，表企业的经营效益好；净利润少，表明企业的经营效益差。公司在 2021 年实现净利润 1 000 万元，比 2020 年增长了 500 万元，增长率为 100%。净利润增长的主要原因是 2021 年利润总额比 2020 年增长了 747 万元，同时 2021 年所得税也比 2020 年增长了 247 万元，两者相抵后，2021 年净利润仍比 2020 年增加 500 万元。显然，对利润总额的增长还应做进一步分析。

2. 利润总额分析

利润总额是企业在一定时期内经营活动的税前成果。公司在 2021 年实现利润总额 1 493 万元，比 2020 年增长了 747 万元，增长率为 100.13%。经分析，主要原因是企业的营业利润增长 724 万元。另外，2021 年营业外收入较 2020 年增加了 1 万元，2021 年营业外支出较 2020 年减少 22 万元，营业外收支共使利润总额增加 23 万元。两个因素共同作用使利润总额增长了 747 万元。显然，营业利润增长是利润总额增长的主要原因。为此，还应对营业利润做进一步分析。

3. 营业利润分析

营业利润是企业在生产经营活动中实现的经营性利润。公司在 2021 年实现营业利润 1 493 万元，比 2020 年增长 724 万元，增幅为 94.15%。经分析，主要原因是 2021 年营业收入较 2020 年有较大幅度的增加，增长率为 55.58%，虽然营业成本、税金及附加、销售费用、管理费用和财务费用等项目均有一定程度的增加，但仍不能抵消营业收入的增长。值得注意的是，2021 年管理费用和财务费用较 2020 年都有大幅度的增加，这是企业在分析时应该注意的事项。企业应结合具体情况，分析这两项费用增加的具体原因，从而找出解决的办法。另外，2021 年投资净收益出现了负值，说明企业投资有可能出现了失误，在分析时也应引起财务分析人员注意。

二、利润表垂直分析

接表 3-6，编制某企业的利润垂直分析表，如表 3-7 所示，对该企业利润的结构变动情况分析如下。

表 3-7   利润垂直分析表

项目	2020 年	2021 年	变动幅度/%
一、营业收入	100.00	100.00	—
减：营业成本	69.63	63.53	-6.10
税金及附加	3.05	2.22	-0.83
销售费用	9.08	8.34	-0.74
管理费用	11.30	16.78	5.48
财务费用	0.50	0.69	0.19
资产减值损失	0.41	0.29	-0.12
加：公允价值变动净收益（净损失以"-"号填列）			
投资净收益（净损失以"-"号填列）	0.31	-0.24	-0.55
二、营业利润（亏损以"-"号填列）	6.34	7.90	1.56
加：营业外收入	0.12	0.08	-0.04

项目	2020 年	2021 年	变动幅度/%
减：营业外支出	0.31	0.08	-0.23
其中：非流动资产处置净损失（净收益以"-"号填列）			
三、利润总额（亏损以"-"号填列）	6.15	7.90	1.75
减：所得税	2.03	2.61	0.58
四、净利润（净亏损以"-"号填列）	4.13	5.29	1.16

从表 3-7 中可以看出企业本年度财务成果的构成情况：2021 年营业利润占营业收入的比重为 7.9%，比上年度的 6.34%增长了 1.56%；利润总额占营业收入的比重为 7.9%，比上年度的 6.15% 增长了 1.75%；净利润占营业收入的比重为 5.29%，比上年度的 4.13%增长了 1.16%。由此可见，从企业利润的构成上看，企业盈利能力比上年有所提高。

从营业利润的内部结构变化看，主要是营业成本、税金及附加和销售费用的比重比 2020 年有所降低，另外，资产减值损失的比重也有所下降，说明企业在成本控制的资产管理上取得了成效。值得注意的是，2021 年的管理费用和财务费用的比重比 2020 年分别提高 5.48%和 0.19%，这对企业取得营业利润是个不利的因素，要结合企业具体情况进行深入分析。

综上所述，该企业在增收节支、开源节流方面取得了一定成效。

职业启迪

树立求真务实的利润观，保证企业健康发展

具有求真务实的利润观，才能实事求是的反映企业的经营成果；培养严谨的数据思维，透过数据看本质，识别粉饰利润行为；以真实的数据进行计算分析，才能准确把握企业的利润构成情况和变动趋势，保证企业健康发展。

项目总结

利润表是反映企业一定时期内经营成果的财务报表，它能够反映企业在一定时期内利润（或亏损）情况以及企业的盈利水平。

本项目以利润表为主线，介绍了利润表的格式、内容以及各要素之间的关系；讲述了利润表重要项目分析的方法，包括收入类项目分析、费用类项目分析和利润类项目分析；讲述了利润表综合分析，主要包括利润表水平分析和利润表垂直分析。

技能训练

● **专业知识训练**

一、单项选择题

1. 反映企业全部财务成果的指标是（　　）。

　　A. 主营业务利润　　B. 营业利润　　　　C. 利润总额　　　　D. 净利润

2. 企业商品经营盈利状况最终取决于（　　　）。

    A. 主营业务利润　　　B. 营业利润　　　　　C. 利润总额　　　　　D. 投资收益

3. 销售品种构成变动会引起产品销售利润变动，主要是因为（　　　）。

    A. 各种产品的价格不同　　　　　　　　B. 各种产品的单位成本不同

    C. 各种产品的单位利润不同　　　　　　D. 各种产品的利润率高低不同

4. 如果企业本年销售收入增长快于销售成本的增长，那么企业本年营业利润（　　　）。

    A. 一定大于零　　　　　　　　　　　　B. 一定大于上年营业利润

    C. 一定大于上年利润总额　　　　　　　D. 不一定大于上年营业利润

5. 在各种产品的利润率不变的情况下，提高利润率低的产品在全部产品中所占的比重，则全部产品的平均利润率（　　　）。

    A. 提高　　　　　　B. 降低　　　　　　C. 不变　　　　　　D. 无法确定

6. 与利润分析无关的资料是（　　　）。

    A. 利润分配表　　　　　　　　　　　　B. 应交增值税明细表

    C. 分部报表　　　　　　　　　　　　　D. 营业外收支明细表

7. 企业收入从狭义上是指（　　　）。

    A. 主营业务收入　　B. 营业收入　　　　C. 投资收入　　　　D. 营业外收入

8. 假设某企业的存货计价方法由先进先出法改为后进先出法，这项会计政策的变更对利润的影响是（　　　）。

    A. 利润增加　　　　B. 利润减少　　　　C. 利润不变　　　　D. 不一定

9. 影响产品价格高低的最主要因素是（　　　）。

    A. 销售利润　　　　B. 销售税金　　　　C. 产品成本　　　　D. 财务费用

二、多项选择题

1. 影响主营业务利润的基本因素有（　　　）。

    A. 销售量　　　　　B. 单价　　　　　　C. 单位销售成本　　D. 销售品种构成

2. 企业的收入从广义上讲包括（　　　）。

    A. 主营业务收入　　B. 其他业务收入　　C. 股利收入　　　　D. 利息收入

3. 销售净收入是指从销售收入中扣除（　　　）。

    A. 销售退回　　　　B. 现金折扣　　　　C. 数量折扣　　　　D. 销售折让

4. 下列项目属于期间费用的有（　　　）。

    A. 营业费用　　　　B. 制造费用　　　　C. 财务费用　　　　D. 销售费用

5. 财务费用项目分析的内容包括（　　　）。

    A. 借款总额　　　　B. 利息支出　　　　C. 利息收入　　　　D. 汇兑收益

三、判断题

1. 营业利润是企业营业收入、营业成本以及税金及附加之间的差额。它既包括产品销售利润，又包括其他业务利润，并在二者之和的基础上减去管理费用与财务费用。　　　　（　　　）

2. 息税前利润是指没有扣除利息和所得税前的利润，即等于营业利润与利息支出之和。　　　　　　　　　　　　　　　　　　　　　　　　　　　　　　（　　　）

3. 销售成本变动对利润有着直接影响，销售成本降低多少，利润就会增加多少。　（　　　）

4. 价格因素是影响产品销售利润的主观因素。　　　　　　　　　　　　　　　（　　　）

5. 运用水平分析法可以更深入地说明销售费用的变动情况及其合理性。 （　　　）

- **综合技能训练**

一、计算分析

1. 华日公司 2021 年有关利润的资料如表 3-8 所示。

表 3-8　　　　　　　　　　　　华日公司 2021 年利润表（简表）　　　　　　　　　金额单位：元

项目	计划	实际	增减额	增减率/%
产品销售利润	962 112	1 070 740		
其他销售利润	38 000	32 000		
投资净收益	70 000	75 000		
营业外净收支	-33 944	-28 514		
利润总额	1 036 168	1 149 226		

要求：根据上述资料，运用水平分析法对该公司 2021 年度利润的完成情况进行分析。

2. 欣欣公司 2021 年度利润表如表 3-9 所示。

表 3-9　　　　　　　　　　　　　　　2021 年利润表

编制单位：欣欣公司　　　　　　　　　　　　　　　　　　　　　　　　　　　　单位：元

项目	2021 年	2020 年
一、营业收入	1 943 758	2 209 653
减：营业成本	1 083 493	1 451 109
税金及附加	79 469	92 624
管理费用	188 980	170 500
财务费用	69 500	58 000
加：投资净收益	42 500	30 000
二、营业利润	564 816	467 420
加：营业外收入	60 000	80 000
减：营业外支出	29 000	22 000
三、利润总额	595 816	525 420
减：所得税	196 619	173 389
四、净利润	399 197	352 031

要求：根据上述资料，运用垂直分析法对公司的利润结构进行分析。

二、案例分析

华能公司是一家上市公司，它主要生产小型及微型处理计算机，其市场目标主要定位于小规模公司和个人使用。该公司生产的产品质量优良，价格合理，在市场上颇受欢迎，销路很好，因此该公司也迅速发展壮大起来。公司当前正在做 2021 年度的财务分析，下一周，财务总监董晶将向总经理汇报 2021 年度公司的财务状况和经营成果，汇报的重点是公司经营成果的完成情况，并要出具体的分析数据。

张伟是该公司的助理会计师，主要负责利润的核算、分析工作，董晶要求张伟对公司 2021 年度有关经营成果的资料进行整理分析，并对公司经营成果的完成情况给出分析结果，以支持公司领导层决策。接到财务总监交给的任务后，张伟立刻收集有关经营成果的资料，资料如表3-10、表3-11、表3-12、表3-13所示。

表3-10　　　　　　　　　　　2021年利润表（简表）

编制单位：华能公司　　　　　　　　　　　　　　　　　　　　　　　　　单位：万元

项目	2021年	2020年
一、营业收入	1 296 900	1 153 450
减：营业成本	1 076 273	970 283
税金及附加	14 396	6 805
销售费用	2 723	1 961
管理费用	124 502	108 309
财务费用	−24 122	105 541
存货跌价损失	2 095	
加：投资净收益	23 604	68 976
二、营业利润	124 637	29 527
加：营业外收入	80	
减：营业外支出	3 113	1 961
三、利润总额	121 604	27 566
减：所得税	23 344	4 268
四、净利润	98 260	23 298

表3-11　　　　　　　　　　　华能公司投资收益表　　　　　　　　　　　单位：万元

项目	2021年	2020年
长期股权投资收益	26 274	21 176
长期股权投资差额摊销	−2 400	−2 200
长期股权转让收益		50 000
短期投资跌价损失	−270	
投资收益合计	23 604	68 976

表3-12　　　　　　　　　　　华能公司财务费用表　　　　　　　　　　　单位：万元

项目	2021年	2020年
利息支出	970	128 676
减：利息收入	26 854	25 320
汇兑损失	3 108	2 809
减：汇兑收益	1 480	756
其他	134	132
财务费用	−24 122	105 541

表 3-13　　　　　　　　　　华能公司管理费用明细表　　　　　　　　　　单位：万元

项目	2021 年	2020 年
工资及福利费	64 540	64 320
劳动保险费	4 340	4 308
业务招待费	8 988	4 211
工会经费	1 150	1 048
折旧费	1 540	1 540
技术开发费	38 600	27 856
其他	5 344	5 026
管理费用	124 502	108 309

03

要求：请运用案例中提供的财务数据，协助张伟做好以下几个分析工作。

（1）运用水平分析法编制利润增减变动分析表。

（2）对公司 2021 年利润比上期增减变动情况进行分析评价。

（3）运用垂直分析法编制利润结构分析表。

（4）对公司 2021 年利润结构变动情况进行分析评价。

项目四

分析现金流量表

企业经营之策——现金为王

有记者问房地产界的大亨潘石屹："你认为买房子最应把握的原则是什么？"他回答："地段，地段，还是地段。"有人又问："你认为企业经营最应把握的原则是什么，"他回答："现金，现金，还是现金。"可见现金在企业经营活动中的重要性。因为企业的一切生产经营活动都始于现金而又终于现金。

没有现金，企业会怎样？你可以想象得到：股东没钱可以分；供应商怕收不到货款不愿供应原材料；银行不愿意贷款；债权人催债；税款交不起被罚款；员工薪酬发不出，导致人心不稳人才流失。最后，企业只有破产！

并非只有经营困难即将破产的企业才会有现金危机，盈利和成长过快的企业也会发生破产，即"盈利性破产"和"成长性破产"。盈利是必要的，但不能只顾盈利而忽略了现金的管理。关注企业的收益，更要重视收益的质量，所以，王林既要分析利润表，更要分析现金流量表。企业的现金收支在现金流量表上一览无余。

请将某一公司去年的利润表和现金流量表进行对比分析，加深对"现金为王"的理解。

任务一　解读现金流量表

学习目标

素质目标：具有求真务实的工作态度，客观地反映企业经济业务。

知识目标：了解现金流量表的基本概念、作用、格式与内容。

技能目标：能够对企业的现金流量进行正确分类，能够读懂现金流量表。

任务分析

进行现金流量表分析，首先要了解现金流量表的有关基本知识，包括有关概念、现金流量表的格式、内容和作用等，并且能够读懂现金流量表。所以，本任务清单如下。

1. 了解现金流量表的基本知识，包括有关概念、现金流量表的格式、内容等。

2. 能够读懂现金流量表。

知识准备

一、现金流量表的概念与作用

（一）现金流量表的概念

《企业会计准则第 31 号——现金流量表》中，现金流量表的定义：反映企业在一定会计期间现金及现金等价物流入和流出的报表，现金流量表是财务报表中不可缺少的组成部分。从其定义可见，现金流量表是一个期间报表，其反映的是现金及现金等价物在一定会计期间的流入和流出情况。现金流量表不是一个时点报表，这一点与资产负债表不同。

微课视频：一分钟读懂什么是现金流量表

准确编制现金流量表对企业财务报告的质量至关重要。现金流量表可以反映企业的偿债能力、支付能力和收益质量，对其进行有效分析，可以使企业了解自身的实际偿债能力和支付能力，可以评价企业当期收益的质量好坏，为企业进行资金管理提供重要的参考信息。

拓展阅读

利润表是按权责发生制原则编制的，现金流量表是按收付实现制原则编制的。在编制现金流量表时，企业的银行存款与现金等价物之间的资金转换，不视为现金的流入或流出。企业存放在银行和金融机构中不可提前支取的定期存款不视为现金。

（二）现金流量表的作用

现金流量表是以现金为基础编制的，它是对资产负债表和利润表的重要补充。通过现金流量表，财务分析人员可以为报表使用者提供企业现金流入和流出的数额，揭示其变动的原因；同时也有助于分析企业的收益质量和影响现金净流量的因素，便于对企业整体的财务状况做出全面、准确的评价，为报表使用者提供权威的决策信息。

具体来讲，现金流量表可以起到以下 4 个方面的作用。

（1）揭示企业现金流入流出的来龙去脉。现金流量表能够告诉报表使用者一定期间现金"从哪里来，到哪里去"的信息，即提供企业在一定期间现金流入、流出的动向，现金数额的增减变动情况及其原因。这是现金流量表最基本的作用，也是最基本的功能。

例如，某公司在 2021 年增加了 1 000 万元的现金。财务分析人员可以在公司的现金流量表中发现公司经营活动导致现金增加 900 万元，来自投资活动的现金流量减少了 300 万元，来自筹资活动的现金流量增加了 400 万元，基于此，财务分析人员可以对公司的资金使用和运作思路有一个大致的认识。

（2）可以了解和评价企业在一定时期内的支付能力、偿债能力、周转能力和获取现金流量的能力。现金流量从资金动态变化的角度反映了企业的偿债能力，便于财务分析人员对企业整体的财务状况和收益质量进行全面、准确的评价。

（3）企业净利润与经营活动产生差异的原因。财务分析人员借助现金流量表，可以了解经营活动的现金流量与净利润之间产生差距的原因以及差距的大小，进而分析利润的质量，以便进一步考察企业的经营业绩。例如，某公司授意销售部门经理在 2008 年完成 2 000 万元的销售指标。

如果仅为了完成销售收入和利润计划，销售部门经理就会放宽信用条件，把东西销售即可，而不用考虑收回销售款项的问题，于是公司可能存在大量的应收账款以及面临坏账的风险，造成利润和现金流量之间有差距，使得盈余质量大打折扣。如果公司同时告诉销售经理必须拿回 2 000 万元销售款项，销售经理的销售行为就会变得积极而谨慎，有了现金保障的利润才是可靠的、健康的利润指标。

（4）有助于预测和规划企业未来的现金流量和财务前景。财务分析人员借助现金流量表提供的信息，掌握企业经营活动、投资活动和筹资活动所形成的现金流量，据以预测企业在未来产生现金的能力，并为分析和判断企业的财务前景提供信息。例如，如果公司的经营活动的现金流量金额是一个较大的正数，而投资活动的现金流量金额却是一个较大的负数，则意味着企业可能正在利用当前较好的经营形势和财务状况进行投资性扩张，进一步壮大公司实力，从而获取更好的经营业绩。这样的财务前景通常也是值得期待的。

二、现金流量及其分类

现金流量表的核心是现金流量。现金流量是一定时期内，企业现金流入和流出的数额，例如，企业销售商品、向银行借款等取得现金而形成的现金流入；购买原材料、偿还债务等支付现金而形成的现金流出等。通常按照企业经营业务发生的性质，将企业一定时期内产生的现金流量归为三类。

（一）经营活动产生的现金流量

经营活动是指企业投资活动和筹资活动以外的所有交易和事项，例如，销售商品或提供劳务、购买商品或接受劳务、支付职工薪酬、缴纳税款等。具体包括 7 项内容，详见下文任务实施中的表 4-1。

（二）投资活动产生的现金流量

投资活动是指企业长期资产的购置和不包括在现金等价物范围内的投资及其处置活动，例如，取得投资收益收到的现金、购建固定资产支付的现金等。具体包括 9 项内容，详见下文任务实施中的表 4-1。

（三）筹资活动产生的现金流量

筹资活动是指导致企业资本及债务规模和构成发生变化的活动。资本包括资本（股本）和资本溢价（股本溢价）。与资本有关的现金流入和流出项目，包括吸收投资、发行股票、分配利润等。债务是指企业对外举债所借入的款项，包括发行债券，向金融企业借入款项以及偿还债务等。具体包括 6 项内容，详见下文任务实施中的表 4-1。

> **拓展阅读**
>
> 根据《企业会计准则第 31 号——现金流量表》第六条规定，对于自然灾害损失、保险索赔等特殊项目，企业应当根据其性质，分别记入经营活动、投资活动和筹资活动现金流量类别中单独列报。

三、现金流量表的格式与内容

根据最新《企业会计准则第 31 号——现金流量表》第四条规定，现金流量表应当分别按经营活动、投资活动和筹资活动三大类列报现金流量，每一类又进一步分为现金流入、现金流出及现金流量净额。现金流量表的基本格式包括主表和报表附注两个部分，而主表包括表头和正表。

（一）表头

表头主要标明报表的名称、编制时间、编制单位名称、货币单位及报表编号。

（二）正表

我国企业现金流量表的正表采用报告式结构，主要内容有 6 个项目，包括企业的经营活动、投资活动和筹资活动产生的现金流量，第四项是汇率变动对现金及现金等价物的影响，第五项是现金及现金等价物的净增加额，其金额等于前 4 个项目的现金流量净额之和，第六项是期末现金及现金等价物余额，其金额等于第五项加上期初现金及现金等价物余额。

正表中的经营活动现金流量采用直接法编制，通过现金收入和支出的主要类别反映来自企业经营活动的现金流量。

（三）报表附注

现金流量表附注包括三个方面：①现金流量表补充资料；②当期取得或处置子公司及其他营业单位的有关信息；③现金和现金等价物的详细信息。其中，补充资料主要包括以下内容：将净利润调节为经营活动现金流量；不涉及现金收支，但影响企业财务状况或在未来可能影响企业现金流量的重大投资和筹资活动；现金等价物的净变动情况。

企业应当采用间接法在现金流量表补充资料中披露将净利润调节为经营活动现金流量的信息。

现金流量表的具体格式如表 4-1 所示。

四、现金流量表的勾稽关系

了解现金流量表的勾稽关系是正确理解和准确分析企业现金流量表的基础。现金流量表的勾稽关系既包括报表本身项目内容之间的勾稽关系，又包括现金流量表与其他财务报表之间的勾稽关系，如图 4-1 所示。

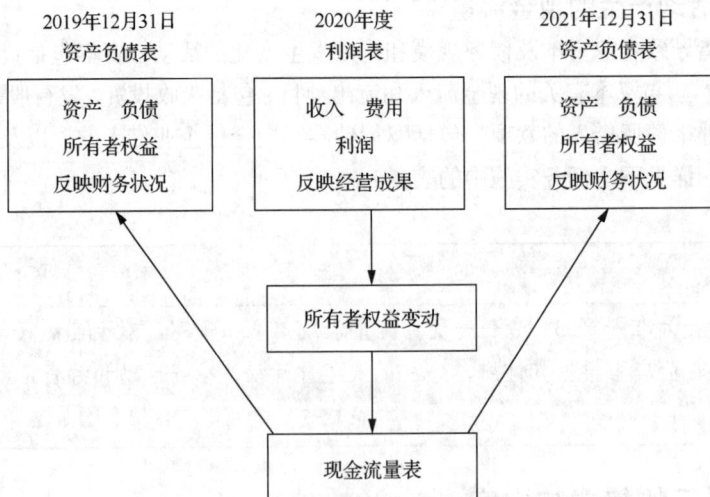

图4-1 财务报表之间的勾稽关系

任务实施

康赛股份有限公司（简称"康赛公司"）的现金流量表，如表 4-1 所示。

表 4-1　　　　　　　　　　　　　现金流量表　　　　　　　　　　　　会企 03 表

编制单位：康赛股份有限公司　　　　　　　2021 年度　　　　　　　　　　单位：元

项目	金额
一、经营活动产生的现金流量	
销售商品、提供劳务收到的现金	6 074 146 956.86
收到的税费返还	93 936 748.81
收到其他与经营活动有关的现金	37 300 799.15
经营活动现金流入小计	6 205 384 504.82
购买商品、接受劳务支付的现金	4 299 038 995.54
支付给职工及为职工支付的现金	228 045 774.61
支付的各项税费	283 477 427.42
支付其他与经营活动有关的现金	971 276 037.21
经营活动现金流出小计	5 781 838 234.78
经营活动产生的现金流量净额	423 546 270.04
二、投资活动产生的现金流量	
收回投资收到的现金	
取得投资收益收到的现金	627 649.18
处置固定资产、无形资产和其他长期资产收回的现金净额	377 191 615.34
处置子公司及其他营业单位收到的现金净额	
收到其他与投资活动有关的现金	7 315 665.63
投资活动现金流入小计	385 134 930.15
购建固定资产、无形资产和其他长期资产支付的现金	178 862 146.82
投资支付的现金	
取得子公司及其他营业单位支付的现金净额	
支付其他与投资活动有关的现金	
投资活动现金流出小计	178 862 146.82
投资活动产生的现金流量净额	206 272 783.33
三、筹资活动产生的现金流量	
吸收投资收到的现金	
取得借款收到的现金	916 390 000.00
收到其他与筹资活动有关的现金	25 412 931.71
筹资活动现金流入小计	941 802 931.71
偿还债务支付的现金	1 039 830 000.00
分配股利、利润或偿付利息支付的现金	264 849 419.70
支付其他与筹资活动有关的现金	71 884.98

项目	金额
筹资活动现金流出小计	1 304 751 304.68
筹资活动产生的现金流量净额	-362 948 372.97
四、汇率变动对现金及现金等价物的影响	
五、现金及现金等价物净增加额	266 870 680.40
加：期初现金及现金等价物余额	
六、期末现金及现金等价物余额	
补充资料	**金额**
1. 将净利润调节为经营活动现金流量：	
净利润	368 952 845.58
加：资产减值准备	-103 887.68
固定资产折旧、油气资产折耗、生产性生物资产折旧	183 431 375.14
无形资产摊销	7 275 880.26
长期待摊费用摊销	1 765 408.64
处置固定资产、无形资产和其他长期资产的损失（收益以"-"号填列）	-441 542.20
固定资产报废损失（收益以"-"号填列）	
公允价值变动损失（收益以"-"号填列）	
财务费用（收益以"-"号填列）	23 229 366.31
投资损失（收益以"-"号填列）	119 528 409.52
递延所得税资产减少（增加以"-"填列）	
递延所得税负债增加（减少以"-"号填列）	
存货的减少（增加以"-"号填列）	56 222 695.90
经营性应收项目的减少（增加以"-"号填列）	-249 900 999.61
经营性应付项目的增加（减少以"-"号填列）	-112 112 677.03
其他	25 609 395.21
经营活动产生的现金流量净额	423 546 270.04
2. 不涉及现金收支的投资和筹资活动：	
债务转为资本	
一年内到期的可转换公司债券	
融资租入固定资产	
3. 现金及现金等价物净增加情况：	
现金的期末余额	849 123 666.06
减：现金的期初余额	582 252 985.66
加：现金等价物的期末余额	
减：现金等价物的期初余额	
现金及现金等价物净增加额	

　　正表第一项——经营活动产生的现金流量净额，与补充资料第一项——经营活动产生的现金流量净额，应当核对相符。因为前者是按直接法编制的，后者是按间接法编制的，结果应当一致。正表中的第五项——现金及现金等价物净增加额，与补充资料中的第三项应当核对相符。正表中

的数额是现金流入与流出的差额，补充资料中的数额是期末数与期初数的差额，计算依据不同，但金额应当一致，结果应当相符。

📕 课堂小贴士

　　学生应树立具有求真务实的工作态度，应将真实数据展现在公众面前，坚决抵制造假行为，遵循国家的法律法规，不得侵害他人合法利益。

任务二　现金流量表重要项目分析

📖 学习目标

　　素质目标：具备质量意识，提高企业现金流入、流出质量。

　　知识目标：掌握现金净流量表重要项目分析基本知识和分析方法。

　　技能目标：能对经营活动现金流量、投资活动现金流量、筹资活动现金流量进行具体分析。

04

📚 任务分析

　　对现金流量表项目的理解，是全面评价企业收益质量的基础。因此，对现金流量表进行分析时，首先应对重点项目进行分析，包括经营活动现金流量、投资活动现金流量、筹资活动现金流量等分析。所以，本任务清单如下。

　　1. 现金流量表各项目包括哪些具体内容。

　　2. 对现金流量表的重点项目进行分析，包括经营活动现金流量、投资活动现金流量、筹资活动现金流量等分析。

　　3. 掌握每个项目的具体分析方法。

🕊 任务实施

　　下面以康赛股份有限公司（简称"康赛公司"）为例，介绍现金流量表各项目的分析方法，具体数据见上文表4-1。

一、经营活动现金流量的分析

（一）经营活动的现金流入量

　　在现金流量表中，一般按照经营活动现金流入的来源设置不同的项目，用来具体反映经营活动的现金流入量。

1. 销售商品、提供劳务收到的现金

　　该项目反映企业销售商品、提供劳务实际收到的现金（含销售收入和应向购买者收取的增值税额），即无论何时销售，只要本期收现。该项目包括：本期销售商品、提供劳务收到的现金，前期销售商品、提供劳务本期收到的现金和本期预收的账款，再减去本期退回商品支付的现金。企

业销售材料和代购代销业务以及经营租赁收到的现金，也在本项目中反映。

企业经营活动的现金流入量是整个企业全部现金流入量中最主要的组成部分。该项目金额较大是正常现象，反之，则要高度关注。康赛公司 2021 年现金流量表中该项目金额为 6 074 146 956.86 元，表明该公司 2021 年通过销售商品、提供劳务共收到现金 6 074 146 956.86 元，其中包括前期销售商品、提供劳务在本期收到的现金和本期预收的款项。同时，该项目还可与利润表中营业收入的金额相比较，借以分析判断企业当期营业收入的现金回笼情况。

销售商品、提供劳务收到的现金=当期销售商品、提供劳务收到的现金+当期收到现金的应收账款

+当期收到现金的应收票据+当期发生的预收账款-当期因销售退

回而支付的现金+当期收回前期核销坏账损失的现金

2. 收到的税费返还

该项目反映企业收到返还的各种税费，具体指企业缴纳各项税费后由政府部门返还的增值税、营业税、所得税、消费税和教育费附加等款项。康赛公司 2021 年共收到以现金形式返还的各种税费金额为 93 936 748.81 元。如果补贴收入金额较大，在评价企业业绩时应注意剔除补贴收入因素的影响，因为它只是国家税收优惠政策的体现，并不代表企业持续的盈利能力。

3. 收到其他与经营活动有关的现金

该项目反映企业除上述各项目外收到的其他与经营活动有关的现金流入，如罚款收入、流动资产损失中由个人赔偿的现金收入等。该项目不是企业经营活动流入现金的主要渠道，金额少是正常现象，反之，则说明企业在管理中可能存在问题。康赛公司 2021 年共收到其他与经营活动有关的现金 37 300 799.15 元，仅占经营活动现金流入的 0.6%。

4. 经营活动现金流入小计

该项目反映企业当期经营活动所收取的全部现金金额，在数量上应等于上述三个项目金额的合计数。康赛公司 2021 年经营活动共收到现金 6 205 384 504.82 元。

（二）经营活动的现金流出量

在现金流量表中，一般按照企业经营活动的现金流出的去向设置支出项目，用来具体反映企业在经营活动的不同方面所实际支付的现金。

1. 购买商品、接受劳务支付的现金

该项目反映企业为购买材料、商品或接受劳务等实际支付的现金，包括支付的货款以及与货款一并支付的增值税进项税额。本项目是企业经营活动的现金流出量，也是企业总的现金流出量中最主要的组成部分。该项目金额较多是正常现象，但要与企业的生产经营规模相适应。康赛公司 2021 年为购买商品、材料或接受劳务等共支付了现金 4 299 038 995.54 元，其中包括本期支付前期购买商品、接受劳务的未付款项和本期的预付款项。本期发生进货退回收到的现金应从本项目中扣除。该项目还应与利润表中营业成本及资产负债表中存货项目的金额进行比较，以便全面评价企业付现的质量。

购买商品、接受劳务支付的现金=当期购买商品、接受劳务支付的现金+当期付现的应付账款

+当期付现的应付票据+当期预付的账款

-当期因进货退回收到的现金

2. 支付给职工及为职工支付的现金

该项目反映企业实际支付给职工的工资、奖金、各种津贴和补贴，以及为职工支付的其他费

用，如企业为职工缴纳的养老、失业等社会保险基金。企业支付的离退休人员的各项费用，包括支付的统筹退休金以及未参加统筹的退休人员的费用，在"支付其他与经营活动有关的现金"项目中反映。支付在建工程人员的工资及奖金应在"购建固定资产、无形资产和其他长期资产支付的现金"项目中反映。康赛公司 2021 年"支付给职工及为职工支付的现金"项目的现金流出金额为 228 045 774.61 元。

3. 支付的各项税费

该项目反映企业按照规定当期支付给税务部门的各种税费，包括本期发生并支付的税费，以及本期支付以前各期发生的税费和预交的税金，如支付的教育费附加、矿产资源补偿费、印花税、房产税、土地增值税、车船使用税、预交的营业税等。该项目不包括计入固定资产价值、实际支付的耕地占用税等，也不包括本期退回的增值税、所得税。康赛公司 2021 年支付的各项税费共计 283 477 427.42 元。

4. 支付的其他与经营活动有关的现金

该项目反映企业除上述各项目外支付的其他与经营活动有关的现金流出，如罚款支出、差旅费、业务招待费、保险费等。该项支出多属于固定性支出，并不促使营业收入成正比例变化，因此应严格控制，对其支出的效益性应多加关注。康赛公司 2021 年实际用现金支付的其他经营费用共计 971 276 037.21 元。

5. 经营活动现金流出小计

该项目反映企业当期在经营活动中实际支付的现金总额，在数额上等于经营活动中各项现金支出之和，是经营活动现金流入的抵减项目。康赛公司 2021 年经营活动共支出现金 5 781 838 234.78 元。

（三）经营活动产生的现金流量净额

经营活动产生的现金流量净额可以从两个方面进行分析。

第一，利用正表资料进行分析。企业当期经营活动现金流入量小计与流出量小计之差即为经营活动现金净流量。康赛公司 2021 年全部经营活动共取得现金流量净额 423 546 270.04 元。

第二，利用补充资料将净利润调节为经营活动的现金流量。康赛公司 2021 年经营活动所取得的现金流量净额为 423 546 270.04 元，其结果与采用直接法确定的经营活动现金流量净额一致。

> **拓展阅读**
>
> 补充资料的一项重要内容就是在企业当期取得的净利润的基础上，通过对有关项目的调整，计算经营活动的现金净流量。这种方法称为间接法，即先列示净利润数，然后加上导致经营活动现金增加的项目，减去导致经营活动现金减少的项目，从而得出经营活动的现金流量净额。

（四）经营活动产生的现金流量质量分析

现金流量质量是指企业的现金流量能够按照企业的预期目标进行运转的质量。经营活动产生的现金流量一方面应体现企业发展的战略要求，另一方面应与企业经营活动产生的利润存在一定的对应关系，能为企业的扩张提供现金流量的支持。经营活动产生的现金流量可以从以下几个方面进行分析。

1. 经营活动产生的现金流量净额小于零

这种情况是企业通过正常的购销活动带来的现金流入量，不足以应付因上述经营活动而引起的现金流出。在企业初创阶段，由于生产阶段的各个环节尚不完善，同时，为了开拓市场，企业需要投入大量资金将自己的产品推向市场，从而有可能使企业在这一时期的经营活动现金流量净额小于零，这是企业在发展过程中不可避免的正常现象。但是，如果企业在正常生产经营期间仍然出现这种状况，则说明企业经营活动产生的现金流量质量不高。在这种情况下，企业必须采取措施向外筹措资金，来补充资金周转方面现金的不足，但此时企业的筹资能力往往是有限的。

经营活动现金流量的不足，可以通过多种途径来解决，如可以消耗企业现存的货币积累；挤占本来用于投资活动的现金、推迟投资活动的进行；进行额外贷款融资等。

2. 经营活动产生的现金流量净额等于零

这种情况是指企业通过正常的购销活动带来的现金流入量，刚好能补充经营活动引起的现金流出量，使二者处于平衡状态。由于企业的成本分为付现成本和不付现成本，当经营活动产生的现金流量净额等于零时，企业经营活动产生的现金流量就不可能为不付现（如固定资产折旧、无形资产摊销等非现金消耗）成本提供货币补偿。在这种情况下，企业只能支付日常开支，经营风险一旦加大或者当资产消耗到一定程度时，企业就会面临严重的财务问题。所以，企业如果在正常生产经营期间持续出现这种状况，则说明企业经营活动的现金流量质量较差。

3. 经营活动产生的现金流量净额大于零

经营活动产生的现金流量净额大于零的情况具体又分为三种状态。

（1）经营活动产生的现金流量净额大于零但不足以弥补不付现成本。

在这种情况下，企业面临的压力较大，这种状态如果持续下去，从长远角度分析，企业经营活动产生的现金净流量仍然不能维持经营活动的货币的简单再生产。

（2）经营活动产生的现金流量净额大于零并且刚好能弥补当期的不付现成本。

在这种情况下，企业在经营活动方面的现金流量的压力得到缓解，但企业经营活动产生的现金流量不能为企业发展提供资金来源。

康赛公司该项目数额仅为经营活动现金流入的 6.8%，恐怕难以为企业发展提供充裕的资金来源。

（3）经营活动产生的现金流量净额大于零并在补偿不付现成本后仍有剩余。

这种状态是企业经营活动现金流量运行的良好状态。这种状态说明企业购销活动带来的现金流量不仅能弥补经营活动中的全部成本，而且还能为企业的投资活动提供现金流量的支持。如果持续这种状态，将对企业经营活动的发展、投资规模的扩大起到积极的推动作用。

二、投资活动现金流量的分析

现金流量中的投资活动，并不是一成不变的。每个月涉及一项投资的业务，其现金流量都需要进行详尽的调整。例如，购买土地使用权、设备以及出售旧机器等行为，都是其现金流量的来源。那么，哪些投资活动会影响现金的流入量和流出量呢？

（一）投资活动的现金流入量

流入因素主要包括以下几个方面：收回投资所收到的现金；取得投资收益所收到的现金；处

置固定资产，无形资产和其他长期资产而收到的现金净额；处置子公司及其他营业单位收到的现金净额等。

1. 收回投资收到的现金

该项目反映企业出售、转让或到期收回除现金等价物以外的短期投资、长期股权投资而收到的现金，以及收回长期债权投资本金而收到的现金，不包括长期债权投资收回的利息，以及收回的非现金资产。康赛公司2021年没有收回对外投资。

2. 取得投资收益收到的现金

该项目反映企业因股权性投资和债权性投资而取得的现金股利、利息，以及从子公司、联营企业或合营企业分回利润而收到的现金。股票股利不在本项目中反映。康赛公司2021年该项现金流入量为627 649.18元。

3. 处置固定资产、无形资产和其他长期资产收回的现金净额

该项目反映企业处置固定资产、无形资产和其他长期资产所取得的现金，减去为处置这些资产而支付的有关费用后的净额。固定资产报废、毁损的变卖收益，以及由于自然灾害所造成的固定资产等长期资产损失而收到的保险赔偿收入，也在本项目中反映。康赛公司2021年出售固定资产收到的现金减去出售过程中支付的现金，其净收回现金为377 191 615.34元。

4. 处置子公司及其他营业单位收到的现金净额

该项目反映企业处置子公司及其他营业单位所取得的现金，减去在处置过程中发生的各项费用支出后的净额。康赛公司本年无此项业务。

5. 收到其他与投资活动有关的现金

该项目反映除了上述各项目外，收到其他与投资活动有关的现金流量。康赛公司2021年收到其他与投资活动有关的现金共计7 315 665.63元。

6. 投资活动现金流入小计

该项目反映企业当期投资活动所收到的全部现金。在数量上等于上述五项之和。康赛公司2021年上述五项现金流入小计为385 134 930.15元。

（二）投资活动的现金流出量

流出因素主要包括以下几个方面：购建固定资产、无形资产和其他长期资产支付的现金；投资支付的现金取得子公司及其他营业单位支付的现金净额；支付的其他与投资活动有关的现金等。

1. 购建固定资产、无形资产和其他长期资产支付的现金

该项目反映企业购建固定资产、无形资产和其他长期资产支付的现金，不包括为购建固定资产而发生的借款利息资本化的部分，以及融资租入固定资产支付的租赁费，后者应在"筹资活动产生的现金流量——支付其他与筹资活动有关的现金"项目中反映。康赛公司2021年该项目共计支出178 862 146.82元。

2. 投资支付的现金

该项目反映企业进行权益性投资和债权性投资所支付的现金，包括企业取得的除现金等价物以外的短期股票投资、短期债券投资、长期股权投资、长期债权投资支付的现金，以及支付的佣金、手续费等附加费用。康赛公司2021年没有此项支出。

3. 取得子公司及其他营业单位支付的现金净额

该项目反映企业在购买子公司或其他营业单位中用现金支付的部分减去子公司或其他营业单

位持有的现金及现金等价物后的净额。康赛公司 2021 年无此项业务。

4. 支付其他与投资活动有关的现金

该项目反映除了上述各项目外支付的其他与投资活动有关的现金流出。康赛公司 2021 年无此项支出。

5. 投资活动现金流出小计

该项目反映企业当期投资活动所支付的全部现金，在数额上等于前四项之和。康赛公司 2021 年上述四项现金流出小计为 178 862 146.82 元，明显低于投资活动的现金流入量。

（三）投资活动产生的现金流量净额

将上述投资活动现金流入量小计金额减去现金流出量小计金额的差额，即为投资活动产生的现金流量净额。康赛公司 2021 年投资活动产生的现金流量净额为 206 272 783.33 元。

（四）投资活动产生的现金流量质量分析

在填制投资活动的现金流量后，根据计算发现投资活动产生的现金流量净额有时会出现异常，一般会有两种情况。

1. 投资活动产生的现金流量净额小于零

这种情况是指企业在购建固定资产、无形资产和其他长期资产，进行权益性投资和债权性投资等方面所支付的现金之和，大于企业因收回投资，分得股利或利润，取得债券利息收入，处置固定资产、无形资产和其他长期资产而收到的现金之和。对于这种情况，财务分析人员应着重分析企业投资是否与企业发展阶段、企业长期规划及短期计划相吻合，以判断现金流量的质量。

对于投资活动的现金流入量小于现金流出量的资金缺口，可以通过以下途径解决：消耗企业现存的货币资金；挤占原本用于经营活动的现金；进行额外贷款；利用经营活动积累的现金进行补充。

2. 投资活动产生的现金流量净额大于或等于零

这种情况是指企业在投资活动方面的现金流入量大于或等于现金流出量。这种情况的发生，或者企业投资活动回收的规模大于投资支出的规模，这些都是比较好的现象。如果是由于企业在经营活动与筹资活动方面急需资金而不得不处理企业的长期资产，这种情况必须予以关注。

康赛公司 2021 年投资活动产生的现金流量净额占投资活动产生的现金流入量的 53.6%。从数额上看占比较高，投资收益较好，但还应结合财务报表附注、财务情况说明书等资料进行评价。

三、筹资活动现金流量的分析

筹资活动现金流量是指企业经营过程中产生的与筹资活动相关的现金流入和现金流出的差额。它是企业资本及债务的规模和构成发生变化的活动所产生的现金流量。与经营活动和投资活动一样，筹资活动同样也有现金流入量与现金流出量。

（一）筹资活动的现金流入量

流入因素主要包括以下几个方面：吸收投资收到的现金；取得借款收到的现金；收到其他与筹资活动有关的现金。

1. 吸收投资收到的现金

该项目反映企业以发行股票、债券等方式筹集资金实际收到的款项净额（发行收入减去支付的佣金等发行费用后的净额）。企业发行股票、债券等由企业直接支付的审计费、咨询费、宣传费、印花税等费用，在"支付其他与筹资活动有关的现金"项目中反映。康赛公司 2021 年没有此项现金流入。

2. 取得借款收到的现金

该项目反映企业本期内向银行等金融机构举借各种短期或长期借款收到的现金。康赛公司 2021 年向银行等金融机构举借短期或长期借款共计 916 390 000.00 元。

3. 收到其他与筹资活动有关的现金

该项目反映除上述各项目外收到其他与筹集资金活动有关的现金，如接受捐赠等。康赛公司 2021 年该项目共计收到现金 25 412 931.71 元。

4. 筹资活动现金流入小计

该项目反映企业当期通过各种筹资活动实际收到的现金总额，如借款、股票、发行债券、融资租赁等。该项目在金额上等于前三项之和。康赛公司 2021 年筹资活动的现金流入共计 941 802 931.71 元。

（二）筹资活动的现金流出量

流出因素主要包括以下几个方面：偿还债务支付的现金；分配股利、利润或偿付利息支付的现金；支付其他与筹资活动有关的现金。

1. 偿还债务支付的现金

本项目反映企业以现金偿还债务的本金，包括偿还银行或其他金融机构的借款本金、偿还债券本金等。企业偿还的借款利息、债券利息不包括在本项目内，在"分配股利、利润或偿付利息支付的现金"项目中反映。康赛公司 2021 年共偿还到期借款本金 1 039 830 000.00 元。

2. 分配股利、利润或偿付利息支付的现金

该项目反映企业本期实际支付的现金股利、支付给其他投资单位的利润或用现金支付的利息，属于筹资成本的支出。康赛公司 2021 年该项目实际支付的现金为 264 849 419.70 元。

3. 支付其他与筹资活动有关的现金

该项目反映除上述各项目外支付的其他与筹资活动有关的现金流出，如捐赠支出、融资租入固定资产支付的租赁费等。康赛公司 2021 年该项目共计支付 71 884.98 元。

4. 筹资活动现金流出小计

该项目反映企业当期筹资活动所支付的全部现金流出量。该项目在金额上等于上述三项之和。康赛公司 2021 年全部筹资活动实际支出现金 1 304 751 304.68 元。

（三）筹资活动产生的现金流量净额

将上述筹资活动的现金流入量小计减去现金流出量小计，即为筹资活动现金流量净额。康赛公司 2021 年筹资活动产生的现金流量净额为 -362 948 372.97 元。

（四）筹资活动产生的现金流量质量分析

1. 筹资活动产生的现金流量净额大于或等于零

这种情况是指筹资活动的现金流入量大于或等于筹资活动的现金流出量。在企业处于起步阶段，扩大投资需要大量资金，以及企业经营活动的现金净流量小于零的条件下，企业的现金流量主要靠筹资活动获得。因此，分析企业筹资活动产生的现金净流量大于或等于零是否正常，关键

要看企业的筹资活动是否已经纳入企业的发展规划，判断企业筹资活动是企业管理层以扩大投资为目标形成的，还是由于企业因投资活动和经营活动的现金流出失控而形成的。

2. 筹资活动产生的现金流量净额小于零

这种情况是指筹资活动的现金流入量小于现金流出量。这种情况的出现，可能是因为企业在本会计期间集中发生偿还债务、支付筹资费用、分配股利或利润、偿还利息、融资租赁等业务，或者是因为企业经营活动与投资活动在现金流量方面运转较好，有能力完成上述支付。但是，企业筹资活动产生的现金净流量小于零，也可能是企业在投资和企业扩张方面没有更好的作为的一种表现。

康赛公司 2021 年筹资活动产生的现金净流量小于零，主要是由于偿还债务所支付的现金数额巨大。康赛公司是否还有其他潜在问题，财务分析人员可结合财务报表附注或财务情况说明书等资料进行全面评价。

四、汇率变动对现金流量影响的分析

新《企业会计准则第 31 号——现金流量表》规定：外币现金流量及境外子公司的现金流量，应当采用现金流量发生时的即期汇率或按照系统合理的方法确定的、与现金流量发生日即期汇率近似的汇率折算；汇率的变动对现金的影响应当作为调节项目，在现金流量表中单独列示。调增数增大现金净流量，调减数抵减现金净流量。汇率变动对现金的影响在现金流量表上虽然只是一个单列的项目，却是由汇率变动的以下影响因素构成的。

1. 外币余额的汇率变动对现金的影响

由于外币现金账户在每个余额调整期必须按期末汇率调整记账本位币（以下统称人民币）余额，假定调整期内未发生收付业务，其人民币余额仍会增加或减少，影响"现金及现金等价物净增加额"。在现金流量表中，外币现金账户年初余额的汇率变动对现金的影响额等于年初外币现金结存数量（期末汇率-年初汇率）。

如果期末外币现金无余额，则以结清外币现金账户时的当日汇率为"期末汇率"。

2. 期内收入外币的汇率变动对现金的影响

期内收入的外币现金，假定收入后至期末没有支出，其收入时按当日汇率（或与即期汇率近似的汇率，下同）计算的现金流入人民币金额与按期末汇率计算的人民币金额也不一定相等，其差额即对现金的影响。

在现金流量表中，期内收入外币现金的汇率变动对现金影响额=∑[期内收入外币现金数量×（期末汇率-收入时当日汇率）]。

康赛公司 2021 年无此项业务。

五、现金及现金等价物净增加额的分析

现金及现金等价物净增加额是指期初现金等价物减去期末现金等价物的差额。

从现金及现金等价物净增加额的增减趋势，可以分析被投资单位未来短时间内潜藏的风险因素。

1. 当现金及现金等价物净增加额为正数时

（1）经营活动现金流入绝对大于现金流出，并有较大额度积累，完全可以对外投资或归还到

期债务，这时被投资单位财务状况良好，投资风险较小。

（2）经营活动正常，对外投资得到高额回报，暂时不需要外部资金，为减少资金占用，归还银行借款，偿付债券本息，这也表明被投资单位有足够的经营能力和获利能力，是对其投资的最佳时机。

（3）经营持续稳定，投资项目成效明显但未到投资回收高峰，企业信誉良好，外部资金也时常流入，表明被投资单位正在成熟而平稳地持续经营，没有较高的投资风险。

（4）经营每况愈下，不得不尽力收回对外投资，同时大额度筹集维持生产所需的资金，说明被投资单位将面临必然的财务风险。

2. 当现金及现金等价物净增加额为负数时

（1）经营正常、投资和筹资没有较大的起伏波动，企业仅靠期初现金余额维持财务活动，即出现经营活动、投资活动和筹资活动现金流量均为负数，这时需要详细分析被投资单位现金流入和现金流出的具体内容。

（2）现金净流量总额出现负增长，现金流量内部结构呈现的升降规律与前述分析企业生命周期相同，可比照预测被投资单位的风险程度。

六、期末现金及现金等价物余额

期末现金及现金等价物余额是指期末资产负债表上现金等价物余额。

七、补充资料的分析

补充资料是财务报表附注的重要组成部分，反映的内容多，包含的信息量大，是报表使用者必须加以关注的重要资料，补充资料的主要内容包括以下三个部分。

（一）将净利润调节为经营活动现金流量

"将净利润调节为经营活动现金流量"是现金流量表补充资料的第一部分，它实际上是经营活动产生的现金流量的另一种列报方法，即间接法的运用。在间接法下，企业首先要列出净利润，然后对净利润进行调整（增加或减少），即调整被包括在净利润中但不涉及经营活动现金流入或现金流出的某些数额（如折旧费用），以及调整经营活动涉及的非现金流动资产和流动负债的各种变化，以此将净利润调节为经营活动的现金流量。

根据新会计准则规定，在净利润基础上进行调整的主要项目详见表 4-1 中的补充资料部分。阅读分析如下。

（1）以净利润为基础加上"资产减值准备""固定资产折旧""无形资产摊销""长期待摊费用摊销"等项目的原因是这些项目发生时，有的计入管理费用，有的计入制造费用。计入管理费用部分已作为期间费用列入利润表，计入制造费用部分则通过营业成本列入利润表。无论是计提折旧还是进行摊销，企业均发生现金流出，所以应在调节净利润时加回。

（2）处置固定资产、无形资产和其他长期资产的损益，固定资产报废损失，公允价值变动损益，财务费用以及投资损益是由投资和筹资活动产生的，不属于经营活动产生的损益。将本期净利润转换为经营活动的现金流量时应予以调整，即净损失应当加回，净收益应当扣除。

（3）由于计入当期所得税费用的金额大于当期应缴纳所得税金额，其差额没有发生现金流出，但在计算净利润时已经扣除应缴纳所得税金额，所以，在将净利润调节为经营活动现金流量时，应当加上递延所得税负债的增加数（或减去递延所得税负债的减少数）；反之，则应加上递延所得税资产的减少数（或减去递延所得税资产的增加数）。

（4）存货的增减变动属于经营活动，在不存在赊购的情况下，期末存货比期初存货减少，说明本期生产经营过程耗用的存货有一部分是期初的存货，耗用这部分存货并没有发生现金流出，但在计算净利润时已经扣除。所以，在将净利润调节为经营活动现金流量时，应当加回。期末存货比期初存货增加，说明当期的存货除耗用外，还余留了一部分，这部分存货也发生了现金流出，但在计算净利润时没有包括在内，所以在将净利润调节为经营活动现金流量时，需要扣除。简言之，存货增加，说明现金减少；存货减少，说明现金增加，所以在调节净利润时，应减去存货的增加数，或加上存货的减少数。

（5）经营性应收项目主要指应收账款、应收票据和其他应收款等项目中与经营活动有关的部分（包括应收的增值税销项税额）。如果某一期间期末经营性应收项目余额大于期初经营性应收项目余额，说明本期利润表中的营业收入有一部分尚未收到现金。所以，应在调整时将经营性应收项目的增加额从净利润中减去；反之，如果该期间的经营性应收项目期末余额小于期初余额，说明本期从客户收到的现金大于利润表中所确定的营业收入，所以，应在调整时将经营性应收项目的减少额加到净利润中。

（6）经营性应付项目主要指应付账款、应付票据、应付职工薪酬、应交税费、其他应付款等项目中与经营活动有关的部分（包括应付的增值税进项税额）。经营性应付项目期末余额大于期初余额，说明本期的存货中有一部分没有支付现金，这部分支付现金的存货价值通过营业成本从利润表中扣除，所以，在将净利润调节为经营活动现金流量时，需要加回；经营性应付项目期末余额小于期初余额，说明本期经营性支付的现金大于利润表中所确认的营业成本，所以，在将净利润调节为经营活动产生的现金流量时，需要扣除。

（二）不涉及现金收支的投资和筹资活动

这些投资和筹资活动虽然不发生现金收支，但对以后各期的现金流量有重大影响。例如，融资租赁设备，记入"长期应付款"账户，当期并不支付设备款及租金，但以后各期必须为此支付现金，从而在一定期间内形成一项固定的现金支出。不涉及现金收支的投资和筹资活动的业务主要有债务转为资本、一年内到期的可转换公司债券和融资租赁固定资产。

（三）现金及现金等价物净增加情况

现金及现金等价物净增加情况，反映现金流量表中数据的勾稽关系。计算公式如下。

现金及现金等价物净增加额=现金流入小计-现金流出小计=经营活动产生的现金流量净额
+投资活动产生的现金流量净额+筹资活动产生的现金流量净额
+汇率变动对现金及现金等价物的影响额=现金及现金等价物的
期末余额-现金及现金等价物的期初余额

📓 课堂小贴士

为了充分发挥现金流量表在经营管理中的重要作用，财务人员在分析企业现金流量表时要树立质量意识，根据真实、正确、完整的会计资料，遵循国家统一的会计制度，编制现金流量表，不能用估计数代替实际数，更不能弄虚作假，隐瞒谎报。

任务三　现金流量表的结构分析

学习目标

素质目标：具备严谨细致的工作态度，养成精益求精的工匠精神。

知识目标：掌握现金净流量表的结构分析。

技能目标：能够进行现金流入的结构分析、现金流出的结构分析和现金净流量的结构分析。

任务分析

通过对现金流量表的结构分析，王林需要综合分析企业现金流量的各项目的具体构成及增减变动情况。所以，本任务清单如下。

1. 现金流入的结构分析。
2. 现金流出的结构分析。
3. 现金净流量的结构分析。

知识准备

一、现金流量表的结构分析

现金流量表的结构分析是指将现金流量表中某一项目的数字作为基数（即为100%），再计算该项目各个组成部分占总体的百分比，以分析各项目的具体构成，使各个组成部分的相对重要性明显地表现出来，从而揭示现金流量表中各个项目的相对地位和总体结构关系，用以分析现金流量的增减变动情况和发展趋势。

二、现金流入的结构分析

现金流入的结构分析分为总流入结构分析和三项（经营活动、投资活动、筹资活动）业务活动流入的内部结构分析。现金流入的结构分析能够反映企业各项业务活动的现金流入在全部现金流入中的比重和各项业务活动中具体项目的现金流入构成情况，明确企业的现金来源，以及增加现金流入主要依靠什么信息等。

三、现金流出的结构分析

现金流出的结构分析分为总流出的结构分析和三项业务活动流出的内部结构分析。现金流出的结构分析能够反映企业各项业务活动发生的现金流出在总流出中的比重，以及各项业务活动中具体项目的支出构成情况，具体地反映企业的现金用在哪些方面，进而明确要节约企业开支应从哪些方面入手。

四、现金净流量的结构分析

现金净流量结构指经营活动、投资活动、筹资活动产生的现金净流量以及汇率变动对现金及现金等价物影响的现金收支净额占全部现金净流量的比重，现金净流量结构能反映企业现金净流量的形成渠道与分布状态，进而揭示导致目前现金流量状况的有关原因，为进一步分析现金净流量的增减变动因素指明方向。

任务实施

根据天宇公司的现金流量表（见表 4-2），进行现金流入的结构分析、现金流出的结构分析以及现金净流量的结构分析。

表 4-2　　　　　　　　　　　现金流量表　　　　　　　　　　　会企 03 表

编制单位：天宇公司　　　　　　　　2020 年度　　　　　　　　　单位：万元

项目	金额
一、经营活动产生的现金流量	
销售商品、提供劳务收到的现金	867 506.40
收到的税费返还	231.80
收到的其他与经营活动有关的现金	13 463.00
经营活动现金流入小计	881 201.20
购买商品、接受劳务支付的现金	278 842.40
支付给职工及为职工支付的现金	31 648.60
支付的各项税费	156 600.20
支付其他与活动有关的现金	48 419.60
经营活动现金流出小计	515 510.80
经营活动产生的现金流量净额	365 690.40
二、投资活动产生的现金流量	
收回投资收到的现金	294 532.60
取得投资收益收到的现金	76 016.00
处置固定资产、无形资产和其他长期资产收回的现金净额	546.20
处置子公司及其他营业单位收到的现金净额	
收到其他与投资活动有关的现金	55.40
投资活动现金流入小计	371 150.20
购建固定资产、无形资产和其他长期资产支付的现金	207 085.20
投资支付的现金	44 767.00
取得子公司及其他营业单位支付的现金净额	
支付其他与投资活动有关的现金	379.00
投资活动现金流出小计	252 231.20
投资活动产生的现金流量净额	118 919.00
三、筹资活动产生的现金流量	
吸收投资收到的现金	453 557.80
取得借款收到的现金	1 652.00
收到其他与筹资活动有关的现金	
筹资活动现金流入小计	455 209.80

续表

项目	金额
偿还债务支付的现金	741 574.80
分配股利、利润或偿付利息支付的现金	195 051.40
支付其他与筹资活动有关的现金	1 026.40
筹资活动现金流出小计	937 652.60
筹资活动产生的现金流量净额	-482 442.80
四、汇率变动对现金及现金等价物的影响	
五、现金及现金等价物净增加额	2 166.60
加：期初现金及现金等价物余额	
六、期末现金及现金等价物余额	
补充资料	**金额**
1. 将净利润调节为经营活动现金流量：	
净利润	264 914.60
加：资产减值准备	-33.40
固定资产折旧、油气资产折耗、生产性生物资产折旧	147 415.80
无形资产摊销	659.20
长期待摊费用摊销	846.80
处置固定资产、无形资产和其他长期资产的损失（收益以"-"号填列）	-182.20
固定资产报废损失（收益以"-"号填列）	855.60
公允价值变动损失（收益以"-"号填列）	
财务费用（收益以"-"号填列）	40 490.40
投资损失（收益以"-"号填列）	-122 411.00
递延所得税资产减少（增加以"-"填列）	-2 331.20
递延所得税负债增加（减少以"-"号填列）	
存货的减少（增加以"-"号填列）	4 871.40
经营性应收项目的减少（增加以"-"号填列）	13 144.40
经营性应付项目的增加（减少以"-"号填列）	16 573.80
其他	876.00
经营活动产生的现金流量净额	365 690.40
2. 不涉及现金收支的投资和筹资活动：	
债务转为资本	
一年内到期的可转换公司债券	
融资租入固定资产	
3. 现金及现金等价物净增加情况：	
现金的期末余额	246 147.60
减：现金的期初余额	243 981.00
加：现金等价物的期末余额	
减：现金等价物的期初余额	
现金及现金等价物净增加额	2 166.00

04

一、天宇公司现金流入的结构分析

天宇公司现金流入结构分析表，如表 4-3 所示。

表 4-3　　　　　　　　　　　现金流入结构分析表　　　　　　　金额单位：万元

项目	金额	结构百分比/%
经营活动的现金流入	881 201.20	51.61
其中：销售商品、提供劳务收到的现金	867 506.40	98.45
收到的税费返还	231.80	0.02
收到的其他现金	13 463.00	1.53
投资活动的现金流入	371 150.20	21.73
其中：收回投资收到的现金	294 532.60	79.36
投资收益收到的现金	76 016.00	20.48
处置固定资产等收到的现金	546.20	0.15
收到的其他现金	55.40	0.01
筹资活动的现金流入	455 209.80	26.66
其中：吸收投资收到的现金	453 557.80	99.64
借款收到的现金	1 652.00	0.36
收到的其他现金		
现金流入合计	1 707 561.20	100.00

从表 4-3 中可以看出，在企业全年流入的现金中，经营活动流入的现金占 51.61%，投资活动流入的现金占 21.73%，筹资活动流入的现金占 26.66%。企业流入的现金主要来源是经营活动，也有一部分来自企业的筹资活动和投资活动。在经营活动流入的现金中，来自销售商品、提供劳务的现金流入占 98.45%。该企业要想增加现金收入，主要依靠经营活动，特别是来自销售商品、提供劳务的现金收入，其次是筹资活动中的吸收投资的现金收入。

二、天宇公司现金流出的结构分析

天宇公司现金流出结构分析表，如表 4-4 所示。

表 4-4　　　　　　　　　　　现金流出结构分析表　　　　　　　金额单位：万元

项目	金额	结构百分比/%
经营活动的现金流出	515 510.80	30.23
其中：购买商品、接受劳务支付的现金	278 842.40	54.09
支付职工及为职工支付的现金	31 648.60	6.14
支付的各项税费	156 600.20	30.38
支付的其他支出	48 419.60	9.39
投资活动的现金流出	252 231.20	14.79
其中：购建固定资产等支付的现金	207 085.20	82.10
投资支付的现金	44 767.00	17.75
支付的其他支出	379.00	0.15
筹资活动的现金流出	937 652.60	54.98
其中：偿还债务支付的现金	741 574.80	79.09

续表

项目	金额	结构百分比/%
支付股利利息	195 051.40	20.80
支付的其他支出	1 026.40	0.11
现金流出合计	1 705 394.60	100.00

从表 4-4 可以看出，在企业全年流出的现金中，经营活动流出的现金占 30.23%，投资活动流出的现金占 14.79%，而筹资活动流出的现金占 54.98%。在经营活动流出的现金中，购买商品、接受劳务支付的现金占 54.09%，支付职工及为职工支付占 6.14%；在筹资活动流出的现金中，偿还债务支付的现金占 79.09%，是引起大量现金流出的主要原因。

三、天宇公司现金净流量的结构分析

天宇公司现金净流量结构分析表，如表 4-5 所示。

表 4-5　　　　　　　　　　　　现金净流量结构分析表　　　　　　　　　　金额单位：万元

项目	金额	结构百分比/%
经营活动现金净流量	365 690.40	16 878.54
投资活动现金净流量	118 919.00	5 488.74
筹资活动现金净流量	−482 442.80	−22 267.28
汇率变动的影响		
现金净流量合计	2 166.60	100.00

从表 4-5 中可以看出，天宇公司的现金净流量为正数，说明总体情况是现金流入大于流出（收大于支），财务状况较为平稳。从现金净流量的内部结构可以看出，没有发生汇率变动对现金净流量的影响，经营活动和投资活动产生的现金净流量均为正数，说明公司的经营活动和投资活动正处于良性循环的状态中，特别是经营活动现金净流量占有较高的份额，为企业筹资活动的现金流出（偿还到期债务）提供了较为充裕的资金来源。因而，尽管本期偿还到期债务流出较多现金，但整体财务形势仍然较为平稳、安全。

> **课堂小贴士**
>
> 现金流量表的结构分析，计算工作量大，分析过程复杂，同学们在工作中要培养实事求是、严谨细致的工作态度，养成精益求精的工匠精神。

任务四　现金流量表的综合分析

学习目标

素质目标：具备较强的组织协调能力。

知识目标：掌握现金净流量表综合分析的基本知识和方法。

技能目标：能够综合运用各种分析方法，对现金流量表反映的偿债能力、获现能力、收益质量等财务比率进行分析。

任务分析

了解现金流量各项目具体情况后，王林需要对现金流量表进行综合分析，包括各项目的综合分析和现金流量表反映的偿债能力、获现能力、收益质量等财务比率的分析。所以，本任务清单如下。

1. 对现金流量各项目进行综合分析。
2. 偿债能力分析。
3. 获现能力分析。
4. 收益质量分析。

知识准备

04

一、现金流量各项目的综合分析

企业经营活动、投资活动和筹资活动产生的现金流量净额，都有可能出现正数或负数的情况，三者的组合有 8 种情形，如表 4-6 所示，不同的组合反映不同的现金流量质量。从这 8 种情形进行分析，可以较全面地了解企业的经营状况和财务风险，进而对企业现金流量的质量进行客观、准确的评价。表中"+"表示现金流入量大于现金流出量，"-"表示现金流出量大于现金流入量。

表 4-6　　　　　　　　　　　　现金流量各项目组合分析表

现金流量方向			一般分析结果
经营活动	投资活动	筹资活动	
+	+	+	企业筹资能力强，经营与投资收益良好，财务风险很小。此时应警惕资金的浪费，把握良好的投资机会
+	+	-	企业进入成熟期。在这个阶段，产品销售市场稳定，已进入投资回收期，经营及投资收入进入良性循环，财务状况稳定安全，处于债务偿还期，财务风险小
+	-	+	企业处于调整发展的扩张期。产品的市场占有率高，销售呈现快速上升趋势，使得经营活动中大量货币资金回笼。为了扩大市场份额，企业仍需要大量追加投资，仅靠经营活动现金流量净额远不能满足所追加的投资，必须筹集必要的外部资金作为补充，财务风险小
+	-	-	企业经营状况良好，可在偿还前欠债务的同时继续投资，财务风险小，但应密切关注经营状况的变化，防止由于经营状况恶化导致财务状况恶化
-	+	+	企业借债维持经营活动所需资金，财务状况可能恶化，财务风险大，投资活动现金流入增加是一亮点，但要分析判断是来源于投资收益还是投资收回。如果是后者，企业所面临的形势将更加严峻
-	+	-	企业处于衰退期。市场萎缩，产品的市场占有率下降，经营活动现金流入小于流出，同时企业为了偿还债务不得不大规模收回投资以弥补现金的不足。如果投资活动现金流量来源于投资回收，则企业将会出现更深层次的危机，财务风险极大

续表

现金流量方向			一般分析结果
经营活动	投资活动	筹资活动	
−	−	+	有两种情况：①企业处于初期阶段，需要投入大量资金，形成生产能力，开拓市场，其资金来源只有举债、融资等筹资活动；②企业处于衰退阶段，靠借债维持日常生产经营活动，如果不能渡过难关，再继续发展将非常危险，财务风险较大
−	−	−	这种情况往往发生在盲目扩张后的企业，由于市场预测失误等原因，造成经营活动现金流出大于流入，投资效益低下，造成亏损，使投入扩张的大量资金难以收回，财务状况异常危险，到期债务不能偿还，财务风险极大

从表 4-6 中可以看出，当经营活动现金流量净额为正数时，一般表明企业处于良好的生产经营状况，有能力继续发展，特别是当经营活动现金净流量是正数，投资活动现金净流量是负数，筹资活动现金净流量正、负数相间时，通常表明企业正处于健康发展的成长阶段。反之，当经营活动现金流量净额为负数时，无论其投资活动、筹资活动的现金流量状况如何，企业都处于财务风险较大的危险境地。

二、现金流量的比率分析

现金是企业的"血液"，而经营活动产生的现金净流量源于企业自身的"造血机能"。它不仅能为投资活动提供资金保障，更能为企业偿还债务、支付股利和强化企业的"造血机能"提供动力。因此，在分析现金流量表时，经营活动的现金流量最值得关注。在分析企业的财务形势时，将经营活动的现金流量与其他报表项目的有关信息进行比较，计算财务比率指标，借以全面分析企业的财务状况。

任务实施

一、康赛公司现金流量各项目的综合分析

根据表 4-6 归纳总结的内容，参考康赛公司的现金流量表（见表 4-1）进行综合分析，财务分析人员可得出如下结论：康赛公司经营活动产生的现金流量数量充裕，投资活动活跃，足以表明企业商品销售市场稳定，投资回收顺畅，企业进入成熟期，经营活动及投资收入均处于良性循环状态，为偿还债务提供了可靠的资金保障。尽管筹资活动现金净流量出现负数，但最终的现金净流量仍为正数，财务状况稳定安全，财务风险较小，收益质量较为理想。

二、天宇公司现金流量的比率分析

下面以天宇公司 2020 年度现金流量表（见表 4-2）、资产负债表（见表 4-7）以及利润表（见表 4-8）为例，介绍现金流量的比率分析方法的应用。

表4-7 | | | 资产负债表 | | 会企01表

编制单位：天宇公司　　　　　　　　　　2020年12月31日　　　　　　　　　　单位：万元

资产		负债及所有者权益	
流动资产：		流动负债：	
货币资金	246 147.60	短期借款	154 154.00
应收账款	158 800.00	应付账款	134 154.20
存货	359 678.00	应付票据	44 525.00
合同资产	564 432.00	一年内到期的非流动负债	43 000.00
流动资产合计	1 329 057.60	流动负债合计	375 833.20
		非流动负债：	
非流动资产：		长期借款	670 675.40
固定资产	780 178.00	非流动负债合计：	670 675.40
债券投资	125 090.00	负债合计：	1 046 508.60
无形资产	436 915.00	所有者权益（或股东权益）：	
长期股权投资	389 000.00	实收资本（或股本）	1 230 000
非流动资产合计	1 731 183.00	资本公积	333 432.00
		盈余公积	118 800.00
		未分配利润	331 500.00
		所有者权益（或股东权益）合计	2 013 732.00
资产合计	3 060 240.60	负债和所有者权益（或股东权益）合计	3 060 240.60

表4-8 | 利润表 | 会企02表

编制单位：天宇公司　　　　　　　　　　　2020年　　　　　　　　　　　　　单位：万元

项目	本期金额
一、营业收入	742 029.40
减：营业成本	286 000.00
税金及附加	2 809.93
销售费用	15 000.00
管理费用	46 000.00
财务费用	20 000.00
信用减值损失	9 000.00
二、营业利润	
加：营业外收入	30 000.00
减：营业外支出	40 000.00
三、利润总额	353 219.47
减：所得税费用	88 304.87
四、净利润	264 914.60

（一）偿债能力分析

财务分析人员运用现金流量表中的信息分析企业的偿债能力时，通常采用以下三个指标。

1. 现金到期债务比

现金到期债务比的计算公式如下。

$$现金到期债务比=经营现金净流量÷本期到期的债务$$

本期到期的债务是指本期到期的长期债务和应付票据。通常这两种债务是不能延期支付的，必须按时如数偿还。该比率越高，表明企业的偿债能力越好。由于长期债务和应付票据到期时必须靠经营活动现金净流入偿还，因此，经营现金净流量与到期债务的偿还具有内在联系。

根据天宇公司的报表资料，已知该公司本期到期的长期债务是 87 525.00 万元，则：现金到期债务比=365 690.40÷87 525.00=4.18。

假定同行业平均现金到期债务比为 2.1，则说明天宇公司偿还到期债务的能力是较强的。

2. 现金流动负债比

现金流动负债比的计算公式如下。

$$现金流动负债比=经营现金净流量÷流动负债$$

经营活动的现金净流量与流动负债的比率，可以反映流动负债所能得到的现金保障程度，或企业获得现金偿付短期债务的能力。这个比率越大，说明企业短期偿债能力越强。

根据天宇公司的报表资料，已知期末流动负债是 375 833.20 万元，则：现金流动负债比=365 690.40÷375 833.20=0.97。已知同行业平均现金流动负债比为 0.85，说明天宇公司偿还流动负债的能力是较强的。

经营活动现金净流量是全年的净流入，如果它具有代表性，明年也将陆续取得同样多的现金，可以用于偿还流动负债。流动负债是期末余额，这些债务将在一年内陆续到期。现金是陆续取得的，而负债也是陆续到期的，不断产生的现金用于不断出现的到期债务。那么，是不是经营现金净流入必须大于流动负债呢？并非如此。新的流动负债也在不断提供新的资金，经营现金需要满足的只是周转所需的现金。通常认为，运作比较好的公司其现金流动负债比率应大于 0.4。该指标数值越高，企业偿还短期债务的能力越强。

3. 现金债务总额比

现金债务总额比的计算公式如下。

$$现金债务总额比=经营现金净流量/债务总额$$

根据天宇公司的报表资料，已知本期到期的债务总额是 1 046 508.60 万元，现金债务总额比=365 690.40÷1 046 508.60=0.35。经营活动的现金净流量与全部债务（包括流动负债和长期负债）的比率，可以反映企业用每年的经营活动现金流量偿付所有债务的能力。这个比率越大，说明企业承担债务的能力越强。

天宇公司最大的付息能力是 35%，即利息高达 35% 时企业仍能按时付息。只要能按时付息，就能借新债还旧债，维持债务规模。如果市场利率是 10%，那么该公司最大的负债能力是 365 690.40÷10%=3 656 904.00（万元）。仅从付息能力看，企业还可借债 3 656 904.00−1 046 508.60=2 610 395.40（万元），可见，该公司的举债能力是不错的，债权人尽可放心。

（二）获现能力分析

企业获取现金的能力可以通过经营现金净流量和投入资源的比值来反映。投入资源可以是销售收入（或营业收入）、总资产、净营运资金、净资产或普通股股数等。运用现金流量表及其他主要财务报表中的相关信息分析企业获取现金的能力，通常采用以下 4 个指标。

1. 销售（或营业）现金比率

销售（或营业）现金比率的计算公式如下。

销售（或营业）现金比率=经营现金净流量÷销售收入（或营业收入）额

根据天宇公司的报表资料，已知该公司 2020 年的销售收入是 742 029.40 万元，销售（或营业）现金比率= 365 690.40÷742 029.40=0.49。

该公司每元销售收入可以提供 0.49 元的现金净流入，将其与同行业的平均水平相比，可以评价公司获取现金能力的强弱；与历史水平相比，可以评价企业获取现金能力的变化趋势。该比率越大越好。

2. 每股营业现金净流量

每股营业现金净流量的计算公式如下。

每股营业现金净流量=经营现金净流量÷流通在外的普通股股数

根据天宇公司的报表资料，已知该公司流通在外的普通股股数为 36 569 万股，每股营业现金净流量=365 690.40÷36 569=10（元/股）。

该比率可以反映出每股流通在外普通股的现金流量是多少。该比率越大，说明企业进行资本支出和支付股利的能力越强。而且该指标还反映企业最大的分派股利能力，超过此限度，就要借款分红。

3. 全部资产现金回收率

全部资产现金回收率是指经营现金净流量与全部资产的比值，反映企业运用全部资产获取现金的能力。全部资产现金回收率的计算公式如下。

全部资产现金回收率=经营现金净流量÷全部资产总额

根据天宇公司的报表资料，已知该公司 2012 年全部资产总额为 3 060 240.60 万元，全部资产现金回收率=365 690.40÷3 060 240.60=0.12。

该比率表明，天宇公司的每元投资可以产生 0.12 元现金。在大约 8 年的时间里，可以依靠营业收入收回全部投资。该指标与同行业水平相比，可以评价每元资产获取现金的能力在同行业竞争中所处的位置；与本企业历史水平相比，可以看出企业获取现金能力的变化趋势。

4. 现金获利能力

现金获利能力，是指经营活动现金净流量对净利润的现金保证倍数，其计算公式如下。

现金获利能力=经营现金净流量÷净利润

根据天宇公司的报表资料，已知该公司净利润额为 264 914.60 万元，则：现金获利能力=365 690.40÷264 914.60=1.38。

该比率反映经营活动的现金净流量与当期净利润的差异程度，即当期实现的一元净利润中有多少现金作保证。天宇公司的现金获利能力较强。

拓展阅读

企业如果操纵账面利润，一般没有相应的现金流量。通过这一指标，对于防止企业操纵利润而给报表使用者带来误导有一定的积极作用。如果发现有的企业利润很高，而经营活动的现金流量不充足，甚至出现负数，应格外谨慎地判断企业的经营成果。

（三）收益质量分析

企业经营成果和财务状况的好坏，很大程度上取决于收益质量的提高，而不是收益的规模增长。

收益质量的分析涉及资产负债表、利润表和现金流量表的分析，内容繁杂，指标众多，站在阅读和分析现金流量表角度评价收益质量，主要观测点应放在以下两个指标上。

1. 净收益营运指数

净收益营运指数是指经营净收益与全部净收益的比值。其计算公式如下。

净收益营运指数=经营活动净收益÷净利润=（净利润-非经营收益）÷净利润

根据天宇公司现金流量表"补充资料"的第一部分，加工整理如表4-9所示。

表 4-9　　　　　　　　　　　　天宇公司现金流量表补充资料　　　　　　　　　　　　单位：万元

将净利润调节为经营活动的现金流量：	金额	说明
净利润	264 914.60	
加：资产减值准备	-33.40	
固定资产折旧、油气资产折耗、生产性生物资产折旧	147 415.80	长期资产折旧与摊销共 148 888.40 元
无形资产摊销	659.20	
长期待摊费用摊销	846.80	
处置固定资产、无形资产和其他长期资产的损失（收益以"-"号填列）	-182.20	
固定资产报废损失（收益以"-"号填列）	855.60	非经营性税前利润共 81 247.20 元
公允价值变动损失（收益以"-"号填列）		
财务费用（收益以"-"号填列）	40 490.40	
投资损失（收益以"-"号填列）	-122 411.00	
递延所得税资产减少（增加以"-"填列）	-2 331.20	
递延所得税负债增加（减少以"-"号填列）		
存货的减少（增加以"-"号填列）	4 871.40	净营运资本共计 33 134.40 元
经营性应收项目的减少（增加以"-"号填列）	13 144.40	
经营性应付项目的增加（减少以"-"号填列）	16 573.80	
其他	876.00	
经营活动产生的现金流量净额	365 690.40	

经营活动净收益=净利润-非经营收益

　　　　　　　　=净利润-非经营税前利润×（1-所得税税率）

　　　　　　　　=264 914.60 - 81 247.20×（1-25%）

　　　　　　　　= 264 914.60 - 60 935.40

　　　　　　　　= 203 979.20（万元）

净收益营运指数=203 979.20÷264 914.60 =0.77

一般情况下，非经营收益越多，收益质量越差，因为与经营收益相比，非经营收益的可持续性低。非经营收益虽然也是"收益"，但不能代表企业的收益能力。通过净收益营运指数的历史比较和行业比较，可以更全面地评价企业的收益质量。该指标越高，说明企业的收益质量越好。天宇公司的该项指标（0.77）说明经营活动净收益占到净利润的比率接近80%，收益质量较好。

2. 现金营运指数

现金营运指数是指经营现金净流量与经营现金毛流量的比率。其计算公式如下。

$$现金营运指数=经营现金净流量÷经营现金毛流量$$

其中：经营现金毛流量=经营活动净收益+折旧与摊销

经营现金净流量=经营活动现金流量净额+非经营所得税

根据表4-7的资料，计算天宇公司的现金营运指数如下。

经营现金毛流量=经营活动净收益+折旧与摊销

$$=203\ 979.20+148\ 888.40=352\ 867.60（万元）$$

经营现金净流量=经营活动现金流量净额+非经营所得税

$$=365\ 690.40+81\ 247.20×25\%=386\ 002.20（万元）$$

现金营运指数=经营现金净流量÷经营现金毛流量

$$=386\ 002.20÷352\ 867.60=1.09$$

如果是大于1的营运指数，说明收益质量提高。提高的原因，是收回了33 134.40万元的营运资本。如果营运指数小于1，说明营运资金增加，反映企业为取得同样的收益占用了更多的营运资金，代表着较差的营运业绩。

注意无论是净收益营运指数还是现金营运指数的分析，通常都需要使用连续若干年的数据，仅仅靠一年的数据未必能说明问题。

职业启迪

严谨细致，透视收益质量

采用收付实现制编制现金流量表，将企业真实的现金流入流出数据展现在公众面前。严谨细致地分析现金流量表，更能透过数据看本质，抵制财务造假行为。同时，对现金流量表项目的理解，是全面评价企业收益质量的基础。所以，树立质量意识，改善现金流，以提高企业收益质量。

项目总结

现金流量分析是评价企业财务状况和经营绩效的一项重要内容，本项目以现金流量表为依据，介绍现金流量分析的内容和方法。现金流量表的核心是现金流量，而现金流量的产生主要来源于经营活动、投资活动和筹资活动。

要对现金流量表进行分析，首先应对上述三项业务活动产生的现金流入、流出、净流量进行分析；其次应对三项活动产生的8种组合情形进行分析；再次应将现金流量表中的有关项目与资产负债表、利润表中的相关项目进行比较，通过计算现金到期债务比、现金流动负债比、现金债务总额比等指标，分析企业的偿债能力；通过计算销售（或营业）现金比率、每股营业现金净流量、全部资产现金回收率、现金获利能力等指标，分析企业获现能力；通过计算净收益营运指数、现金营运指数等指标，分析企业的收益质量；最后通过对现金流量的综合分析，综合分析企业现金流量的增减变动情况和发展趋势。

技能训练

● **专业知识训练**

一、单项选择题

1. 现金流量表是以（　　）为基础编制的。
   A. 现金　　　　　B. 经营活动　　　　C. 筹资活动　　　　D. 投资活动

2. 现金流量表分析的重点是（　　）产生的现金流量。
   A. 投资活动　　　B. 筹资活动　　　　C. 经营活动　　　　D. 汇兑

3. 企业当期收到的税费返还应列入现金流量表中的（　　）现金流入量。
   A. 筹资活动　　　B. 经营活动　　　　C. 投资活动　　　　D. 汇率变动

4. 分配股利、利润或偿付利息支出的现金应计入（　　）现金流出量。
   A. 投资活动　　　B. 经营活动　　　　C. 筹资活动　　　　D. 汇率变动

5. 某企业 2004 年度现金流入量为 2 000 万元，其中经营活动、投资活动和筹资活动产生的现金流入量分别为 1 000 万元、700 万元和 300 万元。该企业 2004 年度现金流入的主要渠道是（　　）。
   A. 投资活动　　　B. 经营活动　　　　C. 筹资活动　　　　D. 银行贷款

6. 某企业 2004 年实现净利润为 800 万元，经营现金净流量为 1 000 万元，则收益质量比率为（　　）。
   A. 0.8　　　　　B. 1.25　　　　　　C. 0.2　　　　　　D. 0.3

7. 当企业现金营运指数（　　）时，表明企业收益全部实现现金流入。
   A. 大于 1　　　　B. 小于 1　　　　　C. 等于 1　　　　　D. 接近 1

二、多项选择题

1. 现金流量表中的现金包括（　　）。
   A. 库存现金　　　　　　　　　　B. 随时可支付的银行存款
   C. 三个月内到期的短期投资　　　D. 一年内到期的长期债券

2. 现金流量的结构分析包括的内容（　　）。
   A. 现金流入的结构分析　　　　　B. 现金流入的结构分析
   C. 现金净流量的结构分析　　　　D. 总流量的结构分析

3. 通过现金流入结构分析，可以（　　）。
   A. 了解企业的现金来源　　　　　B. 明确各项现金流入项目在结构中的比重
   C. 为增加现金流入提供决策依据　D. 评价企业经营活动创造现金能力的强弱

4. 通过现金流量分析，可以评价企业的（　　）。
   A. 支付能力　　　B. 偿债能力　　　　C. 获现能力　　　　D. 经营质量

三、判断题

1. 现金流量表是按权责发生制编制的。　　　　　　　　　　　　　　　（　　）
2. 企业的银行存款与现金等价物之间的资金交换，不视为现金的流入或流出。　（　　）
3. 企业存放在银行和金融机构中不可提前支取的定期存款不视为现金。　　（　　）
4. 处置子公司及其他营业单位收到的现金净额属于筹资活动现金流入量。　（　　）

5. 汇率变动对现金的影响数，应作为调整项目，在现金流量表中单独列示。　　（　　）

- **综合技能训练**

一、计算分析

资料：某公司 2020 年的现金流量表（简表），如表 4-10 所示。

表 4-10　　　　　　　　　　现金流量表（简表）

编制单位：某公司　　　　　　　　　　2020 年度　　　　　　　　　　单位：万元

项目	金额
经营活动现金流入	19 700
经营活动现金流出	19 500
投资活动现金流入	300
投资活动现金流出	2 000
筹资活动现金流入	800
筹资活动现金流出	200

要求：根据上述资料，进行现金流量结构分析。

二、案例分析

鑫源公司 2020 年的现金流量表，如表 4-11 所示。

表 4-11　　　　　　　　　　现金流量表

编制单位：鑫源公司　　　　　　　　　　2020 年度　　　　　　　　　　单位：万元

项目	金额
一、经营活动产生的现金流量净额	2 710
二、投资活动产生的现金流量净额	-16 230
三、筹资活动产生的现金流量净额	-3 380
四、现金及现金等价物净增加额	-16 900
补充资料	
将净利润调节为经营活动的现金流量：	
净利润	8 000
加：资产减值准备	10
固定资产折旧、油气资产折耗、生产性生物资产折旧	2 000
无形资产摊销	160
长期待摊费用摊销	80
处置固定资产、无形资产和其他长期资产的损失（收益以"-"号填列）	-1 000
固定资产报废损失（收益以"-"号填列）	200
公允价值变动损失（收益以"-"号填列）	
财务费用（收益以"-"号填列）	400
投资损失（收益以"-"号填列）	-200
递延所得税资产减少（增加以"-"填列）	
递延所得税负债增加（减少以"-"号填列）	

续表

项目	金额
存货的减少（增加以"–"号填列）	–100
经营性应收项目的减少（增加以"–"号填列）	–4 800
经营性应付项目的增加（减少以"–"号填列）	–2 000
其他	–40
经营活动产生的现金流量净额	2 710
………	
现金的期末余额	4 580

2020 年鑫源公司实现销售收入 20 000 万元，资产总额为 10 000 万元，资产负债率为 40%。

要求：

（1）计算该公司的销售（或营业）现金比率、现金债务总额比率、现金营运指数。

（2）对公司的收益质量进行评价，并分析其原因。

（3）若该公司日前的贷款利率为 8%，请预测该公司理论上最大的负债规模。

04

项目五

分析所有者权益变动表

A 能源公司虚增利润，4 万股东如何维权

A 能源公司因虚增利润成为岁末年初引人注目的"黑天鹅"。2019 年 12 月 27 日，因重要事项未公告，A 能源公司股票全天停牌。同日，上交所对 A 能源公司下发了《问询函》，要求公司全面核查收购 C 发展投资管理有限公司持有的 B 能源股权及相关信息披露的事实情况，并于 2020 年 1 月 3 日前就《问询函》所述问题进行回复并予以披露。A 能源公司却于 2020 年 1 月 2 日公告称，由于《问询函》中涉及的相关事项仍有待进一步核查、核实，无法在指定期间完成《问询函》的回复并公开披露。

据悉，2019 年 12 月 27 日，A 能源公司发布公告称，公司发现在 2015 年收购 C 发展投资管理有限公司持有的 B 能源 30% 股权时，披露的煤炭资源量为 9.6 亿吨，与 B 能源实际拥有 4.5 亿吨煤炭资源量不一致，并因此导致自 2015 年起合并口径的资产虚增约 28 亿元，少数股东权益虚增约 14 亿，2015 年当年公司归母公司净利润虚增约 14 亿元。

二级市场对 A 能源公司虚增利润做出了剧烈反应，2019 年 12 月 30 日其股票复牌即跳空跌停，并在年末最后一个交易日创出上市以来的最低股价 4.76 元，致使前期买入的投资者悉数被套，公司 4 万股东猝不及防，投资者纷纷电话咨询如何维权。

如何确定维权金额、是否具有大股东套现的嫌疑等一系列问题摆在人们的面前。面对这类问题，王林需要分析企业所有者权益变动表。

任务一　解读所有者权益变动表

素质目标：阅读所有者权益变动表从"真实可靠"入手，树立诚信意识。

知识目标：了解所有者权益变动表及其作用、格式与内容。

技能目标：读懂所有者权益变动表。

所有者权益变动表是报表使用者十分关注的主要财务报表之一。所有者权益数量多少、内部

结构变动都会对企业的财务状况和经营发展趋势产生影响。所以，王林需要学习所有者权益变动表的基本知识，包括所有者权益变动表的内容及其作用、格式等。掌握所有者权益总额和各组成项目在本年内的增减变动过程。所以，本任务清单如下。

1. 所有者权益变动表的内容及其作用、格式。
2. 掌握所有者权益总额和各组成项目在本年内的增减变动过程。
3. 读懂所有者权益变动表。

知识准备

一、所有者权益变动表的性质与作用

（一）所有者权益变动表的性质

所有者权益是企业资产扣除负债后由所有者享有的剩余权益。所有者权益变动表是反映构成所有者权益各组成部分当期的增减变动情况的报表。公司的所有者权益也称"股东权益"，股东权益是指公司股东对公司净资产的所有权。所以，所有者权益变动表也称股东权益变动表。

微课视频：一分钟了解所有者权益变动表

所有者权益是企业自有资本的来源，它的数量增减、内部结构变动都会对企业的财务状况和经营发展趋势产生影响。因此，所有者权益变动表是报表使用者十分关注的主要报表之一。

（二）所有者权益变动表的作用

所有者权益变动表有以下作用。

（1）反映企业抵御财务风险的实力，为报表使用者提供企业盈利能力方面的信息。所有者权益是企业的自有资本，也是企业生产经营、承担债务责任、抵御财务风险的物质基础。所有者权益的增减变动直接决定着企业经济实力的强弱变化，即：企业承担债务责任，抵御财务风险的实力变化。而所有者权益的增减主要源于企业利润的增长，所以该表也间接反映了企业的盈利能力，为报表使用者提供企业盈利能力方面的信息。

（2）反映企业自有资本的质量，揭示所有者权益变动的原因，为报表使用者正确地评价企业的经营管理工作提供信息。所有者权益的增减变动有多种原因，该表全面记录了影响所有者权益变动的各个因素的年初余额和年末余额。通过每个项目年末和年初余额的对比，以及各项目构成比例的变化，揭示所有者权益变动的原因及过程，从而为报表使用者判断企业自有资本的质量、正确评价企业的经营管理工作提供信息。

（3）反映企业股利分配政策及现金支付能力，为投资者的投资决策提供全面信息。所有者权益变动表既有资产负债表中的项目内容（所有者权益），又有利润表中的项目内容（净利润），还包括利润分配的内容。同时，向股东支付多少股利又取决于公司的股利分配政策和现金支付能力。而用于判断企业现金支付能力的信息又源于现金流量表。因此，该表通过反映利润分配情况，不仅向投资者或潜在投资者提供了有关股利分配政策和现金支付能力方面的信息，而且通过这一过程将新企业会计准则下的四大财务报表有机地联系在一起，为报表使用者全面评价企业的财务状况、经营成果和企业发展能力提供信息。

二、所有者权益变动表的格式与内容

（一）所有者权益变动表的格式

所有者权益变动表属于动态报表，从左向右列示了所有者权益的组成项目；自上而下反映了各项目年初至年末的增减变动过程。所有者权益变动表的格式如表 5-1 所示。

表 5-1　　　　　　　　　　　　所有者权益变动表　　　　　　　　　　　　会企 04 表

编制单位：　　　　　　　　　　　　　　＿＿＿＿年度　　　　　　　　　　　　　　单位：元

项目	本年金额									上年金额								
	实收资本	其他权益工具	资本公积	减:库存股	其他综合收益	专项储备	盈余公积	未分配利润	所有者权益合计	实收资本	其他权益工具	资本公积	减:库存股	其他综合收益	专项储备	盈余公积	未分配利润	所有者权益合计
一、上年年末余额																		
加：会计政策变更																		
前期差错更正																		
其他																		
二、本年年初余额																		
三、本年增减变动金额（减少以"-"号表示）																		
（一）综合收益总额																		
（二）所有者投入和减少资本																		
1. 所有者投入的普通股																		
2. 其他权益工具持有者投入资本																		
3. 股份支付计入所有者权益的金额																		
4. 其他																		
（三）利润分配																		
1. 提取盈余公积																		
2. 对所有者（或股东）的分配																		
3. 其他																		
（四）所有者权益内部结转																		
1. 资本公积转增资本（或股本）																		
2. 盈余公积转增资本（或股本）																		
3. 盈余公积弥补亏损																		
4. 设定受益计划变动额结转留存收益																		
5. 其他综合收益结转留存收益																		
6. 其他																		
四、本年年末余额																		

（二）所有者权益变动表的内容

所有者权益变动表在一定程度上体现了企业综合收益的特点，除列示直接计入所有者权益的利得和损失外，同时包含最终属于所有者权益变动的净利润，从而构成企业的综合收益。本表各项目是根据当期净利润、直接计入所有者权益的利得和损失项目、所有者投入资本和向所有者分配利润、提取盈余公积，以及所有者权益的内部转移等内容分析填列的。

1. 从反映的时间看

所有者权益变动表包括上年金额和本年金额两部分，列示两个会计年度所有者权益各项目的变动情况，便于对前后两个会计年度的所有者权益总额和各组成项目进行动态分析。

2. 从反映的项目看

所有者权益变动表反映的内容如下。

（1）"上年年末余额"项目，反映企业上年资产负债中实收资本（或股本）、资本公积、盈余公积、未分配利润的年末余额。

（2）"会计政策变更"和"前期差错更正"项目，分别反映企业采用追溯调整法处理的会计政策变更的累积影响金额和采用追溯重述法处理的会计差错更正的累积影响金额。

（3）"本年增减变动金额"项目分别反映如下内容。

- "综合收益总额"项目，反映企业当年实现的净利润（或净亏损）金额和当年计入其他综合收益金额的合计额。

- "所有者投入和减少资本"项目，反映企业当年所有者投入的资本和减少的资本，其中："所有者投入资本"项目，反映企业接受投资者投入形成的实收资本（或股本）和资本溢价或股本溢价，并对应列在"实收资本"和"资本公积"栏。"股份支付计入所有者权益的金额"项目，反映企业处于等待期中的权益结算的股份支付当年计入资本公积的金额，并对应列在"资本公积"栏。

- "利润分配"项目，反映当年对所有者（或股东）分配的利润（或股利）金额和按照规定提取的盈余公积金额，并对应列在"未分配利润"和"盈余公积"栏。其中："提取盈余公积"项目，反映企业按照规定提取的盈余公积。"对所有者（或股东）的分配"项目，反映对所有者（或股东）分配的利润（或股利）金额。

- "所有者权益内部结转"项目，包括资本公积转增资本（或股本）、盈余公积转增资本（或股本）、盈余公积弥补亏损等项目金额。其中："资本公积转增资本（或股本）"项目，反映企业以资本公积转增资本或股本的金额。"盈余公积转增资本（或股本）"项目，反映企业以盈余公积转增资本或股本的金额。"盈余公积弥补亏损"项目，反映企业以盈余公积弥补亏损的金额。

所有者权益变动表"上年金额"栏内各项数字，应根据上年度所有者权益变动表"本年金额"栏内所列数字填列。如果上年度所有者权益变动表规定的各个项目的名称和内容同本年度不相同，应对上年度所有者权益变动表各项目的名称和数字按本年度的规定进行调整，填入所有者权益变动表"上年金额"栏内。

05

任务实施

所有者权益变动表

案例资料：表 5-2 是 Y 软件股份公司 2021 年股东权益变动表（简表）。

编制单位：Y软件股份公司

表5-2　　　　　　　　　　　2021年股东权益变动表（简表）　　　　　　　　　单位：万元

项目	本年金额					上年金额				
	实收资本	资本公积	盈余公积	未分配利润	所有者权益合计	实收资本	资本公积	盈余公积	未分配利润	所有者权益合计
一、上年年末余额	100 000	88 323	3 270	1 799	103 392	100 000	88 323	1 896	13	100 232
二、本年年初余额	100 000	88 323	3 270	1 799	103 392	100 000	88 323	1 896	13	100 232
三、本年变动金额										
（一）本年净利润				7 606	7 606				9 160	9 160
（二）直接计入所有者权益的利得和损失			−114		−114					
（三）所有者投入和减少资本	2 000	−1 489			511					
（四）本年利润分配			1 238	−1 238				1 375	−7 375	−6 000
（五）本年年末余额	12 000	86 834	4 394	8 167	111 395	100 000	88 323	3 270	1 799	103 392

　　所有者权益变动表是年度报表，反映所有者权益总额和各组成项目在本年内的增减变动过程。

　　（1）上年年末余额。该项目是指企业上一会计年度的财务报表中所有者权益的年末数，也是本年所有者权益增减变动以及分析的基础。

　　（2）本年年初余额。该项目是指上年的年末余额，加、减因"会计政策变更"和"会计差错更正"所引起的所有者权益项目的增、减数后的余额。实际上是对所有者权益年初余额的修正。

　　（3）本年变动金额。这是该表的核心部分，反映所有者权益从年初到年末的增减变化全过程及原因，具体内容如下。

　　① 净利润。该项目与利润表中的"净利润"一致。需要说明的是，净利润包括直接计入当期损益的利得和损失。

　　② 直接计入所有者权益的利得和损失。利得与收入不同，它不是经常性的收入，而是带有偶然性质的所得。将这种上年与下年之间没有可比性的偶然收益单独列示，向报表使用者披露偶然增减的详细原因，有利于报表使用者对企业的财务状况、经济实力做出正确的判断。按照规定，需要在所有者权益变动表中单独列示的直接计入所有者权益的利得和损失包括三项：一是可供出售金融资产公允价值变动净额；二是权益法下被投资单位其他所有者权益变动的影响；三是与计入所有者权益项目相关的所得税影响。

　　③ 所有者投入和减少资本。企业的实收资本因各种情况会发生增减变化，所有者权益变动表要求单独列示以下三项内容。

　　第一，所有者投入资本。所有者投入资本通常采用如下形式：投资者追加投入的资本；分配股票股利，在办理增资手续后增加的股本；公司发行的可转换公司债券按规定转为股本；与债权人协商，将重组债务转为资本等。该项内容会引起企业实收资本（或股本）的增加。

　　第二，股份支付计入所有者权益的金额。企业以权益结算的股份支付换取职工或其他方提供服务的，应在行权日，根据实际行权的权益工具数量计算确定应计入实收资本（或股本）的金额，将其转入实收资本或股本。该项内容也会引起企业实收资本（或股本）的增加。

第三，企业资本减少。引起企业实收资本减少的主要原因有以下两种：一是资本过剩；二是发生重大亏损。企业须按照法定程序报经批准，减少注册资本。股份有限公司采用收购本企业股票方式减资的，按注销股票的面值总额减少股本。购回股票支付的价款超过面值总额的部分，应依次冲减资本公积和留存收益；购回股票支付的价款低于面值总额的，应按股票面值总额减少股本，与实际支付的金额的差额增加"资本公积——股本溢价"。另外，中外合作经营的企业根据合同规定在合作期间归还投资者的投资时，也会引起资本的减少。

④ 利润分配。企业的税后净利润应按规定的程序进行分配，包括提取盈余公积、计算应付现金股利或利润等，剩余的部分为未分配利润。所有者权益变动表要求单独列示以下两项利润分配的内容。

第一，提取盈余公积。一般企业提取盈余公积包括法定盈余公积和任意盈余公积两个部分。盈余公积项目反映的内容还包括中外合作经营企业在经营期间用利润归还的投资；金融企业计提的"一般风险准备"；外商投资企业计提的"储备基金""企业发展基金"和"职工奖励及福利基金"等。

第二，对所有者（或股东）的分配。企业在按规定计提了盈余公积、储备基金、风险准备等基金后，应制订股利分配方案。企业经股东大会或类似机构决议，分配给股东或投资者的现金股利或利润，计入"应付股利"；分配给股东的股票股利，在办理增资手续后，转作股本。

⑤ 所有者权益内部结转。所有者权益内部各项目之间的结转不会引起所有者权益总额的变化。所有者权益变动表要求单独列示下列内容。

第一，资本公积转增资本。资本公积转增资本是指企业为扩充资本的需要，经股东大会或类似机构决议，将资本公积的一部分转为实收资本，该业务不增加所有者权益总额，但改变了资本结构。

第二，盈余公积转增资本。其形式与资本公积转增资本类似，但是盈余公积转增资本所减少的是留存收益，是利润和资本之间的转化，因此它与资本公积转增资本有本质上的区别。

第三，盈余公积弥补亏损。弥补以前年度经营亏损的途径包括三种，用盈余公积弥补亏损只是其中的一种途径，企业还可以用以后年度税前利润（现行规定为 5 年内）和税后利润弥补亏损。金融企业用一般风险准备弥补亏损，也应在该项目中有所反映。

课堂小贴士

编制所有者权益变动表比较复杂，因此编制时要求学生手脑并用，用精益求精的工匠精神和严肃认真的科学精神，处理数据要细心精确，独立公正，编制报表要规范，符合相关准则的要求。

任务二　所有者权益变动表重要项目分析

学习目标

素质目标：自觉维护国家利益、社会利益、集体利益，提供的财务报表要体现客观公正。

知识目标：熟知所有者权益变动表的所有项目。

技能目标：能够读懂所有者权益变动表并能分析各项目的具体变动数额和变动原因。

任务分析

所有者权益变动表重要项目分析主要分析各项目的具体变动数额和变动原因，以及变动后对企业未来发展的影响，王林需要掌握如何对所有者权益变动表进行分析。所以，本任务清单如下。

1. 分析所有者权益变动表各重要项目的具体变动数额和变动原因。

2. 分析所有者权益各项目变动对企业未来发展的影响。

所有者权益变动表在股份公司称为股东权益变动表。下面以股份公司为例，对该表的重点项目进行分析。

知识准备

一、股本变动情况分析

股本是股东实际投入公司的资本，是公司经营的本钱，股本的大小反映公司经营规模的大小。股本的增加包括资本公积转入、盈余公积转入、利润分配转入和发行新股等。在分析时，应注意以下三个方面。

（1）资本公积转增资本和盈余公积转增资本并不影响股东权益总额，但是资本公积和盈余公积转增资本后，公司注册资本将会增大。这一方面反映公司为经营规模的扩大创造了条件，另一方面也将造成可流通股票数量的增加。由于转增股本以后，股票必须除权，如果行情不好，股价会下跌，股东的股票价值将会加速减值。因此，分析资本公积和盈余公积转增资本的利弊，要从公司的长远发展和股票市场的具体情况来进行。

（2）公司分派股票股利，一方面增加了公司的股本，另一方面也增加了股东手中股票的数量，同样也会稀释股票的价格。

（3）发行新股既能增加注册资本和股东权益，又可增加公司的现金资产，这是对公司发展最有利的增股方式。

因此，要综合分析股本变动情况。在分析公司股本增长的同时，分析营业收入和净利润是否相应增加，从而使得加权平均每股收益较上年有所增长。股本的增加既能为公司发展积累物质基础，也有可能给公司带来新的问题。因此，公司应制定科学合理的扩张战略，充分利用募集的资金，壮大公司实力。同时，提高资金使用率，增强盈利能力，形成新的利润增长点，为公司的持续发展奠定基础。

二、资本公积变动情况分析

资本公积不同于股本，股本是投资者对公司的原始投入，而资本公积是公司收到投资者出资额超出其在注册资本（或股本）中所占份额的部分以及其他资本公积等。从性质上讲，资本公积属于股东权益，有特定的使用流向，是一种"准资本"。在对股东权益变动表进行分析时，要了解其形成过程并分析其使用流向，以便投资者对公司的自有资本质量做出准确的判断。

资本公积的来源主要包括以下几个方面。

第一，资本溢价。形成资本溢价（或股本溢价）的原因有溢价发行股票、投资者超额投入资本等。股本溢价是资本公积的主要来源。如某公司新发行股票1 000万股，面值1元，发行价格6 000万元，增加的5 000万元计入资本公积，为公司以后转增股本奠定基础。

第二，其他资本公积是指除资本溢价（或股本溢价）、净损益、其他综合收益和利润分配以外所有者权益的其他变动。比如，公司的长期股权投资采用权益法核算时，因被投资单位除净损益、其他综合收益以及利润分配以外的所有者权益的其他变动（主要包括被投资单位接受其他股东的资本性投入、被投资单位发行可分离交易的可转债中包含的权益成分、以权益结算的股份支付、其他股东对被投资单位增资导致投资方持股比例变动等），投资企业按应享有份额而增加或减少的资本公积，直接计入投资方所有者权益（资本公积——其他资本公积）。

根据国家有关规定企业实行股权激励的，如果在等待期内取消了授予的权益工具，企业应在进行权益工具加速行权处理时，将剩余等待期内应确认的金额计入当期损益，并同时确认资本公积（其他资本公积）。企业集团（由母公司和其全部子公司构成）内发生的股份支付交易，如结算企业为接受服务企业的投资者，应当按照授予日权益工具的公允价值或应承担负债的公允价值确认为对接受服务企业的长期股权投资，同时确认资本公积（其他资本公积）或负债。

资本公积减少的原因主要是转增股本，财务人员分析时要注意转增股本的额度，以及转增资本后的股数和新的股权比例情况，可通过转增股本前后的股本收益率、每股盈利、每股净资产等指标进一步加以分析。

三、盈余公积变动情况分析

盈余公积主要来源于按规定从本期净利润中提取的法定盈余公积和任意盈余公积。外商投资企业还应分别计提"储备基金"和"企业发展基金"。

而盈余公积减少的情况一般包括如下原因。

（1）用盈余公积转增股本。经股东大会批准，公司可以用盈余公积转增股本。但在实际转增时，要按照股东原有持股比例结转。同时，相关会计准则规定转增股本后留存的盈余公积不得少于注册资本的25%。

（2）用盈余公积弥补亏损。公司可以用税前利润和税后利润弥补以前年度亏损，若亏损严重，一般不分派股利，但是为了维护公司形象，也可以用盈余公积先行弥补亏损，然后进行股利分派。

（3）用盈余公积派送新股。经股东大会批准，公司可用盈余公积派送新股。分派股利的形式主要是分派股票股利和现金股利两种。分派股票股利不会使大量现金流出公司，虽然股东分享了公司盈余，但无须分派现金，因此会使大量现金留存公司。而分派现金股利会使大量现金流出公司，但能使投资者获得真正的投资收益，获取股东信任，这将进一步树立公司形象。

（4）中外合作经营公司在经营期间用利润归还投资等。在股东权益构成项目中，公积金是一种无实际筹资成本的资金来源，并可以自由支配，因此分析中可计算公积金与股东权益比率，计算公式如下。

$$公积金与股东权益比率=（资本公积+盈余公积）÷股东权益$$

一般而言，该比率越大，说明公司对股本的保证程度越高，债权也就越有保障。盈余公积所占比重越大，说明公司获利能力越强。

四、利润分配的分析

利润分配实际上体现的是资金积累与消费的比例关系。公司实现的净利润形成了积累资金和消费资金。

积累资金包括法定盈余公积、任意盈余公积和未分配利润。这些资金都是留存公司的经营积累资金，可用于公司的发展，但又具有不同的用途和特点。一般情况下，盈余公积只能用于补亏和转增资本；未分配利润是公司利润分配的最终结果，它没有特定的用途，既可以用于生产经营，也可以用于公司的扩张，还可以留待以后年度进行股利分配。

消费资金主要是分配给股东的股利，包括现金股利和股票股利。这是股东获得的经济利益，但是公司采取何种发放形式，与公司发展战略和经营管理方式有关。一般来讲，公司希望拓展经营、扩大规模，但现金压力较大，则会倾向于发放股票股利。

实际上，留存公司的现金越多，以供公司发展的资金就越充裕，越有益于公司未来经营业绩的提高，从而使投资者得到更高的回报。但是积累比例过高，会使消费资金比例过低，投资者收益就会减少，这有可能打击股东的积极性，并影响公司形象，进而影响公司的股价。

五、其他综合收益结转留存收益的分析

其他综合收益结转留存收益主要反映为以下几点。

（1）公司指定为以公允价值计量且其变动计入其他综合收益的非交易性权益工具投资终止确认时，之前计入其他综合收益的累计利得或损失从其他综合收益中转入留存收益的金额。

（2）公司指定为以公允价值计量且其变动计入当期损益的金融负债终止确认时，之前由公司自身信用风险变动引起而计入其他综合收益的累计利得或损失从其他综合收益中转入留存收益的金额等。该项目应根据"其他综合收益"科目的相关明细科目的发生额分析填列。

任务实施

本项目以 Y 软件股份有限公司（简称"Y 公司"）为案例，接表 5-2 信息，其他具体的案例资料，如表 5-3、表 5-4 所示。

（1）Y 公司 2019—2021 年利润分配表，如表 5-3 所示。

表 5-3 　　　　　　　　　Y 公司 2019—2021 年利润分配表 　　　　　　　　　单位：万元

项目	2019 年	2020 年	2021 年
一、净利润	7 606.00	9 161.00	7 040.00
加：年初未分配利润	1 799.00	13.00	29.00
盈余公积转入			
减：职工奖励及福利基金			
二、可供分配的利润	9 405.00	9 174.00	7 069.00
减：提取法定盈余公积	706.00	916.00	704.00

续表

项目	2019 年	2020 年	2021 年
提取法定公益金	380.00	458.00	352.00
转入盈余公积	97.00		
三、可供股东分配的利润	8 167.00	7 799.00	6 013.00
减：已分配优先股股利			
提取任意盈余公积			
已分配普通股股利		6 000.00	6 000.00
转作股本的普通股股利			
四、未分配利润	8 167.00	1 799.00	13.00

（2）Y 公司 2019—2021 年主要财务指标如表 5-4 所示。

表 5-4   Y 公司 2019—2021 年主要财务指标

项目	2019 年	2020 年	2021 年
资产总额/万元	128 261.00	121 812.00	116 787.00
现金及现金等价物/万元	77 332.00	81 018.00	72 608.00
主营业务收入/万元	60 191.00	48 822.00	33 348.00
主营业务利润/万元	54 608.00	43 884.00	30 443.00
营业利润/万元	4 058.00	5 829.00	5 011.00
投资收益/万元	-1 096.00	647.00	-109.00
毛利率/%	92.95	91.96	93.21
净资产收益率/%	6.38	8.86	7.02
总资产报酬率/%	5.93	7.52	6.03
总资产周转率/次	0.48	0.41	0.5
存货周转率/次	16.15	15.39	9.74
资产负债率/%	11.88	14.67	13.82
速动比率	6.36	5.95	6.58
已获利息倍数	-9.03	-11.65	-5.32
营业收入增长率/%	23.29	46.40	
资本积累率/%	7.74	3.15	1 095.45

（3）2020 年度计划。2020 年公司继续将软件作为公司的主营业务，以募集资金使用项目为基础，结合公司的资本优势，均衡当期业绩和核心能力建设，坚持基于业绩的管理，以高于行业平均增长速度，促进公司持续、快速、健康的发展。

公司预计在 2021 年度结束后进行一次利润分配，2020 年度其他时间不进行分配。根据公司的经营情况及发展计划，公司 2020 年度拟采用现金分红方式进行利润分配，分配比例不低于公司2020 年度所实现净利润的 75%，分析评价如下。

（1）Y 公司决定股利分配政策时主要考虑了公司的经营业绩、财务状况、权益结构、公司现有资产结构、公司近期发展及其对资金的需要以及股东利益（特别是持有非上市交易股股东的利益）。

（2）Y 公司高额分派现金股利的主要理由是公司近期无重大发展项目，且公司现金资产比重大，现金过剩。支付高额现金股利有助于展示公司资金实力，增强股东信心。

（3）从股东财富角度看，Y 公司此时选择高额现金股利对持有非上市交易股股东有利，一方面既得利益实现了，另一方面又不直接承担股价变动的风险。

课堂小贴士

通过模拟公司所有者权益变动表的分析业务，财务分析人员要自觉维护国家利益、社会利益、集体利益，提供财务报表要真实准确，体现客观公正，从而践行"社会主义核心价值观"中公正和诚信的理念，养成细心、责任、担当等良好的职业素养。

任务三　所有者权益变动表的结构分析

学习目标

素质目标：具备求真务实的工作态度，养成精益求精的工匠精神。

知识目标：掌握所有者权益变动表分析的内容及指标。

技能目标：能够对所有者权益变动表进行结构分析。

任务分析

掌握所有者权益变动表各重要项目情况后，王林还需要了解企业所有者权益分析各项目的分布情况，以揭示企业的经济实力和风险承担能力。所以，本任务清单如下。

1. 了解企业所有者权益是如何变动的，变动结构是否体现了企业的生产经营实际。

2. 对企业的所有者权益变动结构进行分析。

知识准备

所有者权益结构分析是指所有者权益的各项目金额占所有者权益总额的比重，它反映了企业所有者权益各项目的分布情况，揭示了企业的经济实力和风险承担能力。此外，由于所有者权益中的盈余公积和未分配利润属于留存收益，是企业税后利润分配的结果。因此，所有者权益结构分析也能反映企业的内部积累能力，间接反映企业的经营状况。

微课视频：所有者权益变动表，教你一眼看到底

一、所有者权益变动表的指标分析

投资者对企业投入资本的目的，是通过企业的资本增值实现自身财富的最大化，而这个目标

的实现程度，主要是借助资本保值增值率和所有者财富增长率指标进行判断。

1. 资本保值增值率

资本保值增值率是指企业期末所有者权益与期初所有者权益的比率，反映企业在一定会计期间资本保值增值水平的评价指标，是考核、评价企业经营绩效的重要依据，计算公式如下。

$$资本保值增值率=\frac{期末所有者权益}{期初所有者权益}\times100\%$$

在一般情况下，该指标比率越高，表明经营者的业绩越好；经营者业绩越好，给所有者带来的财富就越多。

就一般企业而言，使用资本保值增值率指标评价企业经营业绩时应考虑的主要因素包括所有者追加或缩减资本、资本溢价、会计政策变更、分配利润或股利等。这些需要考虑和调整的因素，其数据在所有者权益变动表中都有反映。

2. 所有者财富增长率

所有者（股东）财富增长率是指实收资本（或股本）一定的情况下，附加资本的增长水平，计算公式如下。

$$所有者财富增长率=\frac{（期末每元实收资本净资产-期初每元实收资本净资产）}{期初每元实收资本净资产}\times100\%$$

$$股东财富增长率=\frac{（期末每股净资产-期初每股净资产）}{期初每股净资产}\times100\%$$

所有者财富增长率是投资者或潜在投资者最关心的指标，与每股收益一样，该指标集中体现所有者的投资效益，也可作为对经营者的考核指标。

值得注意的是，股东财富增长率与资本保值增值率并不完全正相关，因为股东财富的增长直接受利润分配水平的影响，账面股东财富与股东的实际财富往往是不一致的。对于上市公司而言，股东财富是分红所得与股票市值之和。

【案例 5-1】M 公司 2021 年所有者权益变动表的相关数据，如表 5-5 所示，对 M 公司资本保值增值率和每股净资产增长率进行计算分析，计算结果如表 5-6 所示。

表 5-5　　　　　　　　　　M 公司 2021 年所有者权益变动表（简表）　　　　　　　　　　单位：万元

项目	本年金额					上年金额				
	实收资本	资本公积	盈余公积	未分配利润	所有者权益合计	实收资本	资本公积	盈余公积	未分配利润	所有者权益合计
一、上年年末余额	100 000	222 051	29 222	10 883	362 156	100 000	225 175	11 985	17 996	355 156
二、本年年初余额	100 000	222 051	29 222	10 883	362 156	100 000	225 175	11 985	17 996	355 156
三、本年变动金额										
（一）本年净利润				25 387	25 387				23 066	23 066
（二）直接计入权益的利得和损失							-3 124	9 058		5 934
（三）所有者投入	6 000	23 027			29 027					
（四）本年利润分配			10 294	-10 294				8 179	-30 179	-22 000
（五）本年年末余额	106 000	245 078	39 516	25 976	416 570	100 000	222 051	29 222	10 883	362 156

表 5-6   M 公司资本保值增值率和每股净资产增长率计算结果

项目	2020 年		2021 年	
	期初数	期末数	期初数	期末数
股东权益/万元	355 156	362 156	362 156	416 570
股东权益调整/万元		22 000		−29 027
股本/万元	100 000	100 000	100 000	106 000
每股净资产/元	3.55	3.62	3.62	3.93
资产保值增值率/%	108.17		107.01	
股东财富增长率/%	1.97		8.56	

从表 5-6 可以看出，M 公司 2020 年和 2021 年的资产保值增值率相差 1.16%，表明公司经营业绩比较稳定。

从表 5-6 还可以看出，M 公司 2020 年和 2021 年的股东财富增长率相差悬殊，说明两年中尽管公司实现的收益非常接近，资产保值增值率也很接近，但并不等于股东财富的增长率也是接近的。这是因为两年中公司所采取的利润分配政策不同，2020 年进行了现金股利分配，而 2021 年没有进行现金股利分配。因此，采取不同的利润分配政策会直接影响公司股东的财富变动，具体采取哪种利润分配政策要结合公司的生产经营战略而定。从 M 公司 2020 年和 2021 年所采取的不同分配政策可以看出，2021 年公司不进行现金股利分配，必定与公司的下一步增资扩张战略有联系，而且这种通过不分配利润来相对增加股东账面净资产的做法，对潜在的投资者是很有吸引力的。

二、所有者权益变动表的结构分析

所有者权益的结构比较复杂，而其变化的原因更加复杂。企业编制所有者权益变动表，目的就是让投资者了解企业所有者权益是如何变动的，变动结构是否体现了企业的生产经营实际，是否符合企业的生产经营战略。关注企业所有者权益变动结构，对评估企业的发展前景及所有者财富增减变化的趋势是十分有意义的。下面假设有三家企业的所有者权益期初总额和结构是相同的，本期权益变动总额也相同，但变动结构不同，如表 5-7 所示。

表 5-7   所有者权益变动结构分析表   单位：万元

项目	E 企业	F 企业	G 企业
所有者权益期初数	1 000	1 000	1 000
所有者权益期末数	1 500	1 500	1 500
本年所有者权益增加	500	500	500
其中：实收资本增加	500	200	
资本公积增加		50	
盈余公积增加		50	450
未分配利润增加		200	50

从表 5-7 可以看出，三家企业权益变动结构是不一样的。

（1）E 企业所有者权益增加中，100%是由所有者追加投资形成的。资本公积、盈余公积和未分配利润本期维持不变，意味着企业当期无盈利也无资本溢价发生。所有者增加投资不代表资本增值和所有者财富的增加，其投资的持续性取决于所有者对企业未来盈利的预期。在上述三种变动结构中，这种结构是最不理想的结构。

（2）F企业所有者权益增加中，50%是追加投资和资本公积增加形成的，另外50%则是通过留存收益形成的。表明企业有盈利，投资者对企业有一定信心，相对于E企业，F企业资本得到了增值，所有者财富得到了增加，因此其权益变动结构相对E企业较好。但是，F企业留存收益中盈余公积只占1/4，其余为未分配利润，一方面表明企业当期的盈利并不多，另一方面也表明其权益结构存在较大的不稳定性。

（3）G企业所有者权益增加中，100%是通过留存收益形成的，而且盈余公积占90%，这意味着企业当期盈利丰厚，通过留存收益增加所有者权益就是增加所有者财富。同时，由于盈余公积变动在一般情况下是具有稳定性和可持续性的，因此，这是三种权益变动结构中最理想的结构。

职业启迪

与时俱进，保障所有者权益

我国所有者权益变动表由附表变为主表，既是与国际会计准则的"趋同"，也是上市公司股东权益日益重视的体现。通过所有者权益变动表，财务分析人员可以了解企业资本积累和持续发展能力。而且，所有者权益的结构是复杂的，其变化原因更加复杂。计算结果是否准确不仅关系股东的合法权益是否得到保障，而且关系着企业的未来发展。所以，要养成严谨细致的好习惯，树立"爱岗敬业"的职业道德，培养客观公正的诚信品格。

任务实施

根据M公司2021年所有者权益变动表（简表），如表5-5所示，对M公司所有者权益变动结构进行分析。

从表5-5可以看出，M公司2021年股东权益增加54 414万元（416 570-362 156=54 414），由两个部分构成，一部分是净利润25 387万元全部留存，其中盈余公积10 294万元，未分配利润15 093万元（25 976-10 883=15 093）；另一部分是吸收投资及其由吸收投资所带来资本溢价计29 027万元。而在2021年中，M公司股东权益增加了7 000万元（362 156-355 156=7 000），也是由两个部分构成，一部分是净利润留存1 066万元（23 066-22 000=1 066），另一部分是直接计入股东权益的利得和损失净额5 934万元。对于M公司近两年股东权益结构的变动，其合理性可以进行以下分析。

（1）2020年M公司股东权益增加7 000万元，其中，盈余公积增加17 237万元（9 058+8 179=17 237），资本公积减少3 124万元，未分配利润减少了7 113万元（10 883-17 996=-7 113），全部是通过收益形成的。这意味着公司当期收益比较丰厚，通过收益增加股东权益就是增加股东财富；同时，由于盈余公积变动在一般情况下是具有稳定性和可持续性的，因此，这种权益变动结构是最为理想的结构。

（2）2021年M公司股东权益增加的54 414万元中，53%是吸收投资及其由吸收投资所带来资本溢价形成的，另外 47% 则来源于当年的净收益。公司将当年净收益全部留存，表明公司下一步有增资扩张的打算，而且考虑公司连续多年盈利且近两年盈利较多，对潜在投资者必定有吸引力，因而对另一部分扩张所需资本通过资本市场以发行股票的方式筹措，显然这种股东权益变动结构是符合公司发展战略的。只是与 2020 年股东权益变动结构相比，在稳定性和持续性方面要差一些，但灵活性更强，是上市公司普遍采用的股东权益变动结构。

项目总结

所有者权益变动表是反映企业本年度内所有者权益（或股东权益）各组成部分增减变动情况的报表。本项目主要以所有者权益变动表和利润分配表为依据，同时结合资产负债表和利润表的相关分析结果，重点阐述企业资本保值增值、股东财富增长、股东权益变动结构、利润分配水平与分配策略、留存收益水平与未来发展等内容的分析指标和分析方法。

关注企业所有者权益变动结构，是全面准确进行资本保值增值、股东财富增长分析的基础，也是评估企业发展前景的重要依据。

资本保值增值率是反映企业在一定会计期间资本保值增值水平的评价指标，是考核、评价企业经营业绩的重要依据。

所有者财富增长率是投资者或潜在投资者最为关心的指标，与每股收益一样，该指标集中体现了所有者的投资效益，也可作为对经营者的考核指标。

企业要在日益激烈的市场竞争中持续保持自身的生存空间和竞争优势，就必须不断地进行积累和发展，以壮大自身的规模和竞争实力。企业的留存收益水平与企业未来的发展趋势密切相关。

05

技能训练

- **专业知识训练**

一、单项选择题

1. 所有者权益变动表中的"本年金额"栏应根据实收资本等科目的（　　）分析填列。

    A. 期末余额　　　　　B. 发生额　　　　　C. 期初余额　　　　　D. 本期增加额

2. 为了清楚地反映构成所有者权益的各组成部分的增减变动情况，所有者权益变动表采用（　　）的格式。

    A. 账户式　　　　　B. 报告式　　　　　C. 单步式　　　　　D. 矩阵式

3. 所有者权益结构是指所有者权益各项目金额占（　　）的比重，揭示企业的经济实力和风险承担能力。

    A. 所有者权益总额　　　　　　　　　　B. 资产总额

    C. 负债及所有者权益总额　　　　　　　D. 负债总额

4. 综合收益是指企业在某一期间与所有者之外的其他方进行交易或其他事项所引起的（　　）的变动。

    A. 净利润　　　　　B. 营业收入　　　　　C. 营业外收入　　　　　D. 净资产

二、多项选择题

1. 企业综合收益的构成内容包括（　　　）。
   - A. 营业收入
   - B. 营业外收入
   - C. 净利润
   - D. 直接计入所有者权益的利得和损失
2. 下列项目中应在所有者权益变动表中列示的有（　　　）。
   - A. 利润总额
   - B. 直接计入所有者权益的利得和损失
   - C. 净利润
   - D. 会计差错更正的影响数
3. 下列所有者权益项目中属于投资者投入资本的是（　　　）。
   - A. 盈余公积
   - B. 未分配利润
   - C. 资本公积
   - D. 实收资本
4. 企业实施利润分配以后的留存收益包括（　　　）。
   - A. 利润总额
   - B. 未分配利润
   - C. 资本公积
   - D. 盈余公积
5. 盈余公积属于企业留存收益中指定专门用途的积累资金，其主要用途有（　　　）。
   - A. 弥补亏损
   - B. 转增资本
   - C. 分派股利
   - D. 对外捐赠
6. 下列项目中属于所有者权益内部结转的有（　　　）。
   - A. 资本公积转增资本
   - B. 盈余公积转增资本
   - C. 盈余公积弥补亏损
   - D. 企业获得净利润

三、判断题

1. 直接计入所有者权益的利得和损失是企业已实现但根据会计准则的规定已确认的收益。
（　　　）
2. 企业的综合收益是其净利润加上直接计入所有者权益的利得和损失。（　　　）
3. 所有者权益变动表列示了所有者权益项目的比较信息。（　　　）
4. 企业的资本公积、盈余公积和未分配利润属于企业生产经营过程中形成的留存收益。
（　　　）
5. 企业资本公积减少的主要原因是转增资本和弥补亏损。（　　　）

- 综合技能训练

一、计算分析

1. 假定 A 公司本年净利润为 5 000 万元，股利分配时的股票市价为 10 元／股，发行在外的流通股股数为 10 000 万股，股利分配政策为 10 股送 5 股，试计算此政策对每股收益和每股市价的影响。

2. 某公司有流通在外的股票 200 万股，每股市价 3 元，公司的市场价值总额为 600 万元。现金股利支付前的资产负债表，如表 5-8 所示。

表 5-8　　　　　　　　　　资产负债表（现金股利支付前）　　　　　　　　　　单位：元

资产		负债及所有者权益	
现金	2 500 000	负债	0
其他资产	3 500 000	所有者权益	6 000 000
合计	6 000 000	合计	6 000 000

假设该公司管理部门本年末决定每股有 1 元的派现，计算支付股利后的公司市场价值、权益和每股市价。

二、案例分析

案例一：C公司为一家小型施工公司，注册会计师张某在审计其2020年度财务报表时发现，2020年3月，该公司账面净资产为1700万元；为扩大企业规模，达到中型施工企业，即2500万元净资产规模，该公司将历年形成的账外财产委托中介机构进行评估，将评估后的价值868万元财产作为主管部门对A公司的投资进行入账。注册会计师追加审计程序，向A公司索要历年形成的账外财产的相关资料并进行检查。按照A公司提供的账外数量、价值明细表列示的价值784万元财产进行确认价值后，注册会计师张某建议C公司进行调整，C公司拒绝调整，注册会计师张某出具了否定意见的审计报告。

要求：

（1）对于存续的企业，是否可以对自己的资产予以评估后调账。

（2）企业如何把账外资产纳入会计账簿。

案例二：注册会计师张某审计E公司2020年度财务报表时发现，由于E公司连续几年处于亏损状态，企业净资产出现巨额赤字，2020年4月董事会决议，对于出资人F公司投入的资金超过其注册资本所占份额的部分确认为"其他应付款"并转作"资本公积——资本溢价"；同时，对于出资人Z公司要求转让出资的事项，董事会要求出资方按照各自原出资比例对资不抵债部分予以弥补，弥补后Z公司才能转让出资。

要求：

（1）如果企业将投资者投入的资金超过其注册资本所占份额的部分确认为"其他应付款"，为降低资产负债率，经股东会同意，能否将"其他应付款"转作"资本公积——资本溢价"。

（2）企业净资产为负数或资不抵债时，是否需要出资人先弥补亏损后增资。

（3）企业净资产出现巨额赤字，出资人能否转让股权。

05

项目六

分析财务报表附注

美国投资大师沃伦·巴菲特曾经说过："如果我拿到一份年报，不能理解其脚注，我一定不会投资这家公司，因为我知道这家公司并不想让我明白它。"因为报表之外的资料是报表使用者在阅读财务报表时容易忽略的信息，在许多情况下，这些资料反映的信息对报表使用者有着重要意义。

因此，王林结合各个报表内容，开展财务报表附注分析。

任务一　解读财务报表附注

学习目标

素质目标：学会建立关联，全面、准确地理解财务信息。

知识目标：了解财务报表附注的概念、作用、形式和内容。

技能目标：能够读懂财务报表附注。

任务分析

财务报表中的数据具有固定性，要想更加深入地了解企业的财务状况，还需要借助其他信息。报表附注是财务报表的重要组成部分，是企业报表使用者全面、客观、准确地解读企业信息必须参照的重要内容。因此，王林需要了解财务报表附注的概念、作用、形式和内容，能够读懂财务报表附注。所以，本任务清单如下。

1. 了解财务报表附注的概念、作用、形式和内容。
2. 能够读懂财务报表附注。

知识准备

一、什么是财务报表附注

财务报表附注是财务报表的补充，是对资产负债表、利润表、现金流量表和所有者权益变动表等财务报表中列示项目的文字描述或明细资料，以及对未

微课视频：财务报表附注内容

能在这些报表中列示项目的补充注释。

二、财务报表附注的作用

报表附注是财务报表的重要组成部分，是财务报表使用者全面、客观、准确地解读企业信息必须参照的重要内容。财务报表附注主要有以下作用。

1. 提高财务报表信息的可比性

在可比性原则下，对于同样的经济业务，要求企业采用同样的会计处理方法和程序。由于会计法规发生变化或者为了更加公允地反映企业的实际情况，企业有可能改变报表中某些项目的会计政策。由于不同时期财务报表中的同一项目采用了不同的会计政策，影响不同期间财务报表的可比性，为了帮助报表使用者掌握会计政策的变化，也需要在报表附注中进行说明。因此，通过财务报表附注说明企业所采用的会计处理方法及变更情况，有助于提高财务报表的可比性。

2. 提高财务报表信息的可理解性

财务报表附注对报表中数据进行了解释，将抽象的数据分解成若干具体的项目，并说明各项目的会计处理方法，不但能够使具有一定会计知识的报表使用者深刻理解财务报表披露的信息，而且更有助于缺乏会计专业知识的报表使用者看懂报表信息，进而增强财务报表的可理解性。

3. 突出财务报表信息的重要性

企业公布的财务报表中包含的信息很多，且内容复杂。由于报表形式的限制，财务报表只能按照大类设置项目，报表使用者可能抓不住重点，对其中的重要信息了解得不够全面详细。而财务报表附注正是对财务报表的重要数据进行详细的解释说明，它能帮助报表使用者了解哪些信息是重要的、是应当引起注意的，进而促使报表使用者获得正确的引导，做出正确的评价。

三、财务报表附注的编制形式

财务报表附注的编制形式多种多样，各企业可结合自身的特点及报表使用者的要求做出选择。常见的编制形式有以下 5 种。

1. 尾注说明

这是财务报表附注的主要编制形式，一般适用于说明内容较多的项目。

2. 括弧说明

括弧说明常用于为财务报表主体提供补充信息，因为它将补充信息直接纳入财务报表主体，所以比起其他形式，其优点是直观，不易被忽视，缺点是包含的内容过于简短。

3. 备抵与附加账户

设立备抵与附加账户，在财务报表中单独列示，能够为报表使用者提供更多有意义的信息，这种形式目前主要用于资产减值损失等账户的设置。

4. 脚注说明

脚注说明是指位于财务报表下端的说明，例如，说明已贴现的商业承兑汇票和已包括在固定资产原价内的融资租入的固定资产原价等。

5. 补充说明

有些无法列入财务报表主体的详细数据、分析资料，可用单独的补充报表进行说明，例如，可利用补充报表的形式揭示关联方的关系和交易等内容。

财务报表附注的内容应该结合财务信息的使用者和提供者对信息的要求进行确定。

从财务信息的使用者来看，不同的信息使用者对财务报表附注的内容多少、繁简程度有不同的要求。例如，对于企业内部分析师、外部分析师、风险投资机构来说，他们希望企业能提供的财务信息越多、越详细越好，以便其深入、全面地掌握企业的财务状况和运营状况；而对于短期持有企业股票的股东来说，他们可能并不需要很多附注信息，阅读过多的附注内容意味着时间的浪费。财务报表附注内容过于庞杂有时还会给人没有重点的感觉。

从财务信息的提供者来看，他们或许不愿意提供太多的附注资料，以免透露过多商业秘密和花费过多的报表编制成本。但有时，出于向公众宣传企业的良好形象、吸引投资者注意等目的，他们也会不厌其烦地在财务报表附注中披露大量信息。

因此，对于政府机构、监管机构以及其他会计管理机构来说，他们必须研究和确定财务报表附注需要包括的内容。会计管理部门一般只对财务报表附注"至少"应包括哪些内容进行规定。

四、财务报表附注披露的基本要求

（1）附注披露的信息应结合定量、定性信息，从量和质两个角度对企业的经济事项完整地进行反映，这样才能满足信息使用者的决策需求。

（2）附注应当按照一定的结构进行系统合理的排列和分类，有顺序地披露财务信息。由于附注的内容繁多，因此更应按照逻辑顺序排列，分类披露，条理清晰，使其具有一定的组织结构，以便报表使用者理解和掌握，也更好地实现财务报表的可比性。

（3）附注相关信息应当与资产负债表、利润表、现金流量表和所有者权益变动表等报表中列示的项目相互参照，有助于报表使用者联系相关信息，并由此从整体上更好地理解财务报表。

五、财务报表附注披露的主要内容

根据《企业会计准则第 30 号——财务报表列报》和相应指南中的规定，一般企业的财务报表附注应当按照顺序披露如下内容。

1. 企业的基本情况

（1）企业注册地、组织形式和总部地址。

（2）企业的业务性质和主要经营活动。

（3）母公司以及集团最终母公司的名称。

（4）财务报告的批准报出者和财务报告批准报出日。

2. 财务报表的编制基础

财务报表的编制是基于一定的会计假设的，只有符合公认的基本会计假设编制的财务报表才不会误导使用者，所以，按照公认的会计假设编制的财务报表一般情况下不需要加以说明。但如果编制的财务报表未遵循基本会计假设，则必须予以披露，说明理由。具体内容包括会计年度、记账本位币、会计计量所运用的计量基础、现金和现金等价物的确定标准等。

3. 遵循《企业会计准则》的声明

企业应当明确说明编制的财务报表符合企业会计准则的要求，真实、公允地反映了企业的财务状况、经营成果和现金流量等有关信息，以此明确企业编制财务报表所依据的制度基础。如果企业编制的财务报表只是部分遵循了企业会计准则，附注中不得使用这种表述方式。

4. 重要会计政策和会计估计

企业应当披露采用的重要会计政策和会计估计，不重要的会计政策和会计估计可以不披露。在披露重要会计政策时，应当披露重要会计政策的确定依据和财务报表项目的计量基础；在披露会计估计时，应当披露会计估计中所采用的关键假设和不确定因素。

上市企业通常都会披露以下重要的会计政策和会计估计。

（1）应收款项坏账准备计提方法。

（2）存货核算方法。

（3）固定资产计价、折旧方法和减值准备的计提方法。

（4）无形资产计价及摊销方法。

（5）收入确认原则。

（6）所得税的会计处理方法。

（7）合并财务报表的编制方法。

5. 会计政策和会计估计变更以及差错更正的说明

一般情况下，企业应在每期采用相同的会计政策，不应也不能随意变更会计政策。但符合下列条件之一的，应改变原采用的会计政策。

（1）法律、行政法规或者国家统一规定的会计制度等要求变更。

（2）会计政策变更能够提供更可靠、更相关的会计信息。

与会计政策的变更一样，如果企业据以进行会计估计的基础发生了变化，或者由于取得新信息、积累更多经验及后来的发展变化，可能需要对会计估计进行修订，这时就会发生会计估计变更。

前期差错通常包括计算错误、应用会计政策错误、疏忽或曲解事实及舞弊产生的影响，以及存货、固定资产盘盈等。

当存在上述情况时，企业应当按照《企业会计准则第 28 号——会计政策、会计估计变更和差错更正》及其应用指南的规定，披露会计政策和会计估计变更以及差错更正的有关情况。

6. 报表重要项目的说明

企业应当以文字和数字描述相结合的方式，尽可能以列表形式披露重要报表项目的构成或当期增减变动情况，并与报表项目相互参照。在披露顺序上，一般应当按照资产负债表、利润表、现金流量表、所有者权益变动表的顺序以及报表项目列示的顺序披露。

只通过财务报表无法了解各项目的明细构成情况，因此在报表附注中，根据会计的重要性原则，对重要的报表项目应当说明其明细构成情况。重要项目通常包括交易性金融资产、应收款项、存货、长期股权投资、固定资产、职工薪酬、应付账款、应交税费、短期借款和长期借款、股本和营业收入。

7. 重要事项说明

由于财务报表本身具有局限性，一些对报表使用者的决策有重大影响的事项无法在表内进行反映，如果忽略这些事项，就不能全面了解企业的财务状况和财务风险状况，这样可能使报表使用者产生误解或使其决策发生重大偏差。

8.其他需要披露的说明

重要事项主要包括或有和承诺事项、资产负债表日后非调整事项、关联方关系及其交易等需要说明的事项，有助于报表使用者评价企业管理资本的目标、政策及程序的信息等。

任务实施

以山东华鲁恒升化工股份有限公司为例，对其财务报表附注进行解读，具体如下。

扫一扫：华鲁恒升
2019 年年报

山东华鲁恒升化工股份有限公司

财 务 报 表 附 注（摘要）

2019 年 1 月 1 日至 2019 年 12 月 31 日

一、公司基本情况

山东华鲁恒升化工股份有限公司（以下简称本公司或公司）于 2000 年 4 月 24 日经山东省经济体制改革委员会鲁体改函字〔2000〕第 29 号文批准，并于 2000 年 4 月 26 日在山东省工商行政管理局登记注册。股本为人民币×××元，公司营业执照注册号为×××，公司住所为德州市天衢西路×××号，法定代表人为×××。

公司所处行业：化学肥料制造业。

公司经营范围：安全生产许可证批准范围内的化工产品的生产、销售；许可证范围发电业务，许可证范围供热业务；化学肥料（不含前置审批项目）生产销售；备案范围内的进出口业务；协议并网供电业务；技术推广服务。

公司主要产品：肥料、有机胺、己二酸及中间品、醋酸及衍生品、多元醇等。

公司的母公司：山东华鲁恒升集团有限公司。

本财务报表已经本公司董事会于 2020 年 3 月 25 日决议批准报出。

二、财务报表的编制基础

1. 编制基础

公司财务报表以持续经营假设为基础，根据实际发生的交易和事项，按照财政部颁布的《企业会计准则》及相关规定，以及中国证券监督管理委员会发布的《公开发行证券的公司信息披露编报规则第 15 号——财务报告的一般规定》（2014 年修订）的披露规定，并基于以下所述重要会计政策、会计估计进行编制。

根据企业会计准则的相关规定，公司会计核算以权责发生制为基础。除某些金融工具外，本财务报表均以历史成本为计量基础。资产如果发生减值，则按相关规定计提相应的减值准备。

2. 持续经营

☑适用　□不适用

报告期内及报告期末起至少十二个月，公司生产经营稳定，资产负债结构合理，具备持续经营能力，不存在影响持续经营能力的重大不利风险。

三、公司主要会计政策、会计估计和前期差错

具体会计政策和会计估计提示。

☑适用　　□不适用

1. 遵循企业会计准则的声明

本公司编制的财务报表符合《企业会计准则》的要求，真实、完整地反映了本公司 2019 年 12 月 31 日的财务状况、2019 年度的经营成果和现金流量等相关信息。

2. 会计期间

本公司会计年度自公历 1 月 1 日起至 12 月 31 日止。

3. 营业周期

☑适用　　□不适用

正常营业周期是指企业从购买用于加工的资产起至实现现金或现金等价物的期间。本公司以 12 个月作为正常营业周期，并以其作为资产与负债流动性划分的标准。

4. 记账本位币

本公司以人民币作为记账本位币。

5. 同一控制下和非同一控制下企业合并的处理方法

☑适用　　□不适用

企业合并是指将两个或两个以上单独的企业合并形成一个报告主体的交易或事项。企业合并分为同一控制下企业合并和非同一控制下企业合并。

（1）本公司发生同一控制下企业合并的，采用权益结合法进行会计处理。

（2）本公司发生非同一控制下的企业合并的，采用购买法进行会计处理。

购买方在购买日对作为企业合并对价付出的资产、发生或承担的负债按照公允价值计量，公允价值与其账面价值的差额，计入当期损益。

6. 合并财务报表的编制方法

☑适用　　□不适用

（1）合并财务报表范围。

本公司将所有控制的子公司（包括本公司所控制的单独主体）纳入合并财务报表范围，包括被本公司控制的企业、被投资单位中可分割的部分以及结构化主体。控制是指本公司拥有对被投资方的权力，通过参与被投资方的相关活动而享有可变回报，并且有能力运用对被投资方的权利影响该回报金额。

（2）统一母公司及子公司的会计政策、统一母公司及子公司的资产负债表日及会计期间。

子公司与本公司采用的会计政策或会计期间不一致的，在编制合并财务报表时，按照本公司的会计政策或会计期间对子公司财务报表进行必要的调整。

（3）合并财务报表抵销事项。

（4）合并取得子公司会计处理。

（5）处置子公司股权至丧失控制权的会计处理方法。

（6）购买子公司少数股权。

（7）不丧失控制权的情况下部分处置对子公司的股权投资。

7. 合营安排分类及共同经营会计处理方法

☑适用　　□不适用

合营安排是指一项由两个或两个以上的参与方共同控制的安排。本公司根据在合营安排中享有的权利和承担的义务，将合营安排分为共同经营和合营企业。

（1）共同经营。

（2）合营企业。

8. 现金及现金等价物的确定标准

本公司在编制现金流量表时所确定的现金,是指本公司库存现金及可以随时用于支付的存款;现金等价物是指本公司持有的期限短、流动性强、易于转换为已知金额现金、价值变动风险很小的投资。

9. 外币业务和外币报表折算

☑适用　□不适用

（1）外币业务折算。

本公司对发生的外币交易,采用与交易发生日即期汇率折合本位币入账。

（2）外币财务报表折算。

本公司的控股子公司、合营企业、联营企业等,若采用与本公司不同的记账本位币,需对其外币财务报表折算后,再进行会计核算及合并财务报表的编报。

10. 金融工具

☑适用　□不适用

在本公司成为金融工具合同的一方时确认一项金融资产或金融负债。

（1）金融资产的分类、确认和计量。

本公司根据管理金融资产的业务模式和金融资产的合同现金流量特征,将金融资产划分为以摊余成本计量的金融资产;以公允价值计量且其变动计入其他综合收益的金融资产;以公允价值计量且其变动计入当期损益的金融资产。

金融资产在初始确认时以公允价值计量。对于以公允价值计量且其变动计入当期损益的金融资产,相关交易费用直接计入当期损益;对于其他类别的金融资产,相关交易费用计入初始确认金额。因销售商品或提供劳务而产生的、未包含或不考虑重大融资成分的应收账款或应收票据,本公司按照预期有权收取的对价金额作为初始确认金额。

债务工具包括以下几种。

① 摊余成本计量的金融资产。

② 公允价值计量且其变动计入其他综合收益的金融资产。

③ 公允价值计量且其变动计入当期损益的金融资产。

权益工具包括以下几种。

本公司将对其没有控制、共同控制和重大影响的权益工具分类为以公允价值计量且其变动计入当期损益的金融资产,列示为交易性金融资产;自资产负债表日起预期持有超过一年的,列示为其他非流动金融资产。

（2）金融负债的分类、确认和计量。

（3）金融资产转移的确认依据和计量方法。

（4）金融负债的终止确认。

（5）金融资产和金融负债的抵销。

（6）金融资产和金融负债的公允价值确定方法。

（7）金融资产减值。

本公司对于以摊余成本计量的金融资产、以公允价值计量且其变动计入其他综合收益的债务

06

工具投资等，以预期信用损失为基础确认损失准备。

① 预期信用损失的计量。本公司考虑有关过去事项、当前状况以及对未来经济状况的预测等合理且有依据的信息，确认预期信用损失。

② 具有较低的信用风险。

③ 信用风险显著增加。

④ 已发生信用减值的金融资产。

⑤ 预期信用损失准备的列报。

⑥ 核销。

如果本公司不再合理预期金融资产合同现金流量能够全部或部分收回，则直接减计该金融资产的账面余额，这种减计构成相关金融资产的终止确认。这种情况通常发生在本公司确定债务人没有资产或收入来源可产生足够的现金流量以偿还将被减计的金额。已减计的金融资产以后又收回的，作为减值损失的转回计入收回当期的损益。

11. 应收票据

应收票据的预期信用损失的确定方法及会计处理方法。

☑适用　□不适用

本公司对于应收票据按照相当于整个存续期内的预期信用损失金额计量损失准备。对于划分为组合的应收票据，本公司参考历史信用损失经验，结合当前状况以及对未来经济状况的预测，通过违约风险敞口和整个存续期预期信用损失率，计算预期信用损失。除了单项评估信用风险的应收票据外，基于应收票据的信用风险特征，将其划分为不同组合。

项目	确定组合的依据
银行承兑汇票	承兑人为信用风险较小的银行
商业承兑汇票	承兑人为信用风险较高的公司

12. 应收账款

应收账款的预期信用损失的确定方法及会计处理方法。

☑适用　□不适用

对于不含重大融资成分的应收款项，本公司按照相当于整个存续期内的预期信用损失金额计量损失准备。

对于包含重大融资成分的应收款项，本公司选择始终按照相当于存续期内预期信用损失的金额计量损失准备。

除了单项评估信用风险的应收账款外，基于其信用风险特征，将其划分为不同组合。

项目	确定组合的依据
应收关联方款项	本组合为风险较低应收关联方的应收款项
应收第三方款项	本组合以应收款项账龄作为信用风险特征

对于划分为组合的应收账款，本公司参考历史信用损失经验，结合当前状况以及对未来经济状况的预测，编制应收账款账龄与整个存续期预期信用损失率对照表，计算预期信用损失。

13. 应收款项融资

☑适用　□不适用

当应收票据和应收账款同时满足以下条件时，本公司将其划分为以公允价值计量且其变动计入其他综合收益的金融资产，相关具体会计处理方式见金融工具，在报表中列示为应收款项融资。

（1）合同现金流量为对本金和以未偿付本金金额为基础的利息的支付。

（2）本公司管理应收票据和应收账款的业务模式既以收取合同现金流量为目标又以出售为目标。

14. 其他应收款

其他应收款预期信用损失的确定方法及会计处理方法。

☑适用　□不适用

本公司依据其他应收款信用风险自初始确认后是否已经显著增加，采用相当于未来 12 个月内或者整个存续期的预期信用损失的金额计量减值损失。除了单项评估信用风险的其他应收款外，基于其信用风险特征，将其划分为不同组合。

项目	确定组合的依据
应收股利	本组合为应收股利
应收利息	本组合为应收金融机构的利息
应收关联方款项	本组合为应收风险较低的关联方款项
应收其他款项	本组合为日常经营活动中应收取的各类押金、代垫款等款项
应收其他单位款项	本组合为日常经营活动中其他款项

对于划分为组合的其他应收款，本公司参考历史信用损失经验，结合当前状况以及对未来经济状况的预测，通过违约风险敞口和未来 12 个月内或整个存续期预期信用损失率，计算预期信用损失。

15. 存货

☑适用　□不适用

（1）存货的分类。

存货是指本公司在日常活动中持有以备出售的产成品或商品、处在生产过程中的在产品、在生产过程或提供劳务过程中耗用的材料和物料等。主要包括原材料、在产品、半成品、产成品、包装物、低值易耗品等。

（2）发出存货的计价方法。

存货发出时，采取加权平均法确定其发出的实际成本。

（3）存货跌价准备的计提方法。

资产负债表日，存货按照成本与可变现净值孰低计量。

（4）存货的盘存制度。

本公司的存货盘存制度为永续盘存制。

（5）低值易耗品和包装物的摊销方法。

低值易耗品采用一次摊销法核算，包装物采用加权平均法确定其实际成本核算。

16. 持有待售资产

☑适用　□不适用

（1）持有待售的非流动资产或处置组的分类与计量。

（2）终止经营。

（3）列报。

本公司在资产负债表中将持有待售的非流动资产或持有待售的处置组中的资产列报于"持有待售资产"，将持有待售的处置组中的负债列报于"持有待售负债"。

17. 债权投资

债权投资预期信用损失的确定方法及会计处理方法。

□适用　☑不适用

18. 其他债权投资

其他债权投资预期信用损失的确定方法及会计处理方法。

□适用　☑不适用

19. 长期应收款

长期应收款预期信用损失的确定方法及会计处理方法

□适用　☑不适用

20. 长期股权投资

☑适用　□不适用

本部分所指的长期股权投资是指本公司对被投资单位具有控制、共同控制或重大影响的长期股权投资。

（1）初始投资成本确定。

（2）后续计量及损益确认方法。

（3）长期股权投资核算方法的转换。

（4）确定对被投资单位具有共同控制、重大影响的依据。

（5）减值测试方法及减值准备计提方法。

（6）长期股权投资处置。

本公司处置长期股权投资时，将投资账面价值与实际取得价款之间的差额计入当期损益。采用权益法核算的长期股权投资，在处置该项投资时，采用与被投资单位直接处置相关资产或负债相同的基础，按相应比例对原计入其他综合收益的部分进行会计处理。

21. 投资性房地产

如果采用成本计量模式的，其折旧或摊销方法如下。

（1）投资性房地产的种类和计量模式。

（2）采用成本模式核算政策。

本公司投资性房地产中出租的建筑物采用年限平均法计提折旧，具体核算政策与固定资产部分相同。投资性房地产中出租的土地使用权、持有并准备增值后转让的土地使用权采用直线法摊销，具体核算政策与无形资产部分相同。

资产负债表日，本公司对投资性房地产检查是否存在可能发生减值的迹象，当存在减值迹象时应进行减值测试确认其可收回金额，按可收回金额低于账面价值部分计提减值准备，减值损失一经计提，在以后会计期间不再转回。

投资性房地产出售、转让、报废或毁损的处置收入扣除其账面价值和相关税费后的差额计入当期损益。

22. 固定资产

（1）确认条件。

☑适用　□不适用

本公司固定资产指为生产商品、提供劳务、出租或经营管理而持有的，使用寿命超过一个会计年度的有形资产，同时满足以下条件时予以确认。

① 与该固定资产有关的经济利益很可能流入本公司。

② 该固定资产的成本能够可靠地计量。

与固定资产有关的后续支出，符合上述确认条件的，计入固定资产成本，并终止确认被替换部分的账面价值；否则，在发生时计入当期损益。

本公司固定资产按照成本进行初始计量。固定资产的成本一般包括购买价款、相关税费以及为使固定资产达到预定可使用状态前所发生的可直接归属于该资产的其他支出，如运输费、安装费等。但购买的固定资产如果超过正常的信用条件延期支付，固定资产的成本以各期付款额的现值之和为基础确定。实际支付的价款与购买价款的现值之间的差额，除按照《企业会计准则第17号——借款费用》应予资本化的以外，在信用期内计入当期损益。

（2）折旧方法。

☑适用　□不适用

固定资产类别	折旧方法	残值率	使用年限/年	年折旧率/%
房屋建筑物	平均年限法	3%～5%	25～30	3.17～3.88
机器设备	平均年限法	3%～5%	10～14	6.79～9.70
运输设备	平均年限法	3%～5%	8	11.88～12.13
电子设备	平均年限法	3%～5%	5	19.00～19.40

（3）融资租入固定资产的认定依据、计价和折旧方法。

☑适用　□不适用

本公司融资租入固定资产的认定依据为实质上转移了与资产所有权有关的全部风险和报酬的租赁。

本公司融资租入固定资产的计价方法：融资租入固定资产初始计价为租赁期开始日租赁资产公允价值与最低租赁付款额现值较低者作为入账价值；融资租入固定资产后续计价采用与自有固定资产一致的折旧政策计提折旧及减值准备。

23. 在建工程

☑适用　□不适用

（1）在建工程的计量。

本公司在建工程成本按实际工程支出确定，包括在建期间发生的各项必要工程支出、工程达到预定可使用状态前的应予资本化的借款费用以及其他相关费用等。

（2）在建工程结转固定资产的标准和时点。

本公司在建工程在工程完工达到预定可使用状态时，结转固定资产。

（3）在建工程减值测试方法、减值准备计提方法。

资产负债表日，本公司对在建工程检查是否存在可能发生减值的迹象，当存在减值迹象时应进行减值测试确认其可收回金额，按可收回金额低于账面价值部分计提减值准备，减值损失一经计提，在以后会计期间不再转回。

在建工程可收回金额根据资产公允价值减去处置费用后的净额与资产预计未来现金流量的现值两者孰高确定。

24. 借款费用

☑适用　□不适用

（1）借款费用资本化的确认原则。

（2）资本化金额计算方法。

资本化期间是指从借款费用开始资本化时点到停止资本化时点的期间。其中，借款费用暂停资本化的期间不包括在内。

25. 生物资产

□适用　☑不适用

26. 油气资产

□适用　☑不适用

27. 使用权资产

□适用　☑不适用

28. 无形资产

计价方法、使用寿命、减值测试。

☑适用　□不适用

无形资产是指本公司拥有或控制的没有实物形态的可辨认非货币性资产。

（1）无形资产的计价方法。

本公司无形资产按照成本进行初始计量。购入的无形资产，按实际支付的价款和相关支出作为实际成本。投资者投入的无形资产，按投资合同或协议约定的价值确定实际成本，但合同或协议约定价值不公允的，按公允价值确定实际成本。自行开发的无形资产，其成本为达到预定用途前所发生的支出总额。

本公司无形资产后续计量，主要为以下两种，第一，使用寿命有限无形资产采用直线法摊销，并在年度终了，对无形资产的使用寿命和摊销方法进行复核，如与原先估计数存在差异的，应进行相应的调整。第二，使用寿命不确定的无形资产不摊销，但在年度终了，对使用寿命进行复核，当有确凿证据表明其使用寿命是有限的，则估计其使用寿命，按直线法进行摊销。

（2）使用寿命不确定的判断依据。

本公司将无法预见该资产为公司带来经济利益的期限，或使用期限不确定等无形资产确定为使用寿命不确定的无形资产。

（3）无形资产的减值测试方法及减值准备计提方法。

资产负债表日，本公司对无形资产检查是否存在可能发生减值的迹象，当存在减值迹象时应进行减值测试确认其可收回金额，按可收回金额低于账面价值部分计提减值准备，减值损失一经计提，在以后会计期间不再转回。

无形资产可收回金额根据资产公允价值减去处置费用后的净额与资产预计未来现金流量的现值两者孰高确定。

（4）内部研究开发项目的研究阶段和开发阶段的具体标准，以及开发阶段支出符合资本化条件的具体标准。

29. 长期资产减值

☑适用　□不适用

本公司对长期股权投资、采用成本模式计量的投资性房地产、固定资产、在建工程、无形资产等长期资产，于资产负债表日存在减值迹象的，进行减值测试。减值测试结果表明资产的可收回金额低于其账面价值的，按其差额计提减值准备并计入减值损失。

商誉至少在每年年度终了进行减值测试。

30. 长期待摊费用

☑适用　□不适用

本公司长期待摊费用是指已经支出，但受益期限在一年以上（不含一年）的各项费用。长期待摊费用按费用项目的受益期限分期摊销。若长期待摊的费用项目不能使以后会计期间受益，则将尚未摊销的该项目的摊余价值全部转入当期损益。

31. 职工薪酬

（1）短期薪酬的会计处理方法。

☑适用　□不适用

本公司短期薪酬包括短期工资、奖金、津贴、补贴、职工福利费、住房公积金、工会经费和职工教育经费、医疗保险费、工伤保险费、生育保险费、短期带薪缺勤、短期利润分享计划等。本公司在职工提供服务的会计期间，将实际发生的应付的短期薪酬确认为负债，并按照受益对象和权责发生制原则计入当期损益或相关资产成本。

（2）离职后福利的会计处理方法。

☑适用　□不适用

离职后福利主要包括基本养老保险费、企业年金等，按照本公司承担的风险和义务，分类为设定提存计划、设定受益计划。

（3）辞退福利的会计处理方法。

☑适用　□不适用

辞退福利是指本公司在职工劳动合同到期之前解除与职工的劳动关系，或者为鼓励职工自愿接受裁减而提出给予补偿的建议。本公司在不能单方面撤回因解除劳动关系计划或裁减建议所提供的辞退福利时，或确认与涉及支付辞退福利的重组相关的成本或费用时（两者孰早），确认辞退福利产生的职工薪酬负债，并计入当期损益。

（4）其他长期职工福利的会计处理方法。

□适用　☑不适用

32. 租赁负债

□适用　☑不适用

33. 预计负债

☑适用　□不适用

（1）预计负债的确认标准。

（2）预计负债的计量方法。

本公司预计负债按照履行相关现时义务所需支出的最佳估计数进行初始计量，如所需支出存在一个连续范围，且该范围内各种结果发生的可能性相同，最佳估计数按照该范围内的中间值确定；如涉及多个项目，按照各种可能结果及相关概率计算确定最佳估计数。

本公司于资产负债表日对预计负债账面价值进行复核，有确凿证据表明该账面价值不能真实反映当前最佳估计数，按照当前最佳估计数对该账面价值进行调整。

如果清偿预计负债所需支出全部或部分预期由第三方补偿的，补偿金额在基本确定能够收到时，作为资产单独确认，且确认的补偿金额不超过预计负债的账面价值。

34. 股份支付

☑适用　□不适用

本公司的股份支付是为了获取职工（或其他方）提供服务而授予权益工具或者承担以权益工具为基础确定的负债的交易。本公司的股份支付分为以权益结算的股份支付和以现金结算的股份支付。

35. 优先股、永续债等其他金融工具

□适用　☑不适用

36. 收入

☑适用　□不适用

（1）销售商品。

（2）提供劳务。

（3）让渡资产使用权。

37. 政府补助

☑适用　□不适用

（1）政府补助类型。

（2）政府补助会计处理方法。

（3）区分与资产相关政府补助和与收益相关政府补助的具体标准。

（4）与政府补助相关的递延收益的摊销方法以及摊销期限的确认方法。

本公司取得的与资产相关的政府补助，确认为递延收益，自相关资产可供使用时起，按照相关资产的预计使用期限，将递延收益平均分摊转入当期损益。

（5）政府补助的确认时点。

按照应收金额计量的政府补助，在期末有确凿证据表明能够符合财政扶持政策规定的相关条件且预计能够收到财政扶持资金时予以确认。

除按照应收金额计量的政府补助外的其他政府补助，在实际收到补助款项时予以确认。

38. 递延所得税资产/递延所得税负债

☑适用　□不适用

本公司递延所得税资产和递延所得税负债根据资产和负债的计税基础与其账面价值的差额（暂时性差异）计算确认。

39. 租赁

（1）经营租赁的会计处理方法。

☑适用　□不适用

（2）融资租赁的会计处理方法。

☑适用　□不适用

（3）新租赁准则下租赁的确定方法及会计处理方法。

□适用　☑不适用

06

40. 其他重要的会计政策和会计估计

☑适用　□不适用

（1）安全生产费用。

本公司根据财政部、国家安全生产监督管理总局《关于印发〈企业安全生产费用提取和使用管理办法〉的通知》及《企业安全生产费用提取和使用管理办法》的规定计提安全生产费用，安全生产费用专门用于完善和改进企业安全生产条件。

本公司提取的安全生产费用计入相关产品的成本或当期损益，同时计入专项储备。使用提取的安全生产费用属于费用性支出的，直接冲减专项储备。使用提取的安全生产费用形成固定资产的，通过在建工程归集所发生的支出，待安全项目完工并达到预定可使用状态时确认为固定资产，同时按照形成固定资产的成本冲减专项储备，并确认相同金额的累计折旧。该固定资产在以后期间不再计提折旧。

（2）债务重组。

债务重组是指在不改变交易对手的情况下，经债权人和债务人协定或法院裁定，就清偿债务的时间、金额或方式等重新达成协议的交易。

（3）非货币性资产交换。

如果非货币性资产交换具有商业实质，并且换入资产或换出资产的公允价值能够可靠地计量，非货币性资产交换以公允价值为基础计量。对于换入资产，以换出资产的公允价值和应支付的相关税费作为换入资产的成本进行初始计量；对于换出资产，在终止确认时，将换出资产公允价值与账面价值的差额计入当期损益。有确凿证据表明换入资产的公允价值更加可靠的，对于换入资产，以换入资产的公允价值和应支付的相关税费作为换入资产的初始计量金额；对于换出资产，在终止确认时，将换入资产的公允价值与换出资产账面价值之间的差额计入当期损益。

41. 重要会计政策和会计估计的变更

（1）重要会计政策变更。

☑适用　□不适用

会计政策变更的内容和原因	审批程序	备注（受重要影响的报表项目名称和金额）
财务报表格式	公司第七届董事会第四次会议、第七届监事会第四次会议审议通过了上述会计政策变更的相关议案	详见：其他说明
新金融工具准则	公司第七届董事会第六次会议、第七届监事会第六次会议审议通过了上述会计政策变更的相关议案	详见：2019 年起执行新金融工具准则、新收入准则或新租赁准则调整执行当年年初财务报表相关项目情况

其他说明：

本公司根据财政部《关于修订印发 2019 年度一般企业财务报表格式的通知》（财会〔2019〕6 号），《关于修订印发合并财务报表格式（2019 版）的通知》（财会〔2019〕16 号）和企业会计准则要求编制 2019 年度财务报表，本次会计政策变更对公司 2018 年度财务报表项目列报影响如下。

2018 年 12 月 31 日	调整前/元	调整后/元	变动额/元
应收票据及应收账款	1 102 518 443.38		−1 102 518 443.38
应收票据		1 079 140 045.64	1 079 140 045.64

2018 年 12 月 31 日	调整前/元	调整后/元	变动额/元
应收账款		23 378 397.74	23 378 397.74
应付票据及应付账款	1 567 801 438.11		−1 567 801 438.11
应付票据			
应付账款		1 567 801 438.11	1 567 801 438.11

（2）重要会计估计变更。

□适用　☑不适用

（3）2019 年起执行新金融工具准则、新收入准则或新租赁准则调整执行当年年初财务报表相关项目情况。

☑适用　□不适用

各项目调整情况的说明

☑适用　□不适用

本公司自 2019 年 1 月 1 日起执行财政部修订的《企业会计准则第 22 号——金融工具确认和计量》《企业会计准则第 23 号——金融资产转移》《企业会计准则第 24 号——套期会计》以及《企业会计准则第 37 号——金融工具列报》（以下简称新金融工具准则）。根据相关新旧准则衔接规定，对可比期间信息不予调整，首次执行日执行新准则与原准则的差异追溯调整本报告期期初留存收益或其他综合收益。

依据新金融工具准则，公司调整 2019 年 1 月 1 日期初数据：保本浮动收益型结构性存款以公允价值计量且其变动计入当期损益的金融资产重分类至交易性金融资产核算；同时依据其公允价值变动计提递延所得税负债及期初留存收益；对于既以收取合同现金流量为目标又以出售为目标的应收票据重分类至应收款项融资核算。

（4）2019 年起执行新金融工具准则或新租赁准则追溯调整前期比较数据说明。

□适用　☑不适用

42. 其他

□适用　☑不适用

四、税项

1. 主要税种及税率

☑适用　□不适用

税种	计税依据	税率
增值税	销售额/采购额	① 根据《财务部 税务总局关于调整增值税税率的通知》（财税〔2018〕32 号）的规定，自 2018 年 5 月 1 日起，原适用 17% 和 11% 税率的，税率分别调整为 16%、10%。 ② 根据《财政部 税务总局 海关总署关于深化增值税改革有关政策的公告》规定，增值税一般纳税人发生增值税应税销售行为或者进口货物，原适用 16% 税率的，税率调整为 13%；原适用 10% 税率的，税率调整为 9%
城市维护建设税	应缴流转税额	7%
教育费附加	应缴流转税额	3%

税种	计税依据	税率
地方教育费附加	应缴流转税额	2%
地方水利建设基金	应缴流转税额	根据《山东省人民政府办公厅关于进一步清理规范政府性基金和行政事业性收费的通知》（鲁政办字〔2017〕83号）规定，自2017年6月1日起至2020年12月31日，减半征收地方水利建设基金，由按照增值税、消费税实际缴纳额的1%调整为0.5%
企业所得税	应纳税所得	15%
房产税	房产原值/房产出租收入	自用部分按计税房产原值扣除30%后，按年税率1.2%缴纳；出租房产按年租金的12%缴纳
其他税项		按国家有关具体规定计缴

存在不同企业所得税税率纳税主体的，披露情况说明。

□适用　☑不适用

2. 税收优惠

☑适用　□不适用

依据2017年12月28日全国高新技术企业认定管理工作领导小组办公室下发《关于公示山东省2017年拟认定高新技术企业名单的通知》，公司取得高新技术企业证书编号 GR201737000951，发证时间：2017年12月28日，有效期3年，2019年度按15%的税率缴纳企业所得税。

3. 其他

□适用　☑不适用

五、合并财务报表项目注释

1. 货币资金

☑适用　□不适用

项目	期末余额/元	期初余额/元
库存现金	26 447.71	39 328.17
银行存款	714 556 274.04	1 283 393 821.89
其他货币资金		
合计	714 582 721.75	1 283 433 150.06

2. 交易性金融资产

☑适用　□不适用

项目	期末余额/元	期初余额/元
1. 以公允价值计量且其变动计入当期损益的金融资产	1 293 487 336.76	932 029 780.82
其中：结构性存款	1 293 487 336.76	932 029 780.82
2. 指定为以公允价值计量且其变动计入当期损益的金融资产		
合计	1 293 487 336.76	932 029 780.82

3. 衍生金融资产

□适用　☑不适用

4. 应收票据

□适用　☑不适用

5. 应收账款

......

六、与金融工具相关的风险

☑适用　□不适用

1. 信用风险

（略）

2. 市场风险

（略）

3. 流动性风险

（略）

七、公允价值的披露

（略）

八、关联方及关联交易

（略）

九、股份支付

（略）

十、承诺及或有事项

（略）

十一、资产负债表日后事项

1. 重要的非调整事项

□适用　☑不适用

2. 利润分配情况

☑适用　□不适用

3. 销售退回

□适用　☑不适用

4. 其他资产负债表日后事项说明

□适用　☑不适用

十二、其他重要事项

1. 前期会计差错更正

（略）

2. 债务重组

□适用　☑不适用

3. 资产置换

（1）非货币性资产交换。

□适用　☑不适用

（2）其他资产置换。

□适用　☑不适用

4. 年金计划

☑适用　□不适用

报告期内，本公司员工在参加社会基本养老保险的基础上，实施了企业年金计划，公司按上年度企业工资总额的8%提取缴费总额，相应支出计入当期损益。

5. 终止经营

□适用　☑不适用

6. 分部信息

（1）报告分部的确定依据与会计政策。

□适用　☑不适用

（2）报告分部的财务信息。

□适用　☑不适用

（3）公司无报告分部的，或者不能披露各报告分部的资产总额和负债总额的，应说明原因。

□适用　☑不适用

（4）其他说明。

□适用　☑不适用

十三、补充资料

（略）

董事长：×××

董事会批准报送日期：2020 年 3 月 27 日

任务二　分析财务报表附注重要项目

学习目标

素质目标：具有全面、系统的分析思想，做爱岗敬业的分析师。

知识目标：了解财务报表附注的项目分析及其勾稽关系分析方法和内容。

技能目标：学会分析财务报表附注的项目及其勾稽关系。

任务分析

王林对财务报表附注的概念、内容和作用有了全面的认识后，要真正利用财务报表附注信息，还必须学会分析财务报表附注。所以，本任务清单如下。

1. 财务报表附注的重点项目分析。

2. 财务报表和财务报表附注各项目勾稽关系分析。

知识准备

一、财务报表附注重要项目分析

在分析的过程中，财务分析人员需要将财务报表和财务报表附注相结合，加深对财务报表上数字信息的了解，辨别财务报表的真实程度。虽然财务报表附注内容较多，但可以通过对以下几个重点项目的分析，提供分析财务报表附注的思路。

（1）企业基本情况分析。

（2）财务报表编制基础的分析。

（3）会计政策变更、会计估计变更和会计差错更正的分析。

（4）报表中重要项目分析。

（5）或有事项的分析。

（6）资产负债表日后事项的分析。

（7）关联方及其交易的分析。

二、分析财务报表附注中的勾稽关系

财务报表附注中的财务勾稽关系反映了企业经营活动中的内在联系，是判断财务报表附注内容真实性、合法性和充分表达的重要依据。财务报表附注中许多项目之间有一定的勾稽关系，阅读分析财务报表附注时应加以注意。

职业启迪

做好财务报表附注分析首先要建立关联感，加强报表附注与报表的联系，还要具有全面、系统的分析思想，去伪存真，精益求精，实现分析结论的全面性、系统化。

任务实施

一、财务报表附注重要项目分析

（一）企业基本情况分析

在判断财务报表反映企业财务状况及经营成果和现金流量情况的真实程度之前，财务分析人员必须了解企业的组织形式、总部地址和主营业务范围，分析企业所处的宏观经济环境和行业的发展状况，分析企业的重大历史事件对公司盈利前景的影响程度等。通过这些分析，财务分析人员能够更好地解读财务报表附注信息的背景，为报表使用者的决策提供参考。

（二）财务报表编制基础的分析

财务报表一般依据会计准则编制而成，符合公认的基本会计假设（会计主体、持续经营、会计分期和货币计量），如违背了基本会计假设，必须予以披露，并说明原因。例如，企业应当根据会计准则的规定判断企业是否持续经营，并披露财务报表是否以持续经营为基础编制。

【案例6-1】某公司的子公司注册资本为300万元，资产总额为467万元，由于经营不善，连年亏损，目前已资不抵债，濒临破产边缘。在财务报表的编制上，则不采用持续经营假设，而根据清算会计的原则进行编制。对此，编制财务报表附注时必须加以阐明。

（三）会计政策变更、会计估计变更和会计差错更正的分析

1. 会计政策变更的分析

会计政策变更的分析应从变更理由、会计处理方法和披露内容三个方面进行。

（1）分析会计政策变更的理由是否充分。为了保证财务信息的可比性，使报表使用者在比较分析财务报表时，能够正确判断企业的财务状况、经营成果和现金流量的变化趋势，一般情况下，企业采用的会计政策，在每一会计期间和前后各期应当保持一致，不得随意变更。但是，满足下列条件之一的，可以变更会计政策。

① 法律、行政法规或者国家统一规定的会计制度等要求变更。

② 会计政策变更能够提供更可靠、更相关的会计信息。

对于法律、行政法规或者国家统一规定的会计制度等要求变更的，重点分析其是否符合法律、法规和制度的要求，会计处理是否合法；对于会计政策变更能够提供更可靠、更相关的会计信息的，重点分析会计政策变更是否能真实、公允地反映企业的财务状况、经营成果和现金流量，是否是企业利用会计政策变更粉饰财务报表。

（2）分析会计政策变更的会计处理方法是否正确。

对于法律、行政法规或者国家统一规定的会计制度等要求变更，应该按照有关规定执行；对于企业自愿变更会计政策的，一般要求采用追溯调整法，若会计政策变更的累计影响数不能合理地确定，则应采取未来适用法。

> **拓展阅读**
>
> 会计政策变更的会计处理方法有追溯调整法和未来适用法。追溯调整法是指对某项交易或事项变更会计政策，视同该项交易或事项初次发生时即采用变更后的会计政策，并以此对财务报表相关项目进行调整的方法。会计政策变更能够提供更可靠、更相关的会计信息的，应当采用追溯调整法进行处理。
>
> 未来适用法是指将变更后的会计政策应用于变更日以后发生的交易或者事项，或者在会计估计变更当期和未来期间确认会计估计变更影响数的方法。在当期期初确定会计政策变更对以前各期累积影响数不能合理地确定，应当采用未来适用法进行处理。

（3）分析会计政策变更披露的内容是否完整。企业应当在报表附注中披露会计政策变更的性质、内容和原因，当期和各个列报前期财务报表中受影响的项目名称和调整金额，无法进行追溯调整的，说明该事实和原因以及开始应用变更后的会计政策的时点、具体应用情况。

【案例 6-2】M 上市公司，在 2020 年年度财务报表附注中披露，该公司以公允价值计量且其变动计入当期损益的金融资产以及可供出售的金融资产，2020 年披露金额数为-1 680 万元，2019 年披露金额数为 2 947 万元，差异数总计为-4 627 万元（-4 627=-1 680-2 947），并且对这一影响数进行了追溯调整。

2. 会计估计变更的分析

会计估计变更分析通常从变更的合理性、会计处理方法的正确性和变更披露内容的正确性三个方面进行。

> **拓展阅读**
>
> 会计估计变更是指由于资产和负债的当前状况及预期未来经济利益和义务发生了变化，从而对资产或负债的账面价值或者资产的定期消耗金额进行的重估和调整。例如，固定资产折旧

方法、固定资产预计使用年限和预计净残值（率）、坏账准备估计比例等发生变化，企业进行会计估计的基础发生了变化，或者由于取得新信息、积累更多经验以及后来的发展带来的变化。

（1）分析会计估计变更的合理性。在对会计估计变更进行分析时，应重点分析会计估计变更的依据是否真实、可靠，主要通过与同行业企业的对比进行分析判断，以证实真实的变更目的。

（2）分析会计估计变更的会计处理方法的正确性。对会计政策要求会计估计变更的会计处理主要采用未来适用法，不调整以前年度财务报表。

会计估计变更仅影响变更当期的，其影响数应当在变更当期予以确认；既影响变更当期又影响未来期间的，其影响数应当在变更当期和未来期间予以确认。企业难以区分会计政策变更和会计估计变更的，应当将其作为会计估计变更进行处理。

（3）分析会计估计变更披露内容的正确性。企业应当在报表附注中披露会计估计变更的内容和原因，变更对当期和未来期间的影响数以及会计估计变更的影响数不能确定的，应披露这一事实和原因。

3. 会计差错更正的分析

会计差错更正是指对企业在会计核算中，由于计量、确认、记录等方面出现的错误进行的纠正。前期差错是指由于没有运用或错误运用以下两种信息，从而对前期财务报表造成遗漏或误报。

- 编报前期财务报表时能够合理预计取得并应当加以考虑的可靠信息。
- 前期财务报表批准报出时能够取得的可靠信息。

企业应当采用追溯调整法更正重要的前期差错，企业应当在重要的前期差错发现后的财务报表中，调整前期比较数据。企业应当在报表附注中披露与前期差错更正有关的下列信息。

- 前期差错的性质。
- 各个列报前期财务报表中受影响的项目名称和更正金额。
- 无法进行追溯调整的差错，说明该事实和原因以及对前期差错开始进行更正的时点、具体更正情况。

会计差错会造成企业的财务信息不真实，分析的重点是判断差错的性质是否是故意造成的，例如，提前确认尚未实现的收入、不确认已实现的收入等都属于故意产生的差错。其他原因也会造成会计差错，例如，账户分类及计算错误、会计估计错误、漏记已经完成的交易、对事实的忽视和误用等。

【案例 6-3】X 股份有限公司在 2020 年年度财务报告中，对本期发现的属于以前年度的重大会计差错进行了追溯调整，而其在 2020 年度又变更了会计师事务所，初次接受委托的会计师事务所无法获取充分、适当的审计证据来确定追溯调整后的 2020 年期初数和上年数对本期会计报表整体反映的影响程度，因而被会计师事务所出具了无法表示意见的审计报告。

（四）报表中重要项目的分析

在财务报表中，信息使用者无法清晰地了解各报表项目的明细构成情况，在报表附注中，根据会计的重要性原则，对重要的报表项目应当说明其明细构成情况。重要项目通常包括货币资金、交易性金融资产、应收账款、存货、长期股权投资、固定资产、职工薪酬、应付账款、应交税金、短期借款、长期借款、股本和营业收入等。

对重要项目进行分析时，要把报表资料和报表附注资料结合起来。以应收账款为例，资产负债表中的应收账款项目余额反映的是应收账款的账面余额扣除坏账准备后的金额，而关于应收账款的主要发生额、账龄分析及其坏账准备的计提情况，要在报表附注中查找相应资料。所以，要进行应收账款的账龄分析、坏账准备分析、债务构成分析，财务分析人员必须把报表资料和报表附注资料结合起来进行分析。

（五）或有事项的分析

或有事项，尤其是或有负债的存在，会使得对企业未来的生产经营生产重大不确定性，甚至有可能危及企业的生存。因此，应重视对财务报表附注中或有事项信息的解读和分析。分析时应特别注意对外担保等近年来对上市企业产生重大不利影响的事项，借此判断企业经营面临的风险大小。

（六）资产负债表日后事项的分析

对于资产负债表日后事项的分析，主要从资产负债表日后调整事项和资产负债表日后非调整事项方面进行。

1. 调整事项的分析

终点分析调整事项会计处理的正确性，即调整事项对企业财务状况的影响是否体现在相应的报表项目中。

2. 非调整事项的分析

非调整事项不应当调整资产负债表日的财务报表，但应将其性质、内容及其对财务状况和经营成果的影响进行披露；无法做出估计的，应当说明原因。在分析时应对披露项目进行逐一分析，例如，股票和债券的发行会明显地影响企业资本结构，使企业的偿债能力发生变化，获利能力也会受到一定的影响。

【案例 6-4】Y 上市公司 2021 年年度财务报表中的财务报表附注披露公司资产负债表日后事项，以下内容是从中选取的典型事项。

1. 资产负债表日后事项中的调整事项

本公司股东大会审议通过了 2021 年度利润分配方案，按照本公司 2021 年度净利润 10% 提取法定盈余公积金 2 243.38 万元。

2. 资产负债表日后事项中的非调整事项

（1）截至 2022 年 4 月 10 日，公司长期和短期借款金额总额为 40.67 亿元，比 2021 年 12 月 31 日的长期和短期借款金额总额多 10.58 亿元。

（2）2022 年 3 月 17 日，公司已归还到期短期融资债券的本金及利息 1 038.5 万元。

Y 上市公司资产负债表日后调整事项仅有一项，是公司通过利润分配方案，需要调整财务报表项目，影响企业的财务状况。

Y 上市公司资产负债日后非调整事项中，第一项是增加了长期和短期借款，该事项会影响企业的偿债能力和获利能力；第二项是归还了短期融资债券的本金及利息，会减少企业的现金流。

（七）关联方及其交易的分析

企业关联方之间由于存在着密切的关联关系，完全可以在不依赖正常市场交易的条件下，通过内部操纵而完成关联交易，以达到某种目的。对于该类交易，财务分析人员应分析关联方交易价格的合理性，关注对财务状况和经营成果的影响。产生重大影响的关联方交易的价格，是否与交易对象的账面价值或其市场价格存在较大的差异，从而判断关联交易到底是正常的购销行为还是利润操纵的手段。

06

拓展阅读

关联方及其交易

关联方是指一方控制、共同控制另一方或对另一方施加重大影响，以及两方或两方以上同受一方控制、共同控制或重大影响的，构成关联方。关联方交易是指关联方之间转移资源、劳务或义务的行为，而不论是否收取价款。关联方交易的类型有购买或销售商品、购买或销售商品以外的其他资产、提供或接受劳务、担保和抵押、提供资金（贷款或权益性投资）、租赁、代理、研究与开发项目的转移、许可协议、代表企业或由企业代表另一方进行债务结算、关键管理人员报酬。

企业无论是否发生关联方交易，均应当在报表附注中披露母公司和子公司的名称，母公司和子公司的业务性质、注册地、注册资本（或实收资本、股本）及其变化，母公司对该企业或者该企业对子公司的持股比例和表决权比例等。企业与关联方发生关联方交易的，应当在报表附注中披露该关联方关系的性质、交易类型及其交易要素。披露的交易要素至少包括交易的金额，未结算项目的金额、条款和条件，以及有关提供或取得担保的信息，未结算应收项目的坏账准备金额，定价政策等。

关联方及关联方交易的分析应从以下几个方面进行。

1. 关注关联方及其交易的完整性

关联方交易尤其是大量非正常关联方交易，其信息披露的不完整不仅会造成企业的透明度低，而且会造成投资者不能正确地评价关联方交易的合理性，企业的财务状况和经营成果无法得到真实的反映，最终导致社会资源配置的低效率，侵害广大投资者的利益。在完整性方面存在以下问题。

（1）对关联方关系披露不完整。隐瞒某些存在关联关系的关联方，例如，没有披露存在控制关系的关联方的注册资金及其变化、权益资本及其变化和持股比例等，或者没有披露主要投资者个人、高层管理人员及其家属与相关企业的关系。

（2）对关联方交易披露不完整。企业没有按照企业会计准则的要求进行披露，个别上市企业出于种种目的，隐瞒关联方交易的事项。其主要原因是这些关联方交易缺乏公允性和真实性，如果完整地对外披露，势必会对企业的当年利润或者企业形象产生影响。

例如，当某个关联方在一定时期需要表现为盈利较高时，其他关联方就有可能向其以低于市场正常水平的价格提供商品或劳务，以高于市场正常水平的价格从其购买商品或劳务。这样，就可以把其他关联方的利润转移到需要高估利润的关联方，从而将其"包装"为外在盈利能力远远超过其实际盈利能力的企业。显然，这种交易并不是企业的正常交易。因此，财务信息的使用者必须对企业关联方关系及其交易的合理性进行判断。

2. 关注关联方及其交易的真实性

关联方交易是否真实，是否有实际的资金流动，财务分析人员在分析时应特别关注。目前，我国上市企业关联方交易大部分通过非现金方式进行，关联方之间的交易因无须付现，对关联方的经营现金流量压力不大。因此关联方交易可能纯粹是一种报表重组。

3. 关注关联方及其交易的可比性

关联方交易披露在可比性方面透明度较低，主要表现在定价政策的披露上。上市企业披露关联方交易的定价原则和有关费用收支标准差异较大，缺乏可比性。大多数上市企业往往只列示"按协议定价""按市场价格"，没有进一步加以明确，使投资者难以了解真实的交易价格，不排除个别上市公司以此达到粉饰报表的目的。

【案例6-5】T上市公司和S上市公司关于关联方交易的事项披露如下。

T上市公司在2020年年度报告财务报表附注中披露，其关联方交易定价政策是参考市场价格协商决定。

S上市公司在2020年年度报告财务报表附注中披露，关联方交易的定价政策是本公司与关联企业之间的业务往来，按一般市场经营规则进行，与其他业务往来企业同等对待。本公司同关联方之间购销及提供其他劳务服务的价格，有国家定价的，适用国家定价；没有国家定价的，按市场价格确定；没有市场价格的，参照实际成本加合理费用原则由双方定价；对于某些无法按照"成本加费用"的原则确定价格的特殊服务，由双方协商定价。

由此可见，T上市公司定价政策的披露比较笼统，还需进一步分析，而S上市公司披露的相关信息比较充分。

二、分析财务报表附注中的勾稽关系

报表附注中许多项目之间存在一定的勾稽关系，分析报表附注时应注意以下几个方面的内容。

（1）不同报告期对同一项目的表述是否一致，若发生变化，是否合理。

例如：某公司在上年报表附注中披露的固定资产中无运输设备，在本期报表附注中披露的固定资产期初数中却包含运输设备等。

（2）比较本期财务报表附注披露的数据与上期财务报表附注披露的数据，判断是否合乎情理。例如：应收账款的账龄分析，本期2～3年的款项金额是否大于或等于上期1～2年的款项金额；上年主营业务收入中有70%属于劳务收入，而本期劳务收入却只占3%。这类异常情况虽然不一定存在错误，但分析人员必须予以关注，查明具体原因。

（3）报表附注中不同项目之间的勾稽关系是否合理。

例如，分析坏账准备时，要用企业坏账准备计提数与应收账款和其他应收款的余额总和相比并求得比值，与会计制度规定的坏账准备计提比例以及报表附注中披露的比例相比较，审查坏账准备及其提取比率的准确性。又如，对货币资金与现金净流量的分析进行复核，可以通过分析货币资金期初期末余额与现金流量表中现金净流量之间的勾稽关系，比较货币资金的增加额与经营活动产生的现金流量、短期借款以及本期增加的长期借款数额是否相符，审查是否存在粉饰经营性收入和经营产生的现金流量等情况。再如，固定资产累计折旧项目存在以下勾稽关系。

① 各类固定资产本期减少的金额≥累计折旧减少的金额。

② 各类固定资产原值期末余额减累计折旧期末余额≥固定资产残值。

③ 固定资产本期增加的金额≥在建工程本期转入固定资产的金额。

④ 各类别固定资产累计折旧的本期增加金额<（各类别固定资产期初数+本期增加数）×折旧率。

⑤ 固定资产抵押金额≤固定资产原值。

⑥ 固定资产抵押数与承诺事项披露的有关数据是否一致等。

（4）检查有无其他逻辑上的错误。

例如，在建工程资金来源为自筹，并非借款，但该项目却存在巨额资本化利息，显然不符合常理；又如，对于同一项目，中期报告披露的资本化金额为 200 万元，而年度报告披露的资本化金额却为 20 万元。

项目总结

财务报表附注是财务报表的补充，是对资产负债表、利润表、现金流量表和所有者权益变动表等报表中列示项目的文字描述或明细资料，以及对未能在四大报表中列示项目的补充注释。财务报表附注是财务报表的重要组成部分，是企业报表使用者全面、客观、准确地解读企业信息必须参照的重要内容。

财务报表附注的内容包括企业的基本情况、财务报表的编制基础、遵循《企业会计准则》的声明、重要会计政策和会计估计、会计政策和会计估计变更以及差错更正的说明、报表重要项目的说明等。

分析财务报表附注主要是对一些重要项目的分析，如会计政策和会计估计变更以及差错更正、关联方关系及其交易、资产负债表日后事项等信息披露的合理性与合法性的分析。同时，报表附注中许多项目之间存在一定的勾稽关系，阅读并分析报表附注时应加以关注。

技能训练

- **专业知识训练**

一、单项选择题

1. 因为财务报表所规定的内容具有一定的（　　），在信息披露上受到一定限制，所以需要编写财务报表附注。

    A. 灵活性　　　　　　B. 固定性　　　　　　C. 可拓展性　　　　　D. 相关性

2. 财务报表附注的形式多种多样，企业可根据需要选择，如果你所在企业要说明的内容很多，你会选择（　　）。

    A. 脚注说明　　　　　B. 备抵与附加账户　C. 尾注说明　　　　　D. 括弧说明

二、多项选择题

1. 对企业财务报表附注进行分析应从（　　）等方面来进行。

    A. 企业分析　　　　　　　　　　　　　B. 行业分析

    C. 宏观经济环境分析　　　　　　　　　D. 附注中重点项目分析

2. 财务报表附注的编制形式有（　　）等几种。

    A. 脚注说明　　　　　B. 备抵与附加账户　C. 尾注说明　　　　　D. 括弧说明

三、判断题

1. 任何行业要都经历一个由成长到衰退的发展演变过程，所以对企业财务报表附注进行分析时，必须结合行业的生命周期。（　　　　）

2. 财务报表附注是企业财务报表的重要组成内容，所以要求各企业选用的财务报表附注编制形式应统一、规范。（　　　　）

3. 看一份企业的年度财务报表，必须关注它的报表附注资料。（　　　　）

● **综合技能训练**

案例分析

选择一家感兴趣的上市公司，上网搜集其年度财务报告，将其在报表附注中披露的内容与会计准则中的内容进行对比，判断该公司报表附注的披露是否充分，依次对公司的财务状况和经营成果的可信性进行分析。

项目七

财务专项分析

王林学会了各项财务报表资料的分析之后，现在需要进行财务专项分析。即以企业的财务报告等资料为基础，分别按债权人、投资者、经营管理者及政府和监管机构等不同主体的需要，系统地对企业在一定时期内的财务状况、经营成果进行剖析和评价，旨在能为不同的利益主体提供不同内容的信息服务，主要包括以下几个方面。

第一，为债权人提供企业信誉和偿债能力的信息。

第二，为投资者进行投资决策提供科学依据。

第三，为经营管理者改善经营、强化管理提供信息服务。

第四，为政府和监管机构的宏观决策与管理提供信息支持。

总之，王林现在需要进行财务专项分析，包括偿债能力分析、盈利能力分析和营运能力分析，为不同的利益主体提供不同内容的信息服务。那么，王林该如何完成这项新任务呢？

任务一　偿债能力分析

学习目标

素质目标：具有诚信意识，以诚实守信、严谨细致控制财务风险。

知识目标：掌握偿债能力的基本知识、分析指标与计算方法。

技能目标：学会偿债能力分析。

任务分析

任务资料：现在华强公司的子公司——A 公司欲向银行申请三个月的周转贷款，王林需要站在债权人的角度，根据 A 公司财务报告资料进行偿债能力分析，如表 7-1、表 7-2 所示，分析其能否得到贷款。

表7-1　　　　　　　　　　　资产负债表

编制单位：A公司　　　　　　　　　2020年12月31日　　　　　　　　　单位：万元

资产	期末余额	期初余额	负债及所有者权益	期末余额	期初余额
货币资金	1 000	800	短期借款	2 300	2 000
交易性金融资产	1 200	1 000	应付账款	1 200	1 000
应收账款	1 800	1 700	其他应付款	500	400
存货	3 900	3500	流动负债合计	4 000	3 400
其他流动资产	200	100	长期借款	2 500	2 000
流动资产合计	8 100	7 100	非流动负债合计	2 500	2 000
长期股权投资	400	400	负债合计	6 500	5 400
固定资产	14 000	12 000	实收资本	12 000	12 000
无形资产	500	500	盈余公积	1 600	1 600
非流动资产合计	14 900	12 900	未分配利润	2 900	1 000
			所有者权益合计	16 500	14 600
资产总计	23 000	20 000	负债及权益合计	23 000	20 000

表7-2　　　　　　　　　　　利润表

编制单位：A公司　　　　　　　　　2020年度　　　　　　　　　单位：万元

项目	本期金额	上期金额
一、营业收入	21 200	18 800
减：营业成本	12 400	10 900
营业税金及附加	1 200	1 080
销售费用	1 900	1 620
管理费用	1 000	800
财务费用	300	200
加：投资收益（损失以"-"号列）	300	300
二、营业利润（损失以"-"号填列）	4 700	4 500
加：营业外收入	150	100
减：营业外支出	650	600
三、利润总额（损失以"-"号填列）	4 200	4 000
减：所得税费用	1 680	1 600
四、净利润（损失以"-"号填列）	2 520	2 400

07

要完成这项任务，王林需要知道什么是偿债能力？如何进行分析？这就是本任务要讲解的知识。偿债能力分析是财务报告分析的重要内容之一，是对各项财务报告资料的分析知识的具体运用，也为后面的财务综合分析进行了铺垫。所以，本任务清单如下。

1. 掌握企业偿债能力分析的基本知识。

2. 掌握偿债能力的分析指标、计算方法与分析。

3. 能运用相关知识进行偿债能力分析。

微课视频：分析短期
偿债能力

一、什么是偿债能力

　　企业的偿债能力是指在一定期间内清偿各种到期债务的能力。偿债能力强
弱是衡量经营绩效的重要指标，不仅关系企业本身的生存和发展，同时也与债
权人、投资者的利益密切相关。从企业内部来看，通过测定自身的偿债能力，有利于企业科学合
理地进行筹资决策和投资决策；从企业外部来看，债权人将根据企业偿债能力的强弱确定贷款决
策。现代企业是否经营良好的重要标志之一就是偿债能力的强弱。

　　企业的偿债能力按其债务到期时间的长短（以一年为限）分为短期偿债能力和长期偿债能力。
现该公司申请三个月的周转贷款，属于短期债务，所以，本任务首先介绍短期偿债能力的分析。

二、短期偿债能力的概念及意义

　　短期偿债能力是指一个企业以其流动资产偿还短期债务的能力。短期债务具体包括短期借款、
应付票据、应付账款及预收款项等不长于一年或一个经营周期的债务。短期偿债能力分析是债权
人、投资者以及经营管理者等普遍关注的问题。

　　对于债权人来说，债权人准备向某企业贷款前必须评估该企业的偿债能力，看其能否按期归
还借款、支付利息，并且考虑其资信状况，决定是否进行贷款以及贷款额度，并制定贷款条件。

　　对于企业员工来说，企业缺乏短期偿债能力则无法按期支付员工薪资，员工可能会面临利益
受损或失业的风险。

　　对于供应商来说，短期偿债能力较弱则代表供应商可能无法按期收回账款。

　　对于企业的投资者来说，如果企业的流动资产不足以抵偿其流动负债，企业的信誉将受到损害。
上市企业可能因此而股票价格下跌，或者由于信用有限，企业为了筹集资金必须提高资金的使用代
价，使企业资金成本提高，影响企业投资机会，导致企业获利能力下降，从而影响投资者的利益。

三、短期偿债能力的分析

　　决定一个企业短期偿债能力强弱的主要因素，一是企业营运资金的多少，二是企业流动资产
变现速度的快慢。如果企业的营运资金较多，企业的短期偿债能力必然较强；如果企业的营运资
金较少，企业的短期偿债能力也会较弱。企业流动资产的变现速度快，其短期偿债能力就强；如
果企业流动资产的变现速度较慢，其短期偿债能力也会较弱。短期偿债能力的分析可以从以下三
个方面进行分析：一是营运资金分析，二是比率分析，三是现金流量分析。

（一）营运资金分析

1. 营运资金的含义、计算

　　流动资产和流动负债是短期偿债能力分析的两个要素。将流动资产和流动负债进行对比，可
以看出企业的短期偿债能力。营运资金是企业流动资产减去流动负债的差额，也称净营运资本，
它是反映企业短期偿债能力的绝对数指标，其计算公式如下。

营运资金=流动资产-流动负债

　　营运资金是表示流动资产超过流动负债的部分。当营运资金为正值时，表明企业有能力偿还全

07

部短期债务；当营运资金为零或负值时，表明企业已无力偿还全部短期债务，企业资金将无法周转。但是，并不是说营运资金越多越好。营运资金过多，说明企业有一部分资金处于闲置状态，没有充分发挥其效益，会影响盈利能力。因此，流动资产与流动负债的差额应保持适当的数值。

【案例 7-1】根据表 7-1，计算 A 公司营运资金。

2020 年初：7 100-3 400=3 700（万元）

2020 年末：8 100-4 000=4 100（万元）

通过计算可知，A 公司营运资金 2020 年年末比年初有所上升，营运资金数额较大，说明企业有能力偿还全部短期债务。

2. 营运资金的分析要点

（1）分析营运资金的合理性。营运资金的合理性是指营运资金以多少为宜。短期债权人希望营运资金越多越好，这样就可以减少贷款风险。但是高营运资金意味着流动资产多而流动负债少，大量资金闲置，无法产生更多的经济利益，同时也说明企业可能缺乏投资机会，发展潜力受到影响。因此，企业应保持适当的营运资金规模。

（2）营运资金数额保持多少才算合理是没有统一的标准。不同行业的企业的营运资金规模是有很大差别的。一般来说，零售商的营运资金较多，因为零售商除了流动资产外没有其他可以偿债的资产；而信誉好的餐饮企业营运资金很少，有时甚至没有营运资金，因为其稳定的收入可以偿还同样稳定的流动负债。制造业企业一般有营运资金，但不同企业的数额差别较大。由于营运资金与经营规模有关，所以同一行业不同企业之间的营运资金也缺乏可比性。因此，该指标很难用于不同规模、不同时期、不同企业之间的比较，在实务中财务分析人员也很少直接使用营运资金作为反映企业短期偿债能力的指标。在分析时必须结合其他指标，才能正确评价企业的短期偿债能力。

（二）比率分析

衡量短期偿债能力有以下三个指标：流动比率、速动比率、现金比率。

1. 流动比率

（1）流动比率的含义、计算。

流动比率是指企业的流动资产与流动负债的比例关系，表示一个企业每元的流动负债需要多少流动资产抵偿。其计算公式如下。

$$流动比率=流动资产÷流动负债$$

（2）流动比率的分析要点。

① 流动比率是流动资产与流动负债之间的相对数，故不受流动资产与流动负债规模的影响，更适用于不同企业之间，以及同一企业不同历史时期的比较。流动比率指标是国际上公认的衡量企业短期偿债能力的重要指标之一。

② 流动比率是用相对数对营运资金进行解释的。企业的流动资产在清偿流动负债后，还应有一定的余额，以满足企业日常经营活动中的其他资金需要，维持企业继续经营。一般来说，流动比率越高，反映企业短期偿债能力越强，债权人的权益就越有保障，其遭受损失的风险就越小。但流动比率也不能过高，过高表明企业流动资产占用较多，不仅会丧失机会收益，还会影响资金的使用效率和企业的获利能力。如果流动比率过低，则表明企业可能流动资金不足，难以偿还到期的债务。

【案例 7-2】根据表 7-1，A 公司 2020 年年末的流动资产为 8 100 万元，流动负债为 4 000 万元，则流动比率为 8 100÷4 000=2.025。该公司的流动比率高达 2.025∶1，体现了公司较强的短期偿债能力。

例如，假设 B 公司的流动比率为 0.8，说明该公司用于偿还 100 元流动负债的流动资产只有 80 元，流动资产不能抵偿其流动负债。

③ 一般来说，流动比率保持在 2 左右表示企业的财务状况稳固。但是，这个标准并不是绝对的，会受经营性质和经营周期的影响。若企业营业周期短，则材料、产品等存货库存较少，应收账款周转速度较快，流动比率相对较低；相反，对营业周期较长的企业来说，其存货较多，应收账款的周转速度也较慢，因而流动比率也必然较高。即使同一企业在不同时期，例如，销售旺季与淡季，流动比率也会有较大的差别。因此，对流动比率进行分析要根据企业的性质和实际情况来评价，不能一概而论。同时，运用流动比率还应结合其他指标进行综合分析。

（3）分析流动比率应注意的问题。

① 流动比率高，并不意味着企业有足够的现金或存款用来偿还负债。因为流动资产中有变现能力相对不强的应收账款、预付款项和存货等。流动比率高，也许是存货积压、应收账款或预付款项增多导致的，而现金和存款可能并不充足，因此，还应进一步对流动资产的构成项目、分布情况和变现能力进行分析。

② 企业经营管理者为了显示良好的财务状况，可能会通过一些方法粉饰流动比率。例如，企业用流动资产偿还流动负债或通过增加流动负债来购买流动资产时，流动比率计算公式的分子与分母将等额地增加或减少，并造成流动比率本身的变化。

例如，假设 C 公司年末流动资产为 800 万元，流动负债为 500 万元，则流动比率为 800÷500=1.6，公司为粉饰财务状况，在年末暂时用 200 万元的货币资金偿还应付账款，此时，流动比率被粉饰为 600÷300=2。因此，分析流动比率时，财务分析人员还应注意观察其会计期末前后一段时间内流动资产与流动负债数额方面的变化情况。

③ 不同国家的金融环境不同，企业采用不同的营运资金政策，导致不同的流动比率。流动比率是否合理，不同国家、不同行业及同一企业的不同时期其评价标准是不同的。即使是同一国家不同行业的企业其流动比率也明显不同。因此，流动比率的合理性，必须通过动态分析、历史比较和类似企业比较来综合评价。

2. 速动比率

（1）速动比率的含义、计算。

速动比率是指企业速动资产与流动负债的比例关系，是衡量企业流动资产中可以立即用于偿还流动负债的能力。速动资产是指可以迅速用于支付流动负债的流动资产。速动资产一般包括库存现金、银行存款、有价证券和应收款项。速动资产和速动比率的计算公式如下。

$$速动资产=流动资产-（存货+预付账款）$$
$$速动比率=速动资产÷流动负债$$

在衡量企业短期偿债能力方面，速动比率较流动比率更为严密可靠。如果流动比率较高，而流动资产的流动性却很低，则企业偿债能力仍然不高。因为，流动资产中，交易性金融资产（有价证券）可以立刻在市场上出售，转化为现金，应收票据和应收账款通常也可以在较短时期内变为现金；而存货的流动性较差，变现时间长，而且有可能在变现过程中损失的情况；预付账款可能转化为存货，所以，流动资产中只有流动性强的速动资产具有立即偿债的能力。因此，速动比率体现的短期偿债能力更为接近企业的实际偿债能力。

（2）速动比率的分析要点。

速动比率是反映企业偿债能力的重要指标之一。对于短期债权人来说，该指标越高，表明企业偿还债务的能力越强；但如果速动比率过高，表明企业可能拥有过多的货币资金，造成资金的闲置，影响企业的盈利能力。相反，速动比率过低又表明缺乏速动资产，短期支付能力不强，存在一定的财务风险。

一般认为，速动比率为 1∶1 较为适宜，即企业每 1 元的流动负债，都有 1 元易于变现的资产作为抵偿。但是，由于企业所处行业不同，以及企业的经营特点不同，速动比率会有较大差异，财务人员分析时应该注意速动比率与不同行业之间的关系。

此外，在一般情况下，企业各项债务不可能集中在一个时期偿还，因而速动比率低于 1 并不意味着不安全，只要速动资产大于近期将要偿还的债务，就说明企业偿债安全性有保障。

【案例 7-3】根据表 7-1，A 公司 2020 年年末的流动资产为 8 100 万元，其中存货为 3 900 万元，其他流动资产为 200 万元，流动负债为 4 000 万元。该公司的速动比率为（8 100-3 900-200）÷4 000=1。

该公司的速动比率达到了一般公认的标准，说明公司具有超强的短期偿债能力。

（3）分析速动比率应注意的问题。

① 应收账款的比重。企业的应收账款来自商品销售，而应收账款的多少取决于销货条件及企业信用政策。一般情况下，除非企业办理清算，否则旧的应收账款收回时，新的应收账款又会发生，所以，在计算流动比率指标时将应收账款的多少视为未来现金流入量的指标是不确切的。

② 应收账款的回款率。在分析速动比率时，首先应当注意，速动比率虽然剔除了变现能力较弱的存货和预付账款，但速动资产中的应收账款本身也可能存在一些潜在的问题，如可能隐藏着未冲销的坏账、逾期待催收的账款所占比重过大等问题，这些都会影响速动比率的真实性。因此，财务人员还应当对应收账款的"质量"进行具体分析。

3. 现金比率

（1）现金比率的含义、计算。

现金比率是指企业现金类资产与流动负债的比例关系。现金类资产是指货币资金和交易性金融资产。这两项资产的特点是随时可以变现，即现金流量表中所反映的现金及现金等价物。由于流动负债是用企业的货币资金来偿付的，所以现金比率能反映企业直接偿付流动负债的能力，其计算公式如下。

$$现金比率=（货币资金+现金等价物）÷流动负债$$

【案例 7-4】根据表 7-1，A 公司 2020 年年末的货币资金为 1 000 万元，交易性金融资产 1 200 万元，全部为易于变现的公司债券，流动负债为 4 000 万元。该公司的现金比率计算如下。

$$现金比率=（1 000+1 200）÷4 000=0.55$$

现金比率没有公认的标准以供参考，但一般情况下，企业没有必要保留过多的现金类资产，否则，企业的资金利用率就会变低。

（2）现金比率的分析要点。

现金比率是对速动比率的进一步分析。速动比率已将存货等变现能力较差的流动资产剔除，但速动资产中的应收账款等有时也会因客户倒闭、抵押等情况其变现能力受影响，甚至出现坏账，最终减弱企业的短期偿债能力。尤其是在企业面临财务危机时，即使有较高的流动比率和速动比率，也无法满足债权人的要求。因此，较为稳健或保守的方法是采用现金比率来衡量企业的短期偿债能力。

现金比率的高低更能准确地反映企业直接偿债能力的大小。现金比率越高，表明企业的直接偿债能力越强，信用值越高。企业保持合理的现金比率是很有必要的。但是，如果这个比率过高，可能意味着企业拥有过多的现金类资产，将影响企业的盈利能力。

现金比率反映企业的即时付现能力。在企业财务状况极坏时，或者当存货及应收账款的周转速度极慢时，可以运用现金比率评价企业的短期偿债能力。

（三）现金流量分析

前述关于企业偿债能力分析均隐含了一个前提，即对偿债能力的分析是建立在对企业现有资产进行清盘变卖的基础上，认为企业的债务应该以企业的资产为保障。流动比率、速动比率以及现金比率都是基于这样的基础进行计算的。这种建立在企业清算基础而非持续经营基础上的分析方法并不完全符合企业运行状况。企业要持续发展就不可能将所有流动资产变现来偿还流动负债，更不可能将所有资产变现来偿还企业所有债务。因此，持续经营应当作为分析企业偿债能力的基础。

正常持续经营的企业，其债务的偿还依赖企业稳定的现金流入。因此，偿债能力的分析，应当包括对企业现金流量的分析和评价。

现金流量分析是将企业一定时期内在正常经营过程中产生的现金流入与现金流出的方向、数量、时间等因素结合，考察各时段的净现金流量（即现金流入量与现金流出量之差），若净现金流量大于 0，则说明企业能基本保证短期债务的及时偿付；若净现金流量小于 0，则企业不能保证短期债务的及时偿付。一般常用现金流动负债比来动态地评价企业的短期偿债能力，其计算公式如下。

$$现金流动负债比=经营现金净流量÷流动负债$$

四、影响短期偿债能力的表外因素

上述短期偿债能力分析指标，都是从财务报表资料中取得的，但还有一些财务报表资料中没有反映出来的因素，也会影响企业的短期偿债能力，其影响力也相对较大。企业流动资产的实际变现能力，可能比财务报表项目反映的变现能力要好，因此财务报表使用者应多了解影响短期偿债能力的表外因素，有利于报表使用者做出正确的判断。

（一）增强短期偿债能力的因素

1. 可动用的银行贷款指标

银行已同意、企业未办理贷款手续的银行贷款限额，该款项可以随时增加企业的现金数额，提高企业现金支付能力。

📖 **拓展阅读**

在企业长期业务往来中，银行基于对客户多年信用状况的考察和"与客户共同成长"的理念，通常会给予优质客户一定授信额度。在这个额度内，企业可以随时向银行提出申请取得贷款，从而提高企业现金支付能力。

2. 准备很快变现的长期资产

由于某种原因，企业可能将一些长期资产快速出售变为现金，增强短期偿债能力。企业出售长期资产，一般情况下是要经过慎重考虑的，企业应根据近期利益和长期利益的辩证关系，正确决定是否出售长期资产的问题。

3. 良好的偿债能力声誉

如果企业的偿债能力一直很强，有一定的声誉，在短期偿债方面出现困难时，可以很快地通过发行债券和股票等办法解决资金短缺的问题，提高短期偿债能力。这个增强变现能力的因素，取决于企业自身的信用声誉和当时的筹资环境。

（二）减弱短期偿债能力的因素

1. 承担担保责任引起的债务

企业有可能以部分流动资产为他人提供担保，如为他人向金融机构借款提供担保，为他人购物提供担保或为他人履行有关经济责任提供担保等。这种担保有可能成为企业的负债，增加偿债负担。

2. 未做记录的或有负债

或有负债是指企业有可能发生的债务，按照我国《企业会计准则》规定，对于或有负债并不作为负债登记入账，也不在报表中进行反映。只有已办贴现的商业承兑汇票作为附注列示资产负债表，其他或有负债，包括售出产品可能发生的质量事后赔偿、尚未解决的税额争议可能出现的不利后果、诉讼案件和经济纠纷案可能败诉并需赔偿等，都不在财务报表中进行反映。但是，如果这些或有负债一旦成为事实上的负债，将会加大企业的偿债负担。

课堂小贴士

分析短期偿债能力的三个方面，由营运资金的分析到比率分析，再到现金流量分析，层层递进，逐层揭示数据本质。请思考：如果要申请三年的长期贷款，财务人员应如何进行偿债能力分析呢？

三年的长期贷款，属于长期债务，财务人员需要进行长期偿债能力分析，所以，本节将介绍如何进行长期偿债能力分析。

五、长期偿债能力的概念

长期偿债能力是指企业偿还长期负债的能力。企业的长期负债包括长期借款、应付债券、长期应付款等偿还期在一年以上的债务。

企业的长期偿债能力与企业的获利能力有关，因为从企业偿债的义务来看，包括按期付息和到期还本两个方面。在企业正常生产经营情况下，企业不可能依靠变卖资产还债，而只能依靠实现利润来偿还长期债务。另外，企业负债经营的合理程度也是债权人关注的重点。

六、长期偿债能力的分析方法

一般来说，财务人员对企业长期偿债能力进行分析时，采用比率分析法，反映企业长期偿债能力的比率主要有以下几个：资产负债率、产权比率及利息保障倍数等。

（一）从资本结构的合理性角度分析

从资本结构的合理性角度分析，主要关注以下几个指标：资产负债率和产权比率。

1. 资产负债率

（1）资产负债率的含义、计算。

资产负债率又称负债比率，是指企业负债总额与资产总额的比率。它表明企业资产总额中，债权人提供资金所占的比重，以及企业的资产对债权人的保障程度。资产负债率越小，表明企业的长期偿债能力越强，其计算公式如下。

$$资产负债率=负债总额\div资产总额\times100\%$$

（2）资产负债率的分析要点。

对债权人来说，其关注的是企业的还款能力，即能否安全收回贷款的本金和利息。因此，债权人希望该比率越低越好，这样，企业的偿债保证程度强，贷款风险小。但对股东和企业管理者来说，由于企业举债筹措的资金和企业自有资本在经营中发挥着同样的作用，所以，在企业处于上升阶段时，利用财务杠杆大量举债，可以扩大生产经营规模，得到较多的投资利润。

因此，资产负债率应保持在一定的水平上。一般认为，资产负债率的适宜水平为40%～60%。如果该指标大于100%，表明企业已资不抵债，视为达到破产警戒线。

但这并没有严格的标准，处于不同行业、不同地区的企业及同一个企业在不同时期，对资产负债率的要求是不一样的。经营风险比较高的企业，为减少财务风险应选择比较低的资产负债率，如许多高科技企业的资产负债率都比较低；经营风险比较低的企业，为增加股东收益通常选择比较高的资产负债率，如供水、供电企业的资产负债率都比较高。

对同一个企业来说，不同时期对资产负债率的要求也不同，当企业处于成长期或成熟期时，企业的前景比较乐观，预期的现金流入也比较高，此时可适当增大资产负债率，以充分利用财务杠杆的作用；当企业处于衰退期时，企业的前景不甚乐观，预期的现金流入也有日趋减少的趋势，此时应采取相对保守的财务政策，减少负债，降低资产负债率，以降低财务风险。企业对资产负债率的要求除了上述差别外，不同的国家或地区也有差别。

【案例7-5】根据表7-1，A公司2020年年末资产总额为23 000万元，负债总额为6 500万元，该公司资产负债率计算如下。

资产负债率=6 500÷23 000×100%=28.26%

经过计算，A公司资产负债率为28.26%。它表明该公司资产负债率较低，公司的长期偿债能力很强。作为债权人，会倾向贷款给该公司。

2. 产权比率

（1）产权比率的含义、计算。

产权比率是指负债总额与所有者权益之间的比率。它反映了所有者权益对债权人权益的保障程度，是企业财务结构稳健与否的重要标志，其计算公式如下。

$$产权比率=负债总额\div所有者权益\times100\%$$

（2）产权比率的分析要点。

产权比率越高，表明企业的长期偿债能力越弱，企业所存在的财务风险也越大；产权比率越低，表明企业的长期偿债能力越强，债权人承担的风险越小，此时债权人愿意向企业增加借款。但该指标越低时，表明企业不能充分发挥负债带来的财务杠杆作用；反之，该指标过高时，表明企业过度运用财务杠杆，增加了企业财务风险。所以，财务分析人员在评价产权比率是否合理时，应从提高获利能力与增强偿债能力两个方面综合进行，即在保障债务偿还安全的前提下，应尽可能提高产权比率。

【案例7-6】根据表7-1，A公司2020年年末负债总额为6 500万元，所有者权益为16 500万元，则产权比率为6 500÷16 500×100%=39.39%，即企业的负债总额占企业所有者权益的39.39%，企业的长期偿债能力较强，债权人贷款的风险较小，债权人愿意贷款给该企业。

> **课堂小贴士**
>
> 资产负债率和产权比率各自的侧重点不同，资产负债率侧重分析债务偿付安全性的物质保障程度；产权比率则侧重揭示财务结构的稳健程度及股东权益对偿债风险的承受能力。

（二）从盈利能力角度分析

从盈利能力角度分析，主要关注利息保障倍数。

1. 利息保障倍数的含义、计算

利息保障倍数是指企业生产经营所获得的息税前利润与利息费用的比率，是衡量企业偿付负债利息能力的指标，反映企业获利能力对利息偿付的保障性，其计算公式如下。

$$利息保障倍数=息税前利润÷利息费用=（利润总额+利息费用）÷利息费用$$

利润总额是指企业正常生产经营的息税前利润，债务利息包括财务费用中的利息和资本化的利息两个部分。

2. 利息保障倍数的分析要点

（1）企业利息保障倍数越多，说明企业用经营所得支付债务利息的能力越强。债权人通过分析利息保障倍数指标，可以衡量长期债权的安全程度。如果这个指标太低，说明企业难以保证用经营所得来按期足额支付债务利息。

【案例7-7】根据表7-2，A公司2020年全年利润总额为4 200万元，财务费用中的利息为300万元，则利息保障倍数计算如下。

$$利息保障倍数=（4 200+300）÷300=15$$

（2）利息保障倍数没有公认的标准，从理论上来说，利息保障倍数应当大于1，但企业的利息保障倍数应是债务利息的多少倍才能表明企业偿付能力强，这要根据行业的特点和企业以往的历史数据来判断。从该公司的上述计算来看，该公司的利息保障倍数较高，表明该公司具有较强的偿付利息能力。

（3）为谨慎起见，报表使用者应比较企业连续几年的数据，并选择该指标最低年度的数据作为标准。因为企业在获利高的年度，利息保障倍数可能会相对较高，在获利低的年度可能无力偿还债务利息。而采用最低年度的利息保障倍数，可保证最低的偿债能力。

（4）如果利润表中利息费用为负数，表明它实质是企业的利息收入，意味着该企业银行存款大于银行借款。此时，利息保障倍数为负数，没有任何意义。

七、影响长期偿债能力的其他因素

在分析和评价企业长期偿债能力时，除通过资产负债表和利润表中有关项目之间的内在联系计算各个指标以外，还有一些因素也会影响企业的长期偿债能力，这些因素应同样引起报表使用者的注意。

07

1. 资产价值

资产负债表中的资产价值主要是以历史成本为基础确认计量的，这些资产的账面价值与实际价值往往有一定差距，表现在以下两个方面。

（1）资产的账面价值可能被高估或低估。资产的账面价值是历史数据，而市场处于不断变化中，对于某些资产，其账面价值已不能反映实际价值。

（2）某些入账的资产毫无变现价值。这类项目包括长期待摊费用、人为制造的应收账款、存货等，前者已作为费用支出，只是因为会计中的配比原则才作为资产保留在账面上；而后者是"粉饰"的结果，这类资产的流动性为零，对于企业的偿债能力毫无意义。

2. 或有事项

或有事项是指过去的交易或者事项形成的，其结果须由某些未来事项的发生或不发生才能决定的不确定事项。或有事项的特点是现存条件的最终结果不确定，对它的处理要取决于未来的发展。或有事项一旦发生便会影响企业的财务状况，在评价企业的长期偿债能力时要考虑其潜在影响。

3. 财务承诺

财务承诺是指企业对外发出的将要承担的某种经济责任和义务。企业为了经营的需要会做出一些承诺，如与贷款有关的承诺、售后回购协议下的承诺、向客户承诺提供产品保证或保修等。这些承诺可能会增加企业的潜在负债，从而减弱企业的长期偿债能力，因此，财务人员在进行分析时应考虑这些因素的影响。

职业启迪

诚实守信，严谨细致

请同学们结合本任务知识，讨论思考无论是分析企业短期偿债能力的三个方面，逐层揭示数据本质，还是分析企业长期偿债能力的三个指标，从不同角度，全面考察，都需要我们诚实守信、严谨细致，这样才能保证得出真实的企业偿债能力，以便控制财务风险。

07

任务实施

王林采用比率分析法，根据 A 公司资产负债表和利润表等财务报告资料，对 A 公司进行偿债能力分析，并决定是否能得到贷款。

步骤一：为申请短期贷款，计算该公司的流动比率、速动比率以及现金比率，评价其短期偿债能力。

（1）流动比率=流动资产÷流动负债

期初数：7 100÷3 400=2.088

期末数：8 100÷4 000=2.025

（2）速动比率=速动资产÷流动负债

期初数：（7 100-3 500-100）÷3 400=1.03

期末数：（8 100-3 900-200）÷4 000=1

（3）现金比率=（货币资金＋现金等价物）÷流动负债

期初数：（1 000+800）÷3 400=0.53

期末数：（1 000+1 200）÷4 000=0.55

步骤二：用计算结果进行分析评价。

该公司流动比率＞2、速动比率＞1，而且，现金比率水平适当，所以，可以认为该公司有良好的短期偿债能力，可以得到短期贷款。

步骤三：为申请三年的长期贷款，计算该公司的资比率，评价其长期偿债能力。

（1）资产负债率=负债总额÷资产总额×100%

期初数：5 400÷20 000×100%=27%

期末数：6 500÷23 000×100%=28.26%

（2）产权比率=负债总额÷所有者权益×100%

期初数：5 400÷14 600×100%=36.99%

期末数：6 500÷16 500×100%=39.39%

（3）利息保障倍数=（利润总额+利息费用）÷利息费用

期初数：（4 000+200）÷200=21

期末数：（4 200+300）÷300=15

步骤四：用计算结果进行分析评价。

该公司2020年资产负债率为28.26%、产权比率为39.39%，低于一般水平50%，而且，利息保障倍数为15，所以，可以认为该公司有良好的长期偿债能力，可以得到长期贷款。

任务二　盈利能力分析

学习目标

素质目标：树立正确的盈利观，严谨细致地反映企业真实的利润信息。

知识目标：掌握盈利能力的基本知识、分析指标与计算。

技能目标：学会盈利能力分析。

07

任务分析

任务资料：下面给出华强公司的子公司——B公司的利润表（见表7-3、表7-4）等财务报告资料，如果王林站在一个投资者角度，投资的报酬和风险无疑是王林最关注的。那么B公司2019年和2020年盈利水平如何？B公司在2020年为什么改变固定资产的折旧年限和折旧方法？

B公司财务报告资料如下所示。

B公司属冶金行业，经营范围：钢铁及压延产品、焦炭及其副产品的生产、销售，冶金、焦化的技术开发、协作、咨询、服务与培训等。近年来，普通股股本未发生变化为64 533.75万股。2020年的利润与2019年相比，有很大的提高，表7-3、表7-4分别是B公司的利润表和利润分配表。

表 7-3　　　　　　　　　　　利润表　　　　　　　　　　会企02表

编制单位：B公司　　　　　　　　2020 年度　　　　　　　　　单位：万元

项目	本期金额	上期金额
一、营业收入	747 153.42	516 574.92
减：营业成本	636 618.85	455 170.42
税金及附加	4 656.11	2 537.53
销售费用	2 254.32	1 519.73
管理费用	25 641.15	14 008.89
财务费用	1 253.29	573.10
资产减值损失	121.14	105.10
加：投资收益（损失以"-"号填列）	2 877.60	978.53
二、营业利润（损失以"-"号填列）	79 577.16	43 638.68
加：营业外收入	18.93	87.73
减：营业外支出	1 774.23	1 839.04
三、利润总额（损失以"-"号填列）	77 821.86	41 887.37
减：所得税费用	24 659.31	14 773.95
四、净利润（损失以"-"号填列）	53 162.55	27 113.42
五、每股收益		
（一）基本每股收益	0.82	0.42
（二）稀释每股收益	0.82	0.42

表 7-4　　　　　　　　　B 公司利润分配表　　　　　　　　单位：万元

项目	2020 年 12 月 31 日	2019 年 12 月 31 日
一、净利润	53 162.55	27 113.42
加：年初未分配利润	59 181.33	49 048.90
盈余公积转入		
二、可分配利润	112 343.88	76 162.32
减：提取法定盈余公积金	5 322.14	2 716.16
提取法定公益金	2 661.07	1 358.08
三、可供股东分配的利润	104 360.67	72 088.08
减：应付优先股股利		
提取任意盈余公积		
应付普通股股利	25 183.50	12 906.75
转做股本的普通股股利		
四、未分配利润	79 177.17	59 181.33

　　在 2020 年的年度报告中，对会计政策和会计估计的变更说明，有如下内容。公司属冶金行业，固定资产在生产过程中常年处于连续作业及强烈震动状态，随着生产能力的充分发挥，固定资产的日常损耗较为严重。同时，科技进步也加快了固定资产的无形损耗。为提供更为可靠、相关的财务状况、经营成果和现金流量等会计信息，根据公司董事会第二届十五次会议决议，自 2020

年 1 月 1 日起对公司固定资产的折旧年限和折旧方法进行变更。

将房屋及建筑物的折旧年限由原来的 20～30 年变更为 20 年；将运输工具的折旧年限由原来的 8 年变更为 5 年；通用设备和专用设备的折旧年限不变。变更前后的折旧年限列示如表 7-5 所示。

表 7-5　　　　　　　　　　　　变更前后的折旧年限列示

固定资产类别	变更前折旧年限	变更后折旧年限
房屋及建筑物	20～30	20
通用设备	5	5
专用设备	10	10
运输工具	8	5

折旧方法由原来的年限平均法变更为双倍余额递减法。由于折旧年限和折旧方法同期进行变更，根据财政部《企业会计准则第 28 号——会计政策、会计估计变更和差错更正》的规定，如果不易区分会计政策变更和会计估计变更，均视为会计估计变更，故对本次折旧年限和折旧方法的变更采用未来适用法。经测算，本次变更后合并财务报表增加折旧费用 27 491 万元。

任何会计政策的变更，都会对利润产生一定的影响。作为一个投资者，王林需要知道什么是盈利能力？如何进行分析？这就是本任务要掌握的知识，所以，本任务清单如下。

1. 掌握盈利能力的基本知识、分析指标与计算。
2. 熟悉一般企业盈利能力分析。
3. 学会上市公司盈利能力分析。

知识准备

微课视频：盈利
能力指标

一、企业盈利能力的概念和意义

企业盈利能力是企业获取利润的能力。是衡量一个企业价值大小的重要因素。不论是企业管理层、债权人还是投资者，都非常关心和重视企业的盈利能力。对于企业管理层来说，企业盈利能力的高低是衡量他们业绩和管理能力的最重要的标准。对于债权人来说，利润是企业用于偿债的重要资金来源，并且对于两个信用相仿的企业，贷款给利润率高的企业肯定比贷款给微利或亏损的企业更安全。对于投资者来说，其更关心企业的盈利情况，因为投资者的股利是从企业的盈利中获取的，而且企业盈利增长还能使企业的股票价格上升，从而在转让股票时还可获得收益。对于国家来说，企业的盈利能力强，可以增加税收，进而增强国力，为百姓造福。

二、一般企业的盈利能力分析

反映企业盈利能力的指标主要有销售毛利率、销售利润率、销售净利率、营业利润率、成本费用利润率、资产报酬率及权益报酬率等。

（一）与销售额有关的盈利能力比率

1. 销售毛利率

（1）销售毛利率的含义、计算。

销售毛利率是指企业的销售毛利润与销售总收入的比率，销售毛利润是主营业务经营带来的

07

毛利润，因此，该指标反映了企业主营业务的经营成果状况，能够反映企业主要的盈利能力。销售毛利率的计算公式如下。

销售毛利率=销售毛利÷销售收入×100%=（营业收入-营业成本）÷营业收入×100%

（2）销售毛利率指标的分析要点。

销售毛利率反映了企业主营业务的基本获利能力，只有较高的销售毛利率才能保证企业获得较高的净利润，因此，该指标越高，说明企业获利能力越强；反之，则获利能力越弱。

一般来说，同行业企业的销售毛利率通常情况下是比较接近的，企业可以与同行业企业的销售毛利率进行比较，发现差距，并根据差距产生的原因进行改进，以提高企业获利能力。

【案例7-8】根据表7-3，B公司2020年营业收入为747 153.42万元，营业成本为636 618.85万元，则该公司的销售毛利率=（747 153.42-636 618.85）÷747 153.42=14.8%。如果同行业企业的销售毛利率平均为18%，则B公司盈利能力低于行业水平。

2. 销售利润率

（1）销售利润率的含义、计算。

销售利润率是指企业的利润总额与营业收入的比率。利润总额没有考虑企业所得税对企业利润的影响，因此，将销售利润率与净利润率进行对比，能够看出企业所得税对企业获利能力的影响。该比率反映税前总利润与营业收入的比值，能够反映企业的盈利能力。销售利润率的计算公式如下。

销售利润率=利润总额÷营业收入×100%

（2）销售利润率的分析要点。

销售利润率越大，说明企业在不考虑企业所得税的前提下，总的利润率越高，盈利能力也越强；反之，则说明企业的盈利能力越弱。

【案例7-9】根据表7-3，B公司2020年利润总额为77 821.86万元，营业收入为747 153.42万元，销售利润率=77 821.86÷747 153.42=10.42%，如果同行业销售利润率平均16%，则B公司的盈利能力偏低。

3. 销售净利率

（1）销售净利率的含义、计算。

销售净利率是指企业的税后净利润与营业收入的比率，该比率反映了企业最终获得的利润占营业收入的比率，代表了企业最终的盈利能力。销售净利率的计算公式如下。

销售净利率=净利润÷营业收入×100%

（2）销售净利率的分析要点。

销售净利率越高，说明该企业总的最终盈利能力越强；反之，则说明企业总的最终盈利能力越弱。该比率的分子净利润是企业最终的利润，能够用以评价企业最终获取盈利的情况。

同时，该指标与税前利润率相比，能够体现企业所得税的缴纳情况，对于不同国家、不同地区、不同行业的企业，其企业所得税的计税方法和税率也可能不同，因此，即使税前利润率一样的企业，也会由于企业所得税的不同而使最终的盈利能力不同。

【案例7-10】根据表7-3，B公司2020年营业收入为747 153.42万元，净利润为53 162.55万元，则该公司销售净利率=53 162.55÷747 153.42=7.12%。

与去年相比，2019年该公司销售净利率=27 113.42÷516 574.92=5.25%，说明该企业盈利能力增强了。

4. 营业利润率

（1）营业利润率的含义、计算。

营业利润是指企业营业收入扣除营业成本、税金及附加、期间费用和研发费用，再加上企业的投资收益后的利润。营业利润率是指企业一定时期营业利润与营业收入的比率。它表明企业每单位营业收入能带来多少营业利润，反映在企业的营业收入中，企业为社会新创造价值所占的份额，是评价企业经营效益的主要指标。其计算公式如下。

$$营业利润率=营业利润÷营业收入×100\%$$

（2）营业利润率的分析要点。

营业利润率体现了企业营业利润对企业全部收益的影响程度。该比率越高，说明企业经营状况越好，获利能力越强；反之，说明企业获利能力越弱。

与销售毛利率相比，在评价企业的获利能力方面，营业利润率不仅考虑了变动成本（即营业成本）、期间费用和研发费用，同时也考虑了投资收益。为此，结合企业的营业收入、营业成本和期间费用等分析，能够充分反映出企业成本控制、费用管理、产品营销、经营策略等方面的成绩与不足。

【案例 7-11】根据表 7-3，B 公司 2019 年和 2020 年的营业利润分别为 43 638.68 万元、79 577.16 万元，两年的营业收入净额分别为 516 574.92 万元、747 153.42 万元，该公司的营业利润率计算如下。

2019 年度营业利润率=43 638.68÷516 574.92×100%=8.45%

2020 年度营业利润率=79 577.16÷747 153.42×100%=10.65%

经计算，该公司 2020 年度的营业利润率比上年增加了 2.2 个百分点，它表明该公司的获利能力有所提高。

（二）与成本费用有关的盈利能力比率

1. 成本费用利润率的含义、计算

成本费用利润率是企业一定时期的利润总额同企业成本费用总额的比率。成本费用利润率表示企业为取得利润而付出的代价。成本费用总额是指企业的营业成本、营业税金及附加销售费用、管理费用、财务费用、研发费用之和。成本费用利润率是从企业内部管理等方面，对资本收益状况的进一步修正，该指标通过企业收益与支出直接比较，客观评价企业的获利能力。成本费用利润率的计算公式如下。

$$成本费用利润率=利润总额÷成本费用总额×100\%$$

2. 成本费用利润率的分析要点

该比率从耗费角度补充评价了企业的收益状况，有利于促进企业加强内部管理，节约支出，提高经济效益。

该指标越高，表明企业为取得收益所付出的代价越小，企业成本费用控制得越好，企业的获利能力越强。

【案例 7-12】根据表 7-3，B 公司 2019 年利润总额、营业成本、销售费用、管理费用和财务费用各项指标分别为 41 887.37 万元、455 170.42 万元、1 519.73 万元、14 008.89 万元和 573.10 万元，2020 年各项指标分别为 77 821.86 万元、636 618.85 万元、2 254.32 万元、25 641.15 万元和 1 253.29 万元，则该公司的成本费用利润率计算如下。

2019 年度成本费用利润率=41 887.37÷（455 170.42+1 519.73+14 008.89+573.10）×100%=8.89%

2020 年度成本费用利润率=77 821.86÷（636 618.85+2 254.32+25 641.15+1 253.29）×100%=11.69%

通过上述计算，该公司 2020 年度的成本费用利润率比增长了 2.8 个百分点，企业的获利能力较上年有所提高。

（三）与投资额有关的盈利能力比率

1. 资产报酬率

（1）资产报酬率的含义、计算。

资产报酬率指总资产报酬率，也叫资产收益率，是指企业一定时期内获得的净利润与平均资产总额的比率。平均资产总额是指企业的资产总额年初数与年末数的平均值。资产报酬率表示企业包括净资产和负债在内的全部资产的总体获利能力，是评价企业资产运营效益的重要指标。其计算公式如下。

$$资产报酬率=净利润÷平均资产总额×100\%$$

> **拓展阅读**
>
> 比率分析可以是同一张报表的不同项目之间的分析，也可以是两张报表的有关项目之间的分析。需要注意的是，如果两张时态不同的财务报表（资产负债表和利润表）项目进行比较，就必须将分子分母的时态统一。例如，净资产报酬率=净收益÷净资产平均额×100%，因为净收益是利润表中的数额，而利润表是一张动态报表，净资产是资产负债表中的数额，而资产负债表则是一张静态报表。动态报表和静态报表的数额是不能简单进行比较的，为了使比率分析更加有效，就必须将资产负债表中的数额转换成动态数。实践中，为了计算的简便，一般是将资产负债表的数额予以简单平均化，即用容易获取的资产负债表中的年初数和年末数之和除以 2 得到。

（2）资产报酬率的分析要点。

资产报酬率表示企业全部资产获取收益的水平，全面反映了企业的获利能力和投入产出状况。通过对该指标的深入分析，可以增强各方面对企业资产经营状况的关注，促进企业提高单位资产的收益水平。一般情况下，企业可根据该指标与市场资本利率进行比较，如果该指标大于市场资本利率，则表明企业可以充分利用财务杠杆，进行负债经营，以获取更多的收益。

该指标越高，表明企业投入产出的水平越高，企业全部资产的总体运营效益越高。

【案例 7-13】根据表 7-3，B 公司 2019 年净利润为 27 113.42 万元，2020 年净利润为 53 162.55 万元，2019 年和 2020 年年末平均资产总额分别为 402 358.70 万元、514 600.50 万元，计算公式如下。

2019 年度资产报酬率=27 113.43÷402 358.70×100%=6.74%

2020 年度资产报酬率=53 162.55÷514 600.50×100%=10.33%。

通过计算得出，B 公司 2020 年度资产报酬率较上年增长了 3.59 个百分点，全部资产的总体运营效益提高。

2. 权益报酬率

（1）权益报酬率的含义、计算。

权益报酬率又称净资产收益率，或称权益净利率，是指企业一定时期内的净利润同平均净资产的比率。企业获取的报酬，最终将归属于企业的投资者，净资产收益率能够充分说明投资者的每一元投资将获取多少回报，不论对已有的股东，还是潜在的股东，都有很重要的意义。净资产收益率突出反映了投资与报酬的关系，是评价企业资本经营效益的核心指标。权益报酬率的计算公式如下。

$$权益报酬率=净利润÷平均净资产×100\%$$

（2）权益报酬率的分析要点。

净利润是指企业未进行任何分配前的税后利润，它受各种政策等其他人为因素影响较少，能够比较客观、综合地反映企业的经济效益，准确体现投资者投入资本的获利能力。平均净资产是企业年初所有者权益总额同年末所有者权益总额的平均数。净资产包括实收资本、资本公积、盈余公积和未分配利润。

净资产收益率是评价企业自有资本及其积累获取报酬水平的最具综合性与代表性的指标，充分反映了企业资本运营的综合效益。该指标通用性强，适用范围广，不受行业局限，是国际上企业综合评价中使用率非常高的一个指标。通过对该指标的综合对比分析，可以看出企业获利能力在同行业企业中所处的地位，以及与同类企业的差异水平。

一般来说，企业净资产收益率越高，企业自有资本获取收益的能力越强，对企业投资者、债权人的利益保证程度越高。

【案例7-14】根据表7-3，B公司2019年、2020年净利润分别为27 113.42万元、53 162.55万元，假定B公司2019年和2020年年末平均净资产分别为231 738.63万元和272 628.46万元，该公司净资产收益率计算如下。

2019年净资产收益率=27 113.42÷231 738.63×100%=11.7%

2020年净资产收益率=53 162.55÷272 628.46×100%=19.5%

通过计算得出，B公司2020年净资产收益率比上年增长了7.8个百分点，企业的获利能力较上年有所提高。

3. 有关比率之间的关系

$$资产报酬率=销售净利率×总资产周转率$$
$$权益报酬率=资产报酬率×权益乘数=销售净利率×总资产周转率×权益乘数$$

三、上市公司的特殊分析

对于股份上市公司，除了应用上述有关指标分析盈利能力外，还要采用与股本有关的盈利能力分析指标，说明公司的盈利能力，评价股东投资回报水平的高低。与股本有关的盈利能力指标有每股收益、每股股利、股利支付率、市盈率和每股净资产等。

（一）每股收益

1. 每股收益的含义、计算

每股收益也称每股盈余或每股利润，每股收益是企业净利润扣除优先股股利后与流通在外普通股加权平均股数的比率。它反映企业平均每股普通股获得的收益，是衡量上市公司获利能力重要的财务指标，该指标具有引导投资、增加市场评价功能、简化财务指标体系的作用，因而是股票投资人最为关心的指标之一。每股收益的计算公式如下。

$$每股收益=（净利润-优先股股利）÷普通股加权平均股数$$

按计算每股收益时对普通股股数的确定方法不同，每股收益分为基本每股收益和稀释每股收益两类。基本每股收益仅考虑当期实际发行在外的普通股股数，而稀释每股收益的计算和列报主要是为了避免每股收益虚增可能带来的信息误导，以当期期末普通股股数来计算。计算公式如下。

$$基本每股收益=（净利润-优先股股利）\div 普通股股数平均数$$

$$稀释每股收益=（净利润-优先股股利）\div 当期期末普通股股数$$

【案例7-15】根据表7-3，B公司2019年、2020年净利润分别为27 113.42万元和53 162.55万元，应付优先股股利为0。该公司发行在外的普通股股数为64 533.75万股。

B公司的基本每股收益计算如下。

2019年度基本每股收益=27 113.42÷64 533.75=0.42（元）

2020年度基本每股收益=53 162.55÷53 162.55=0.82（元）

2. 每股收益的分析要点

每股收益是评价上市公司获利能力的基本和核心指标，该指标反映了企业的获利能力，决定了股东的收益质量。每股收益值越高，企业的获利能力越强。股东的投资效益就越好，每一股份所获得的利润也就越多；反之，则越差。另外，每股收益还是确定股票价格的主要参考指标。在其他因素不变的情况下，每股收益越高，股票的市价上升空间越大；反之，股票的市价越低。因此，投资者可以通过同一公司不同时期普通股每股收益的纵向比较，了解其投入股本获利能力的大小及变动情况。

（二）每股股利

1. 每股股利的含义、计算

每股股利是指普通股现金股利总额与发行在外普通股股数的比值，反映普通股每股获得现金股利的多少。其计算公式如下。

$$每股股利=（普通股现金股利总额-优先股股利）\div 发行在外普通股股数$$

【案例7-16】B公司2019年、2020年的普通股现金股利总额分别为12 906.75万元和25 183.50万元，发行在外普通股股数为64 533.75万股。其普通股每股股利计算如下。

2019年普通股每股股利为12 906.75÷64 533.75=0.20（元/股）

2020年普通股每股股利为25 183.50÷64 533.75=0.39（元/股）

2. 每股股利的分析要点

该指标的数值越高不仅能够体现公司具有较强的盈利能力，而且体现公司的股利政策和现金是否充足。倾向于分配现金股利的投资者，应注意比较分析公司历年的每股股利，从而了解公司的股利政策。一般认为，每股股利若能逐年持续稳定地增长，就能提高该股票的质量。

（三）股利支付率

1. 股利支付率的含义、计算

股利支付率又称股利发放率，是指普通股每股股利与普通股每股收益的比率。股利支付率是衡量普通股的每股收益中，有多少用于支付股利。股利支付率没有一个固定标准，企业可以根据自己的股利政策及股东大会决议支付股利。其计算公式如下。

$$股利支付率=每股股利\div 每股收益\times 100\%$$

【案例7-17】接【案例7-15】和【案例7-16】，B公司2020年的普通股每股股利为0.39元，每股收益为0.82元，则股利支付率=0.39÷0.82=47.56%。

2. 股利支付率的分析要点

股利支付率和每股股利一样，能够直接体现当前的收益。该比率越大，说明企业当期对股东发放的股利越多。不同目的的投资者有不同的偏好，短期投资者希望当期多分红，而长期投资者可能希望企业将更多的利润用于投资。

股利支付率取决于企业的股利政策，没有具体的标准来判断股利支付率是高好还是低好。一般而言，如果企业的现金比较充足，并且当前没有比较好的投资项目，就可能发放较多的现金股利；如果企业当前有很好的投资项目，而且对企业的长远发展有利，就可能会少发放现金股利，而将现金用于项目投资。因此，与留存收益指标相对应，新企业、高速发展企业和外界认为正在日益取得进步的企业的股利支付率通常比较低。

（四）市盈率

1. 市盈率的含义、计算

市盈率也称价格盈余比率、价格与收益比率，是指普通股每股市价与每股收益的比率。市盈率指标表明投资者为获取公司每一元收益所愿意付出的价格，可以用来评估股票投资的报酬与风险。其计算公式如下。

$$市盈率 = 每股市价 \div 每股收益$$

【案例7-18】B公司2019年、2020年的普通股每股市价分别为3.38元、4.85元，普通股每股收益分别为0.42元、0.82元，则市盈率计算如下。

2019年市盈率=3.38÷0.42=8.05

2020年市盈率=4.85÷0.82=5.91

由于一般投资的期望报酬率为5%～20%，所以，企业通常认为市盈率在5～20是正常的，低于5以下的股票，其前景暗淡，高于20的股票很可能是股价下跌的前兆。考虑行业差异，市盈率的理想取值范围没有统一标准。

2. 市盈率的分析要点

市盈率是评价上市企业盈利能力的重要指标之一，它是市场对企业的共同期望指标，可以用来估计股票的投资报酬和风险。市盈率越高，表明市场对企业的未来发展前景看好。在市场价格确定的情况下，市盈率越高，每股收益越低，市盈率越低，投资风险越小；反之亦然。在每股收益确定的情况下，市价越高，市盈率越高，风险越大。

对于市盈率是高好还是低好，有两种观点。一种观点认为市盈率越低越好，市盈率越低表示企业股票的投资价值越高，而且投资风险小；另一种观点认为市盈率越高越好，市盈率高说明企业具有潜在的成长能力，企业有较高的声誉，对股东有较大的吸引力。究竟市盈率是低好还是高好，主要取决于投资者的偏好。因为股东购买股票获取的收益是由两个部分组成的，一个是股利收入，另一个是股票增值收益。投资者的偏好是股利收入，则倾向于第一种观点；投资者的偏好是股票增值收益，则倾向于第二种观点。不管是哪种观点，在运用市盈率指标进行分析时，投资者都应注意以下问题。

（1）市盈率指标不适用于不同行业的企业之间的比较，因为资本对于新兴产业、成熟产业和夕阳产业的青睐程度是不同的。

（2）当每股收益很小时，可能会导致出现没有实际意义的高市盈率的问题。

（3）市盈率也受利率水平变动的影响。当市场利率水平发生变化时，市盈率也应适当调整。

07

在股票市场的实务操作中，利率与市盈率之间的关系通常用如下公式表示。

$$市盈率 = 1 \div 一年期银行存款利率$$

（五）每股净资产

1. 每股净资产的含义、计算

每股净资产也称每股账面价值，是股东权益总额与发行在外的普通股股数的比值。该指标表明发行在外的每股股票所代表的净资产的账面价值，在理论上提供了股票的最低价值，可以用来估计其上市股票或拟上市股票的合理市价，判断投资价值及投资风险的大小。在企业并购过程中，每股净资产也是估算并购企业价值的重要依据。其计算公式如下。

$$每股净资产 = 股东权益总额 \div 发行在外的普通股股数$$

【案例7-19】B公司2020年末股东权益总额为272 628.46万元，发行在外的普通股股数量为64 533.75万股，则该公司股票的每股账面价值=272 628.46÷64 533.75=4.22（元），即每股净资产为4.22元。

2. 每股净资产的分析要点

利用该指标进行纵向和横向的对比及结构分析，投资者可以衡量企业的发展进度、发展潜力，间接地表明企业盈利能力的大小。也就是说，在企业性质相同、股票市价相近的条件下，某企业股票的每股净资产越高，则该公司发展潜力与股票的投资价值越大，投资者所承受的风险越小。

每股净资产是用历史成本计算的，不反映净资产的变现价值，因而也没有一个合理的标准，但投资者可以通过比较分析企业历年每股净资产变动趋势，来了解企业的发展情况和盈利能力。如果企业的股票价格高于每股净资产，说明企业资产质量较好，有发展潜力，未来盈利能力较强；如果企业的股票价格低于净资产的账面价值，而账面价值又接近变现价值，则说明企业已经没有存在的价值，清算是股东最好的选择。

📓 职业启迪

请同学们结合本任务知识，运用以上盈利能力分析知识和方法，根据B公司的财务报告资料，讨论思考B公司在2020年为什么改变固定资产的折旧年限和折旧方法，由于固定资产折旧方法改变，对公司的盈利能力有哪些影响？

07

🕊 任务实施

根据所学知识，王林进行B公司盈利能力分析如下。

步骤一：计算B公司盈利能力分析指标，如表7-6所示。

表7-6　　　　　　　　　　B公司盈利能力分析指标

指标名称	2019年	2020年	2020年同行业值
毛利率/%	11.40	14.80	18.20
营业利润率/%	8.40	14.80	12.00
净利润率/%	5.25	7.12	7.80
净资产收益率/%	11.70	19.50	15.10

续表

指标名称	2019 年	2020 年	2020 年同行业值
每股收益/元	0.42	0.82	0.41
每股股利/（元/股）	0.20	0.39	0.22
每股支付率/%	47.62	47.56	35.60
市盈率	8.05	5.91	11.00

步骤二：分析评价。

（1）根据上表中各指标数值可知，与 2019 年相比 B 公司 2020 年盈利水平有较大提高；与 2020 年同行业值相比，与营业收入有关指标的盈利水平较低，但与投资有关指标的盈利水平较高，总体盈利能力较强。

（2）公司改变折旧政策，增加了近期折旧费用，降低了公司近期盈利水平，但有助于加速固定资产价值转移，降低固定资产投资风险。

（3）作为长期投资者，一定会赞同公司这种改变折旧政策的做法。

任务三　营运能力分析

学习目标

素质目标：具有效率意识，以严谨细致的数据思维提高企业运营效率。

知识目标：掌握营运能力的基本知识、分析指标与计算。

技能目标：学会营运能力分析。

任务分析

任务资料：下面给出了华强公司的子公司——C 公司 2020 年财务报告资料包括企业资产负债表（见表 7-7）、利润表（见表 7-8）以及以前年度有关数据（见表 7-9）。公司管理者面对激烈的市场竞争和公司迅速扩张的趋势，迫切需要知道公司的运营状况。那么，王林的工作任务是什么呢？

C 公司有关财务报告资料

表 7-7　　　　　　　　　　　　　资产负债表　　　　　　　　　　　　会企 01 表

编制单位：C 公司　　　　　　　　　　2020 年 12 月 31 日　　　　　　　　　　单位：万元

资产	期末余额	年初余额	负债及所有者权益（或股东权益）	期末余额	年初余额
流动资产：			流动负债：		
货币资金	17 542.75	17 524.41	短期借款	68 440.00	71 310.00
交易性金融资产	1 651.06	886.96	应付票据	597.18	616.86
应收票据	2 800.00	865.00	应付账款	8 099.97	5 890.12
应收账款	16 545.32	19 947.42	预收账款	7 275.00	1 615.59

续表

资产	期末余额	年初余额	负债及所有者权益（或股东权益）	期末余额	年初余额
预付账款	755.18	2 757.36	应付职工薪酬	91.19	62.73
其他应收款	10 126.42	10 851.58	应交税费	-1 102.68	-660.19
存货	56 822.53	43 017.97	其他应付款	4 355.29	2 852.55
其他流动资产	231.34	143.39	其他流动负债	372.43	374.51
流动资产合计	106 474.60	95 994.09	流动负债合计	88 128.38	82 062.17
非流动资产：			非流动负债：		
持有至到期投资	0.24	1.64	长期借款		
长期股权投资	6 100.54	5 811.40	长期应付款	3.24	409.17
投资性房地产			其他非流动负债		
固定资产	25 997.52	28 889.58	非流动负债合计	3.24	409.17
在建工程	1 168.68	1 525.55	负债合计	88 131.62	82 471.34
无形资产	1 636.44	1 687.38	股东权益：		
开发支出			股本	25 177.94	25 177.94
商誉		3 216.25	资本公积	13 408.13	13 017.15
长期待摊费用	3 035.10		盈余公积	19 870.39	18 567.40
其他非流动资产			未分配利润	-2174.96	-2 107.84
非流动资产合计	37 938.52	41 131.80	股东权益合计	56 281.50	54 654.55
资产总计	144 413.12	137 125.89	负债和所有者权益总计	144 413.12	137 125.89

表7-8   利润表   会企02表

编制单位：C公司   2020年度   单位：万元

项目	本期金额	上期金额
一、营业收入	186 654.37	102 613.34
减：营业成本	164 517.89	81 884.63
税金及附加	2 497.26	1 727.41
销售费用	6 013.03	5 683.08
管理费用	9 208.48	8 191.73
财务费用	3 647.07	4 065.50
资产减值损失	33.10	19.17
加：公允价值变动收益（损失以"-"号填列）		
投资收益（损失以"-"号填列）	1 715.24	836.80
二、营业利润（损失以"-"号填列）	2 452.78	1 878.62
加：营业外收入	612.88	298.50
减：营业外支出	272.91	28.14
三、利润总额（损失以"-"号填列）	2 792.75	2 148.98
减：所得税费用	1 280.54	568.97
四、净利润（损失以"-"号填列）	1 512.21	1 580.01
五、每股收益		
（一）基本每股收益	0.03	0.01
（二）稀释每股收益	0.03	0.01

07

表 7-9　　　　　　　　　　　　C 公司 2017—2019 年有关数据　　　　　　　　　　单位：万元

项目	2017 年	2018 年	2019 年
总资产	145 102.46	137 580.46	137 125.89
固定资产	22 253.06	27 498.27	28 889.58
应收账款	29 918.83	18 955.92	19 947.42
存货	38 104.68	35 978.22	43 017.97
营业收入	100 075.58	91 074.70	102 613.34
营业成本	81 566.11	73 078.15	81 884.63

　　王林站在一个公司管理者角度，现在的工作任务是进行营运能力分析，以提供管理决策信息。那么，什么是营运能力分析？如何进行分析？这就是本任务要掌握的知识和技能。所以，本任务清单如下。

　　1. 掌握企业营运能力分析的基本知识。

　　2. 掌握营运能力的分析指标、计算方法。

　　3. 能运用相关知识进行营运能力分析。

知识准备

一、营运能力分析的含义和作用

　　营运能力是企业利用现有资源创造效益的能力。资产营运状况如何，关系资本增值的程度。一个企业的财务状况和盈利能力在很大程度上取决于企业的营运能力，因为利润和现金流量是通过资产的有效使用来实现的，如果资产使用率低，企业无法创造足够的利润和现金流量来支付费用、扩大再生产以及偿还债务，并且为了维持经营还需要进一步举债。总之，企业的营运能力高低表明了企业的资产是否发挥了应有的效能，从而影响企业的偿债能力和盈利能力。

二、营运能力分析

　　企业的营运能力分析采用比率分析法。主要指标有总资产周转率、固定资产周转率、流动资产周转率、应收账款周转率、存货周转率等。

（一）总资产周转率

1. 总资产周转率的含义、计算

　　总资产周转率也称总资产周转次数是指企业一定时期营业收入净额同平均资产总额的比值，它表明企业的总资产在一定时期（通常为一年）周转的次数。总资产周转率是考察企业资产运营效率的一项重要指标，体现了企业经营期间全部资产从投入到产出周而复始的流转速度，反映企业全部资产的管理质量和利用效率。由于该指标是一个包容性较强的综合指标，因此，从因素分析的角度来看，主要受流动资产周转率、应收账款周转率和存货周转率等指标的影响。总资产周转率的计算公式如下。

$$总资产周转率（次）=营业收入净额÷平均资产总额$$

$$总资产平均余额=（期初资产总额+期末资产总额）÷2$$

07

总资产周转率还可用周转天数来表示，即总资产周转一次所需要的时间，其计算公式如下。

$$总资产周转天数=计算期天数÷总资产周转率$$

其中，"计算期天数"取决于实际计算期长短，为简便起见，通常按360天计算。

2. 总资产周转率的分析要点

（1）该指标通过当年已实现的营业价值与全部资产进行比较，反映企业一定时期的实际产出质量以及对每单位资产实现的价值补偿。一般来说，该指标数值越高，说明企业的资产周转速度越快，资产利用效率越高，营运能力越强。

（2）对该指标的比较分析，既要与本企业不同时期水平进行比较，更要结合行业平均水平进行分析，这样，不但能够反映企业本年度和以前年度总资产的运营效率及其变化，而且能够发现企业与同类企业在资产利用效率上存在的差距，促进企业挖掘潜力、积极创收、提高市场占有率及资产利用效率。

（3）如果企业的总资产周转率突然提高，而企业的销售收入却没有较大变化，则可能是企业本期报废了大量固定资产造成的，而不是企业的资产利用效率提高。

【**案例7-20**】根据C公司财务报告资料，包括资产负债表（见表7-7）、利润表（见表7-8），以及以前年度数据（见表7-9），计算C公司总资产周转率。

2020年总资产周转率=186 654.37÷[（144 413.12+137 125.89）÷2]=1.33（次）

2019年总资产周转率=102 613.34÷[（137 125.89+137 580.46）÷2]=0.75（次）

计算结果表明，该公司2020年的总资产周转率比2019年上升了0.58次，说明该公司2020年的总资产周转速度比上年加快了，资产利用效率有所提高。

（二）固定资产周转率

1. 固定资产周转率的含义、计算

固定资产周转率是指企业一定时期的营业收入与固定资产平均净值的比率。该指标用于衡量固定资产的运用效率。其计算公式如下。

$$固定资产周转率=营业收入÷固定资产平均净值$$

$$固定资产平均净值=（期初固定资产净值+期末固定资产净值）÷2$$

$$固定资产周转天数=360÷固定资产周转率$$

2. 固定资产周转率的分析要点

（1）固定资产周转率越高，表明固定资产周转速度越快，企业固定资产投资得当，固定资产结构分布合理，企业固定资产的运用效率越高，营运能力较强；反之，则表明企业固定资产利用效率不高，固定资产拥有数量过多，设备闲置没有被充分利用，固定资产的营运能力较差。

（2）分析时还应考虑企业所处的行业特点，同时结合企业的具体情况。固定资产周转率也没有绝对的判断标准，一般要结合企业历史水平进行动态分析；由于企业之间生产设备、厂房等主要固定资产在种类、数量、形成时间等方面均存在较大差异，寻找外部可借鉴的标准企业和标准比率比较困难，因此该指标的同行业企业间的比较分析相对意义不大。

（3）一般来说，固定资产的增加通常不是渐进的，而是陡然上升的，这会导致固定资产周转率的变化。

【**案例7-21**】根据C公司财务报告资料，包括资产负债表（见表7-7）、利润表（见表7-8），以及以前年度数据（见表7-9），计算C公司固定资产周转率。

2020 年固定资产周转率=186 654.37÷［（25 997.52+28 889.58）÷2］=6.8（次）

2019 年固定资产周转率=102 613.34÷［（27 498.27+28 889.58）÷2］=3.2（次）

计算结果表明，该公司 2020 年的固定资产周转率比 2019 年上升了 3.6 次，说明该公司 2020 年的固定资产周转速度比上年加快了，资产利用效率有所提高。

（三）流动资产周转率

1. 流动资产周转率的含义、计算

流动资产周转率是指企业一定时期内营业收入净额同平均流动资产总额的比值。流动资产周转率是评价企业资产利用效率的另一重要指标。平均流动资产总额是指企业流动资产总额的年初数和年末数的平均值。其计算公式如下。

$$流动资产周转率（次）=营业收入净额÷平均流动资产总额$$

同理，也可以计算流动资产周转天数，用时间表示的流动资产周转率就是流动资产周转天数。其计算公式如下。

$$流动资产周转天数=360÷流动资产周转率$$

【案例 7-22】根据 C 公司财务报告资料，包括资产负债表（见表 7-7）、利润表（见表 7-8），以及以前年度数据表（见表 7-9），计算 C 公司流动资产周转率。

2020 年流动资产周转率=186 654.37÷［（106 474.6+95 994.09）÷2］=1.84（次）

2. 流动资产周转率的分析要点

（1）流动资产周转率反映了企业流动资产的周转速度，从流动性最强的企业资产角度对其利用效率进行分析。企业流动资产周转率越高，周转次数越多，表明企业以相同的流动资产占用实现的主营业务收入越多，说明企业流动资产的运用效率越好，进而提高企业的偿债能力和盈利能力。反之，则表明企业利用流动资产进行经营活动的能力差，效率较低。

（2）企业在进行流动资产周转率分析时，也应当以企业以前年度水平、同行业企业平均水平为标准进行对比分析，促使企业采取措施扩大销售，提高流动资产的综合使用效率。

（3）由于流动资产反映企业短期偿债能力的强弱，企业应该有一个较稳定的流动资产数额，要在此基础上提高使用效率，应注意不能在现有管理水平下以大幅度降低流动资产为代价去追求高周转率。

（四）应收账款周转率

1. 应收账款周转率的含义、计算

应收账款周转率是指企业一定时期内营业收入净额同应收账款平均余额的比率。应收账款周转率是对流动资产周转率的补充说明。其计算公式如下。

$$应收账款周转率（次）=营业收入净额÷应收账款平均余额$$

应收账款周转率也可以用应收账款周转天数来表示。

应收账款周转天数也称平均收现期，是指企业自商品销售出去开始至应收账款收回为止经历的时间。其计算公式如下。

$$应收账款周转天数=360÷应收账款周转率$$

2. 应收账款周转率的分析要点

应收账款周转率是反映企业应收账款变现速度与管理效率高低的指标。一定时期内，应收账款周转率越高，周转次数越多，表明应收账款回收速度越快，企业经营管理的效率越高，资产流

动性越强，短期偿债能力越强。同时，较高的应收账款周转率可以有效地减少收款费用和坏账损失，从而相对地增加企业流动资产的收益。反之，应收账款周转率较低，表明企业应收账款的管理效率较低，企业不仅需要加强应收账款的管理和催收工作，还要根据应收账款周转率评价客户的信用程度及企业所制定的信用政策的合理性。

采用应收账款周转率进行分析的目的在于促进企业通过合理制定赊销政策、规范销货合同管理、及时结算等途径加强应收账款的前后期管理，加快应收账款的回收速度，活化企业的营运资金。

需要注意的是，企业由于季节性经营、大量采用分期收款方式或现金结算方式等可能使本指标结果失实，所以，企业应结合前后期间变化情况、行业平均水平进行综合评价。

【案例 7-23】根据 C 公司财务报告资料，包括资产负债表（见表 7-7）、利润表（见表 7-8）以及以前年度数据表（见表 7-9），计算 C 公司应收账款周转率。

2020 年应收账款周转率=186 654.37÷[（19 947.42+16 545.32）÷2]=10.2（次）

2019 年应收账款周转率=102 613.34÷[（18 955.92+19 947.42）÷2]=5.3（次）

计算结果表明，该公司 2020 年的应收账款周转率比 2019 年上升了 4.9 次，这说明该公司的应收账款周转速度比上年加快了，营运能力有所提高。

（五）存货周转率

1. 存货周转率的含义、计算

存货周转率是指企业一定时期内营业成本与存货平均余额的比率。存货周转率是流动资产周转率的补充说明。其计算公式如下。

$$存货周转率（次）=营业成本÷存货平均余额$$

存货周转率也可以用周转天数来表示。其计算公式如下。

$$存货周转天数=360÷存货周转率$$

2. 存货周转率的分析要点

存货周转率是评价企业从取得存货、投入生产到销售收回（包括现金销售和赊销）环节管理状况的综合性指标，用于反映存货的周转速度，即存货的流动性及存货资金占用量的合理与否。工商企业，尤其是在商业企业中，存货在流动资产中所占比重较大，因此，企业必须重视对存货周转率的分析研究，便于发现存货管理中存在的问题。

存货周转率在反映存货周转速度、存货占用水平的同时，也在一定限度上反映了企业的实现销售的速度。所以，一般情况下，该指标越高，表示企业的资产由于销售顺畅而具有较高的流动性，存货转换为现金或应收账款的速度快，存货占用水平低。

【案例 7-24】根据 C 公司财务报告资料，包括资产负债表（见表 7-7）、利润表（见表 7-8），以及以前年度数据表（见表 7-9），计算 C 公司存货周转率。

2020 年存货周转率=164 517.89÷[（56 822.53+43 017.97）÷2]=3.3（次）

2019 年存货周转率=81 884.63÷[（35 978.22+43 017.97）÷2]=2.1（次）

计算结果表明，该公司 2020 年的存货周转率比 2019 年有所上升，这说明该公司的存货周转速度比上年加快了，营运能力有所提高。

职业启迪

请同学们结合本任务知识，运用以上营运能力分析知识和方法，讨论思考 C 公司 2020 年的资产利用效率如何？与前两年比，C 公司营运能力的变化趋势如何？

任务实施

通过上面的学习，王林对 C 公司 2020 年的营运能力进行分析如下。

步骤一： C 公司营运能力主要指标计算如表 7-10 所示。

表 7-10　　　　　　　　C 公司营运能力主要指标

指标名称	2018 年	2019 年	2020 年	行业平均
总资产周转率/次	0.70	0.70	1.30	0.52
固定资产周转率/次	2.90	3.20	6.80	1.01
应收账款周转率/次	3.90	5.30	10.20	4.50
存货周转率/次	2.00	2.10	3.30	2.82

步骤二：C 公司营运能力分析评价。

根据上述营运能力主要指标计算结果，与 2018 年、2019 年相比，C 公司 2020 年各项指标都有显著提高，说明营运能力明显增强。与行业平均水平相比，总资产周转率、固定资产周转率、应收账款周转率、存货周转率都远远高于同行业水平，说明 C 公司 2020 年营运能力总体较强。

项目总结

财务报告的使用者有企业债权人、经营管理者、投资者及政府经济管理机关等。不同的财务报告使用者，关注财务报表的侧重点不同。财务专项分析是以企业的财务报告等资料为基础，将各项财务分析指标作为一个整体，综合投资者、债权人、经营管理者的需要，系统、全面地对企业在一定时期内的财务状况、经营成果进行剖析和评价。一般来说，财务报告专项分析包括以下几个方面：企业偿债能力分析、盈利能力分析、营运能力分析等。

企业偿债能力分析是对清偿各种到期债务能力的分析，包括短期偿债能力分析和长期偿债能力分析。短期偿债能力分析指标包括流动比率、速动比率和现金比率。长期偿债能力分析指标包括资产负债率、产权比率和利息保障倍数等。

企业盈利能力分析是判断企业获取利润能力的分析，是财务分析的重点。从一般企业的盈利能力分析和上市公司的盈利能力分析两个方面来介绍。主要指标包括销售毛利率、销售利润率、销售净利润、营业利润率、成本费用利润率、资产报酬率、权益报酬率和每股收益、每股股利、股利支付率、市盈率、每股净资产等。

企业营运能力分析反映企业经营管理中资产管理及资产利用效率的分析。主要指标包括总资产周转率、固定资产周转率、流动资产周转率、应收账款周转率及存货周转率等。

07

技能训练

- **专业知识训练**

一、单项选择题

1. 企业盈利时，并不一定具有短期偿债能力，造成这种状况的原因之一是（　　）。

    A. 先进先出制　　　　B. 永续盘存制　　　　C. 收付实现制　　　　D. 权责发生制

2. 短期偿债能力的主要分析方法是（　　）。

    A. 比率分析法　　　　B. 构成分析法　　　　C. 比较分析法　　　　D. 差额计算法

3. 下列反映企业长期偿债能力的财务比率中，是从企业的收益方面考察长期偿债能力的财务比率的是（　　）。

    A. 权益乘数　　　　　　　　　　　B. 有形净值债务比率

    C. 营运资金与长期负债比率　　　　D. 利息保障倍数

4. 流动比率、速动比率和现金比率的相同之处在于（　　）。

    A. 分子相同　　　　B. 分母相同　　　　C. 标准相同　　　　D. 变动方向相同

5. 不属于速动资产的项目是（　　）。

    A. 应收账款　　　　B. 其他应收款　　　　C. 存货　　　　D. 交易性金融资产

6. 已知某企业速动比率为1，流动负债为2万元，应收账款为流动负债的50%，则货币资金为（　　）。

    A. 3万元　　　　B. 1万元　　　　C. 2万元　　　　D. 0.5万元

7. 某企业税后利润为67万元，所得税税率为33%，利息费用为50万元，则该企业的已获利息倍数为（　　）。

    A. 2.75　　　　B. 3　　　　C. 1.8　　　　D. 2.5

8. 以下（　　）指标是评价上市企业获利能力的基本和核心指标。

    A. 每股市价　　　　B. 每股净资产　　　　C. 每股收益　　　　D. 净资产收益率

9. 正常情况下，如果同期银行存款利率为4%，那么，市盈率应为（　　）。

    A. 20　　　　B. 25　　　　C. 40　　　　D. 50

10. 某股份公司2004年末股东权益额为2500万元，其中优先股权益为500万元；普通股股数为1000万股，则该公司普通股每股净资产为（　　）。

    A. 2元　　　　B. 2.5元　　　　C. 0.5元　　　　D. 0.4元

11. 某公司2004年末普通股每股市价为30元，2004年每股收益额为1.5元，则该公司普通股市盈率为（　　）。

    A. 15　　　　B. 10　　　　C. 20　　　　D. 0.03

12. 某公司2005年存货周转天数为90天，存货平均余额为600万元，则该公司2005年的主营业务成本为（　　）万元。

    A. 2 700　　　　B. 5 400　　　　C. 2 400　　　　D. 3 600

13. 某公司2000年的主营业务收入为60 111万元，其年初资产总额为6 810万元，年末资产总额为8 600万元，该公司总资产周转率及周转天数分别为（　　）。

    A. 8.83次，40.77天　　　　　　　　B. 6.99次，51.5天

C. 8.83 次，51.5 天　　　　　　　　D. 7.8 次，46.15 天

14. 企业当年实现营业收入 3 800 万元，净利润 480 万元，资产周转率为 2，则资产报酬率为（　　）%。

A. 12.6　　　　　　B. 6.3　　　　　　C. 25.3　　　　　　D. 10

二、多项选择题

1. 企业的偿债能力按其紧迫性分类，可以分为（　　）。

A. 偿付银行债务的能力　　　　　　B. 偿付国家债务的能力

C. 短期偿债能力　　　　　　　　　D. 长期偿债能力

2. 分析流动资产质量和流动性时，应该注意的问题有（　　）。

A. 应收账款规模　　B. 坏账损失风险　　C. 潜在亏损风险　　D. 应收账款计价

3. 应收账款的流动性考核指标为（　　）。

A. 赊销与现销比　　B. 周转天数　　　　C. 周转次数　　　　D. 流动比率

4. 短期偿债能力分析应该考虑的其他因素有（　　）。

A. 未作记录的或有负债　　　　　　B. 准备变现的长期资产

C. 承担担保责任　　　　　　　　　D. 已贴现的商业汇票

5. 影响营业利润率的因素主要包括两项，即（　　）。

A. 营业利润　　　　B. 资产减值准备　　C. 财务费用　　　　D. 营业收入

6. 影响总资产收益率的因素有（　　）。

A. 息税前利润额　　　　　　　　　B. 净资产

C. 总资产平均占用额　　　　　　　D. 总资产周转率

7. 盈利能力指标包括（　　）。

A. 销售毛利率　　　B. 销售净利率　　　C. 成本费用利润率　D. 投资净收益

8. 衡量企业营运能力的财务指标主要包括（　　）。

A. 应收账款周转率　B. 存货周转率　　　C. 资产负债率　　　D. 总资产周转率

9. 下列项目中，能够提高流动资产周转率的有（　　）。

A. 勤进快销

B. 严格销售的信用管理，加快应收账款的回收

C. 提高负债率

D. 在销售不畅的情况下，加快生产产品

三、判断题

1. 对企业的债权人来说，企业的资产负债率越低越好。　　　　　　　　　（　　）

2. 从企业理财的角度看，并非流动比率越高越好，过高的流动比率可能意味着企业资金的运用效率不高。　　　　　　　　　　　　　　　　　　　　　　　　　　（　　）

3. 每股市价是股票的现在价值，它是证券市场上交易的结果；每股净资产是这些资产的账面价值，它是用历史成本计量的。　　　　　　　　　　　　　　　　　　　　　（　　）

4. 影响每股股利的因素，除了企业的获利情况，还包括企业的股利分配政策。　（　　）

5. 一般来说，资产周转次数越多越好，周转天数越少越好。　　　　　　　（　　）

6. 应收账款的周转速度越快，表明资产管理效率越高。　　　　　　　　　（　　）

7. 计算存货周转率时，使用销售成本指标较使用销售收入指标更为准确。　（　　）

- **综合技能训练**

计算分析

1. 兴旺公司 2019 年财务报表有关数据如下。其中，损益表有关数据显示，销售收入净额为 90 000 元；现销收入为 10 000 元；利息费用为 4 500 元。产品销售成本为 41 130 元；利润总额为 18 800 元；净利润为 6 204 元。兴旺公司的资产负债表如表 7-11 所示。

表 7-11　　　　　　　　　　　　　资产负债表

编制单位：兴旺公司　　　　　　　　2019 年 12 月 31 日　　　　　　　　单位：元

资产	年初数	年末数	负债及所有者权益	年初数	年末数
货币资金	12 500	3 750	短期借款	9 162.5	15 725
应收账款净额	21 250	18 750	应付账款	5 000	10 525
存货	1 612.5	18 750	流动负债合计	14 162.5	26 250
流动资产合计	35 362.5	41 250	长期负债	15 000	18 750
固定资产	31 000	41 250	负债合计	29 162.5	45 000
			股本	11 250	11 250
			资本公积	13 500	13 625
			盈余公积	6 000	6 150
			未分配利润	6 450	6 475
			所有者权益合计	37 200	37 500
资产总计	66 362.5	82 500	负债及所有者权益	66 362.5	82 500

要求：根据上述资料，计算该公司 2019 年的动态指标和静态指标：流动比率、速动比率、现金比率、资产负债率和利息保障倍数。

2. 鸿运股份有限公司财务报表中有关资料如表 7-12 所示。

表 7-12　　　　　　　　　鸿运股份有限公司股东权益状况　　　　　　　　单位：元

项目		项目	
普通股股本（流通在外 45 万股）	4 500 000	税后净利	1 186 000
优先股股本	800 000	优先股股利	300 000
资本公积（其中优先股溢价 80 万元）	9 800 000	普通股股利	470 000
留存收益	325 000	市盈率	28
股东权益合计	15 425 000		

要求：根据该公司上述资料计算股东权益报酬率、每股收益、每股股利、每股账面价值及每股市价。

3. 某公司 2018 年、2019 年和 2020 年营业成本、存货年末余额和存货平均余额情况，如表 7-13 所示。

表 7-13　　　　　　某公司营业成本、存货年末余额和存货平均余额情况　　　　　　单位：万元

项目	2018 年	2019 年	2020 年
营业成本		50	90
存货年末余额	60	40	50
存货平均余额		50	45

要求：根据表中资料，计算存货周转次数和周转天数并简要评价其营运能力。

项目八

财务综合分析

职业情境 ↓

某投资者：如果我分析一个企业的流动比率为3，但是该企业的每股收益仅为0.15元，我能否据此判断这个企业具有较强的偿债能力，或者认为其获利能力较差？

投资顾问：我们不能单纯运用某个指标片面地评价一个企业的业绩；当然，企业业绩的评价要在单项分析的基础上进行，还要综合考虑各个方面的因素，减少结论的矛盾性，以便最终得到比较客观的分析结果。

因此，王林需要在三大报表分析及财务专项分析基础上，进行财务综合分析，对企业的整体财务状况做出合理的评价。

任务一　认识财务综合分析

学习目标

素质目标：拥有良好的团队合作意识，全面系统地评价企业财务状况。

知识目标：了解财务综合分析的含义，财务综合分析的意义及其作用和方法。

技能目标：能对企业的数据信息进行财务综合分析，具有一定的文字表达能力，根据分析结果撰写分析报表。

任务分析

企业的财务活动是一个综合的有机整体，仅计算分析单个报表中的几个比率是无法全面系统地把握企业的财务状况的，必须进行系统的综合财务分析，将企业偿债能力、盈利能力、营运能力等各项财务指标联系在一起，才能对企业的整体财务状况进行合理评价。所以，本任务清单如下。

1. 财务综合分析的含义。
2. 财务综合分析的意义。
3. 财务综合分析的方法。

微课视频：财务
综合分析

知识准备

财务综合分析的目的在于为财务信息使用者提供客观、全面、准确的财务信息，如前面项目所述的每一项财务指标都是侧重对企业某一侧面经营活动内容的反映，无法同时揭示企业各个方面的现实状况。因此，实际分析中常常需要将各种不同报表、不同比率指标结合起来，构成一个指标分析体系，以便揭示各种指标之间的内在依存或影响关系，进而全面、客观、准确地评价企业的总体财务状况和经营成果的优劣。财务综合分析的方法也就由此产生了。

一、财务综合分析的含义

财务综合分析是指以企业的财务报告资料等数据为基础，将各项财务分析指标作为一个整体，系统、全面、综合地对企业财务状况、经营成果及财务状况的变动进行剖析、解释和评价，以说明企业整体财务状况和效益优劣的一种分析方法。

二、财务综合分析的意义

1. 为投资者进行投资决策提供科学依据

对企业投资者来说，通过对财务状况的综合分析，帮助其进行投资决策。投资者投资某项经营活动的目的是为了获得高于其他投资项目的投资回报，未来获得更多的现金流入。投资者要利用财务综合分析的结论，全面考察企业的经营状况、盈利能力、发展趋势，以及预测投资风险和投资报酬，作为投资、继续投资或转移投资的决策依据。投资者还要了解企业每年股利发放情况和股票市价的变化，以便决定是买进、继续持有还是卖出。

2. 为债权人提供关于企业信誉和偿债能力的信息

企业的债权人通常包括提供贷款的银行或其他金融机构、与企业有业务往来的其他企业等。对企业来说，由于承担偿债责任，其有义务向债权人披露自身的资金运转情况和本息的偿还能力。对债权人来说，债权人的地位决定了债权人必然对债务人的财务状况和经营状况给予极大的关注，行使债权人的权利。当然，债权人为了按期收回本息，其关注的焦点是企业的偿债能力。科学规范的业绩评价对债权人的意义是帮助其了解企业负债性资金的使用方向、使用进度、使用效益，以及债权性投资利息回收情况、到期本金回收状况等，债权人通过相关信息决定是否回收贷款，或以后是否继续向该企业提供贷款等。

3. 为政府及社会监管机构提供有力的信息支持

市场经济是法制经济，市场竞争是有序竞争，政府有责任维护市场竞争的正常秩序，因此，政府利用财务报表综合分析数据，检查、监督国家的各项经济政策、法规、制度在企业的执行情况，及时揭露和阻止违法行为，维护全社会的共同利益。政府作为国民经济管理者，要利用价格、税收、利率等经济手段，对国民经济进行宏观调控，这就需要将基层企业的财务信息数据逐级汇总，并进行宏观的财务分析，为政府制定经济政策和发展战略提供依据。

4. 对经营管理者进行激励和约束提供科学的依据

在经营权和所有权高度分离的现代企业体制下，投资者的最终收益依赖于经营管理者的经营业绩。如何有效地激励经营管理者投入最大的工作积极性，为投资者带来最大的资本收益，同时对其行为进行适当的约束，是管理科学一直在探讨的问题。过去企业对经营管理者业绩进行评价，很少通过财务业绩进行考察，而是更多地从人事方面对经营管理者进行考察。开展业绩评价，可以对经营管理者的业绩进行全面、正确的评价，为组织人事部门进行经营管理者的业绩考核、选择、奖励和任免提供充分的依据，有利于经营管理阶层的优胜劣汰，推动我国企业家队伍的建设，同时促使经营管理者的工作服务于企业的财务目标。

5. 有利于正确引导企业进行自我诊断，提高竞争力

通过财务综合分析，企业能够清楚地分析自身在行业中所处的位置，比较容易判断与同行业企业先进水平的差距。一是评价企业现在的水平如何；二是找到问题的症结，以便采取有效措施，改善企业经营。随着市场经济的逐步建立与完善，企业要完全依赖市场生存，必然越来越重视其外部形象。对企业实施业绩评价，并提供和发布评价结果，将企业的真实情况公之于众，一方面可以强化企业的外部监督和社会监督力量；另一方面也使企业更加注重改善其市场形象，提高市场竞争力。

三、财务综合分析的方法

财务综合分析的方法主要有杜邦分析法、沃尔评分法、雷达图分析法和财务预警分析法等。本项目重点讲解杜邦分析法、沃尔评分法两种分析方法。

任务二　杜邦分析法

学习目标

素质目标：处理局部利益和整体利益的关系，客观正确地进行杜邦财务分析。

知识目标：掌握杜邦分析法的含义、指标体系、杜邦分析图及其应用。

技能目标：能正确地运用杜邦分析法对企业的综合财务状况、经营绩效和风险程度进行实际评价与判断。

任务分析

杜邦分析法是利用各个财务比率之间的内在联系，建立财务比率分析模型，综合分析并评价企业财务状况和经营业绩的方法。王林需要掌握杜邦分析法的基本知识和运用方法。所以，本任务清单如下。

1. 掌握杜邦分析法的基本知识。
2. 掌握杜邦分析法中各个指标之间的内在联系。

知识准备

一、杜邦分析法

杜邦分析法是由杜邦公司的经理创造的一种财务比率分析方法。杜邦分析法是从财务角度分析并评价企业盈利能力和股东权益回报水平的一种经典方法，其基本思想是将企业净资产收益率逐级分解为多项财务比率乘积，这样有助于财务信息的使用者深入分析企业的经营业绩。

杜邦分析法有助于企业经营管理者更加清晰地分析权益资本收益率的决定因素，以及销售净利润率与总资产周转率、债务比率之间的相互关联关系，给经营管理者提供一张明晰的考察企业

08

资产管理效率和股东投资回报是否最大化的路线图。

从企业绩效评价的角度来看，杜邦分析法只包括财务方面的信息，不能全面反映企业的实力，有较大的局限性，在实际运用中需要结合企业的其他信息加以分析。主要表现在以下几个方面。

（1）过分重视短期财务结果，有可能助长企业管理层的短期行为，忽略企业长期的价值创造。

（2）财务指标反映的是企业过去的经营业绩，能够满足工业时代的企业要求。但在目前的信息时代，顾客、供货商、雇员、技术创新等因素对企业经营业绩的影响越来越大，而杜邦分析法仅局限于分析财务信息。

（3）在目前的市场环境中，企业的无形资产对提高企业长期竞争力至关重要，杜邦分析法却不能解决无形资产的估值问题。

二、杜邦财务分析指标体系图

杜邦财务分析指标体系图是将有关分析指标按其内在联系进行排列，从而直观地反映企业的财务状况、经营成果全貌的图示，如图8-1所示。

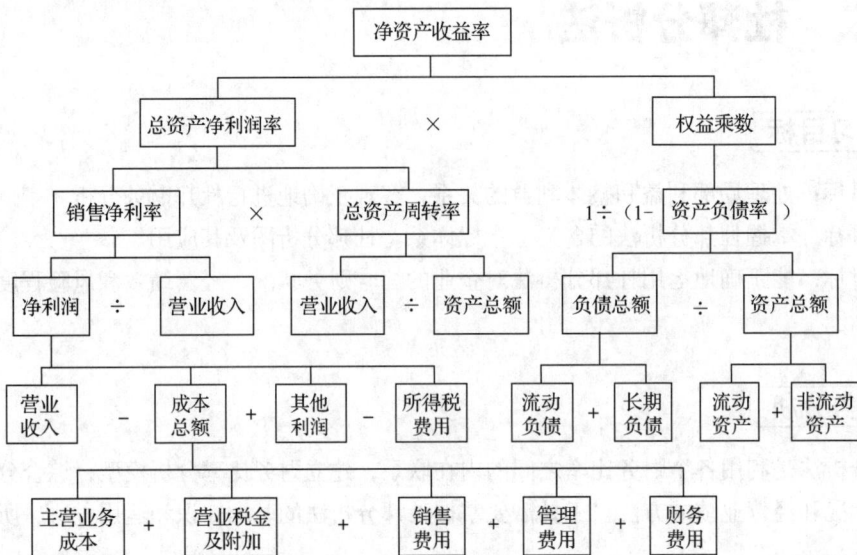

图8-1　杜邦财务分析指标体系图

其中：

净资产收益率＝总资产净利润率×权益乘数＝销售净利率×总资产周转率×权益乘数

权益乘数＝1÷（1-资产负债率）

资产负债率＝负债总额÷资产总额

总资产净利润率＝销售净利率×总资产周转率

销售净利率＝净利润÷营业收入

总资产周转率＝营业收入÷资产总额

净利润＝营业收入-成本总额+其他利润-所得税费用

成本总额＝主营业务成本+营业税金及附加+销售费用+管理费用+财务费用

负债总额＝流动负债+长期负债

资产总额＝流动资产+非流动资产

08

流动资产=现金有价证券+应收账款+存货+其他流动资产

三、杜邦财务分析指标之间的关系

净资产收益率反映企业所有者权益的投资报酬率，具有很强的综合性。

由公式可以看出，决定净资产收益率高低的因素主要有三个：权益乘数、销售净利率和总资产周转率。权益乘数、销售净利率和总资产周转率三个比率分别反映了企业的负债比率、盈利能力比率和资产管理比率。这样分解之后，可以把净资产收益率这一综合性指标发生变化的原因具体化，定量地说明企业经营管理中存在的问题，比单独一项指标分析提供更明确、更有价值的信息。

权益乘数主要受资产负债率影响。负债比率大，权益乘数高，说明企业有较高的负债，给企业带来较多的杠杆利益，同时也给企业带来较高的风险。

销售净利率的分析，需要从营业额和营业成本两个方面进行，是有关盈利能力的分析。这个指标可以分解为销售成本率和销售税金率。销售成本率还可进一步分解为毛利率和销售期间费用率。深入的指标分解可以定量地揭示营业利润率变动的原因，如是售价太低、成本过高，还是费用过高。

总资产周转率是反映运用资产获取销售收入能力的指标。对总资产周转率的分析，需要考虑影响资产周转的各个因素。除了对资产的各构成部分占用量是否合理进行分析外，还可以通过对固定资产、周转率、流动资产周转率、存货周转率、应收账款周转率等有关资产组成部分使用效率的分析，判断影响资产周转的主要因素。

📔 课堂小贴士

杜邦财务分析体系的作用是解释指标变动的原因和变动趋势，为企业采取措施指明方向。需要客观公正的进行数据的变动分析，在实践过程中需要养成实事求是的职业道德，正确处理公司利益和个人利益的关系。

🕊 任务实施

某公司 2019 年及 2020 年有关财务资料如表 8-1 所示。

表 8-1　　　　　　　　某公司 2019 年及 2020 年有关财务资料　　　　　　　金额单位：万元

年份	营业收入	净利润	资产总额	负债总额	资产负债率
2019 年	2 000	400	10 000	5 000	50.00%
2020 年	2 200	432	11 200	5 450	48.66%
增长率	10%	8%	12%	9%	

销售收入增长 10%，净利润增长 8%，资产总额增加 12%，负债总额增加 9%。可以判断，2020年该公司净资产收益率比 2019 年下降了。根据杜邦财务分析体系进行如下计算。

2019 年净资产收益率=销售净利率×总资产周转率×权益乘数

　　　　　　=（净利润÷营业收入）×（营业收入÷资产总额）×[1÷（1-资产负债率）]

　　　　　　=（400÷2 000）×（2 000÷10 000）÷（1-50%）=8%

2020 年净资产收益率=销售净利率×总资产周转率×权益乘数

$$=（净利润÷营业收入）×（营业收入÷资产总额）×（1÷1-资产负债率）$$

$$=（432÷2\,200）×（2\,200÷11\,200）÷（1-48.66\%）=7.5\%$$

2020 年与 2019 年相比，营业收入增长 10%，净利润增长 8%，表明销售净利率在下降；资产总额增加 12%，营业收入增长 10%，表明总资产周转率在下降；资产总额增加 12%，负债总额增加 9%，表明资产负债率在下降，即权益乘数在下降。2020 年和 2019 年相比，销售净利率下降了，总资产周转率下降了，资产负债率下降了，从而权益乘数下降了，由此可以判断，该公司净资产收益率下降了。

任务三　沃尔评分法

学习目标

素质目标：具备求真务实的工作态度，客观正确地运用沃尔评分法。

知识目标：掌握沃尔评分法的含义、指标体系及其应用。

技能目标：能正确地运用沃尔评分法对企业的综合财务状况、经营绩效和风险程度进行实际评价与判断。

任务分析

沃尔评分法是对企业财务状况进行综合评分的方法，王林需要了解沃尔评分法的基本知识和运用方法。所以，本任务清单如下。

1. 了解沃尔评分法的概念。
2. 掌握沃尔评分法的指标体系。
3. 使用沃尔评分法对企业财务数据进行分析。

知识准备

一、沃尔评分法

在进行财务分析时，人们常遇到的问题是，计算各项财务比率后，无法判断其水平高低。将计算的指标与本企业历史、定额、计划标准比较也只能分析本企业自身的变化，很难评价其在市场竞争中的优劣地位。为弥补这些缺陷，亚历山大·沃尔在 20 世纪初，提出了总括评价企业信用水平的方法——沃尔评分法。首先，选定 7 种财务比率，分别确定每个指标在总评价中的比重，总和为 100 分。然后，确定标准比率，并与实际比率比较，评出每项指标的得分。最后，求出总评分，以此对企业的信用水平乃至整个企业的财务状况进行评价。

微课视频：沃尔评分法

二、沃尔评分法指标体系

沃尔评分法指标体系的具体内容和比重如表 8-2 所示。

表 8-2　　　　　　　　　　　　　　沃尔评分法指标体系

财务比率	比重	标准比率
1. 流动比率（流动资产/流动负债）	25%	2%
2. 产权比率（负债/所有者权益）	25%	1.5%
3. 固定资产比率（资产/固定资产）	15%	2.5%
4. 存货周转率（销售成本/存货）	10%	8%
5. 应收账款周转率（销售额/应收账款）	10%	6%
6. 固定资产周转率（销售额/固定资产）	10%	4%
7. 净资产周转率（销售额/净资产）	5%	3%
合计	100%	

　　沃尔评分法的关键是比重的确定和标准比率的建立，只有长期连续实践、不断修正，才能取得较好效果。沃尔评分法的优点是简便实用，但缺点也很明显，主要表现为以下几点，第一，在理论上，沃尔评分法不能证明为什么要选择这 7 项指标而不是更多或更少，或者选择别的其他指标，也未能证明每个指标所占比重的合理性。第二，在技术上，某一指标严重异常时，会对总评分产生不合逻辑的重大影响。沃尔评分法的缺陷是由相对比率与比重相乘引起的。尽管沃尔评分法存在缺陷，但其分析的原理在实践中却有广泛的应用。政府对国有企业和国家控股企业的经营者进行业绩评价，企业对所属营销、生产、采购等经营部门进行绩效考核，都可以运用沃尔评分法的基本原理。

　　为克服上述缺陷，人们对沃尔评分法中一些财务指标进行了修正和改进。一般认为企业财务评价主要包括盈利能力、偿债能力、成长能力三大类指标。它们之间依其重要性大致可按 50%、30%、20%的比重进行分配。其中盈利能力类指标主要是资产净利率、销售净利率和权益净利率，虽然权益净利率最重要，但前两个指标已分别使用了净资产和净利润，为减少重复，这三个指标可按 20%、20%、10%的比重进行安排。偿债能力有 4 个常用指标，分别是自有资本比率、流动比率、应收账款周转率和存货周转率。成长能力有三个常用指标，分别是销售增长率、净利增长率和人均净利增长率。

　　同时，对指标严重异常的情况，也提出了修正方法。标准比率以本行业平均数或历史水平为基础，适当进行修正；根据导向或指针的重要性确定比重；在给每个指标评分时，应规定上限和下限，以减少个别指标异常对总分造成不合理的影响，上限可定为正常评分值的 1.5 倍，下限定为正常评分值的 0.5 倍。另外给分时不采用"乘"的关系，而采用"加"或"减"的关系来处理。

任务实施

　　某公司使用沃尔比重评分法进行财务状况总评分，其具体结果如表 8-3 所示。

08

表 8-3　　　　　　　　　　　　　某公司财务状况综合评分

财务比率	比重	标准比率	实际比率	相对比率	评分
	①	②	③	④=③÷②	⑤=①×④
流动比率（流动资产/流动负债）	25	2.00	2.10	1.05	26.25
产权比率（负债/所有者权益）	25	1.50	1.30	0.87	21.75
固定资产比率（资产/固定资产）	15	2.50	2.90	1.16	17.40

续表

财务比率	比重	标准比率	实际比率	相对比率	评分
	①	②	③	④=③÷②	⑤=①×④
存货周转率（销售成本/存货）	10	8	10	1.25	12.50
应收账款周转率（销售额/应收账款）	10	6	9	1.5	15.00
固定资产周转率（销售额/固定资产）	10	4	3.50	0.88	8.80
净资产周转率（销售额/净资产）	5	3	1.95	0.65	3.25
合计	100				104.95

该公司总得分为 104.95，大于 100，按沃尔评分法原理，得分越高，企业总体价值越高，则该企业的财务状况也就较为理想。

任务四　识别财务报表粉饰

学习目标

素质目标：树立正确的价值认知，坚决抵制财务报表粉饰行为。

知识目标：了解财务报表粉饰的类型，掌握财务报表粉饰的手段，识别报表粉饰。

技能目标：能识别被粉饰的财务报表。

任务分析

王林在掌握财务综合分析的基础上，学习财务报表粉饰的类型与识别方法。在计算分析过程中识别财务报表粉饰，培养职业判断力。所以，本任务清单如下。

1. 了解财务报表粉饰的类型。
2. 掌握财务报表粉饰的常见手段。
3. 识别能被粉饰的财务报表。

知识准备

财务报表粉饰极具危害性，它不仅误导投资者和债权人做出错误的判断和决策，而且导致政府等监管部门不能及时发现、防范和化解企业或金融机构的财务风险。

一、财务报表粉饰的类型

1. 粉饰经营业绩

利润最大化，这种类型的财务报表粉饰在上市前一年和上市当年尤其明显。典型做法是提前确认收入、推迟结转成本、亏损挂账、资产重组、关联交易等。

利润最小化，当企业达不到经营目标或上市企业可能出现连续三年亏损，面临被摘牌的风险时，企业一般会采用这种类型的财务报表粉饰。典型做法是推迟确认收入、提前结转成本，转移价格。

利润均衡化，企业为了塑造绩优股的形象或获得较高的信用等级评定，往往采用这种类型的财务报表粉饰。典型做法是利用其他应收账款、应付账款、待摊销费用、递延资产、预提费用等科目调节利润。

利润清洗，当企业更换法定代表人，新任法定代表人为了明确或推卸责任，往往采用这种类型的财务报表粉饰。典型做法是将坏账、存货积压、长期投资损失、闲置固定资产、待处理流动资产和待处理固定资产等虚拟资产一次性处理为损失。

2. 粉饰财务状况

高估资产，当对外投资和进行股份制改革，企业往往倾向于高估资产，以便获得较大比例的股权。典型做法是编造理由进行资产评估、虚构业务交易和利润。

低估负债，企业贷款或发行债权时，为了证明其财务风险较低，通常会选择低估负债。典型做法是将负债隐匿在关联企业中或设置"账外账"。

3. 财务报表粉饰的动机决定财务报表粉饰的类型

基于业绩考核、获取信贷资金、发行股票等目的，财务报表粉饰一般以利润最大化、利润均衡化的形式出现；基于纳税和推卸责任等目的，财务报表粉饰一般以利润最小化和利润清洗的形式出现。

二、识别财务报表粉饰的方法

识别财务报表粉饰的方法主要有以下几种。

1. 不良资产剔除法

不良资产主要包括待摊费用、待处理流动资产净损失、待处理固定资产净损失、开办费、长期待摊费用等虚拟资产项目，还包括可能产生潜亏的资产项目，如年限已久的应收账款、存货跌价和积压损失、投资损失、固定资产损失等。不良资产剔除法的运用，一是将不良资产总额与净资产比较，如果不良资产总额接近或超过净资产，既说明企业的持续经营能力可能有问题，也可能表明企业在过去几年因虚增利润而形成"资产泡沫"；二是将当期不良资产的增加额和增减幅度与当期的利润总额和利润增加幅度比较，如果不良资产的增加额及增加幅度超过利润总额的增加额及增加幅度，说明企业当期的利润表有"水分"。

2. 关联交易剔除法

关联交易剔除法是指将来自关联企业的营业收入和利润总额予以剔除，分析某一特定企业的盈利能力在多大程度上依赖关联企业，以判断这一企业的盈利基础是否扎实、利润来源是否稳定。如果企业的营业收入和利润主要来源于关联企业，会计信息使用者就应当特别关注关联交易的定价政策，分析企业是否以不等价交换的方式与关联交易发生交易以进行财务报表粉饰。

3. 异常利润剔除法

异常利润剔除法是指将其他业务利润、投资收益、营业外收入从企业的利润总额中剔除，以分析和评价企业利润来源的稳定性。当企业利用资产重组调节利润时，所产生的利润主要通过其他业务利润、投资收益及营业外收入等科目体现，此时，财务分析人员可以运用异常利润剔除法识别财务报表粉饰。

4. 现金流量分析法

现金流量分析法是指将经营活动产生的现金净流量、投资活动产生的现金净流量、现金净流

08

量分别与主营业务利润、投资收益和净利润进行比较分析，判断企业的主营业务利润、投资收益和净利润的质量。一般而言，没有相应现金净流量的利润，其质量是不可靠的。如果企业的现金净流量长期低于净利润，将意味着与已经确认为利润相对应的资产可能属于不能转化为现金流量的虚拟资产，表明企业可能存在着粉饰财务报表的现象。

📔 职业启迪

团队合作，全面、系统地评价企业综合财务状况

做好综合财务分析工作，需要拥有良好的团队合作意识，树立正确的价值认知，自觉维护国家和集体利益，坚决抵制财务造假和报表粉饰行为。客观正确的运用各项财务指标之间的相互联系，全面、系统地评价企业综合财务状况。

📖 项目总结

本项目介绍了杜邦分析法和沃尔评分法的指标体系内涵和应用以及识别财务报表粉饰。

杜邦分析法利用各个主要财务比率之间的内在联系，建立财务比率分析的综合模型，从而直观地反映企业的财务状况和经营成果的总体面貌，并解释指标变动的原因和变动趋势。

沃尔评分法是对企业财务状况进行综合评分的方法。此方法是选择若干财务比率指标，分别给定各财务比率指标在总评价中所占的比重，总和为 100 分；然后确定标准比率，并与实际比率相比较，评出每项指标的得分；最后求得总评分。

技能训练

● **专业知识训练**

一、单项选择题

1. 杜邦财务分析体系的核心指标是（　　）。
   A. 资产净利率　　　B. 总资产周转率　　　C. 权益净利率　　　D. 销售净利率
2. 在杜邦财务分析体系中，是将（　　）指标加以层层分解，通过一个关系体系将不同的财务比率和数据联系在一起并进行分析。
   A. 资产报酬率　　　B. 权益报酬率　　　C. 总资产周转率　　　D. 权益乘数
3. 下列关于财务报表综合分析和专项分析的对比描述错误的是（　　）。
   A. 专项分析的重点是财务计划，综合分析的重点是企业整体发展趋势
   B. 专项分析通常采用由个别到一般的方法，综合分析则是从一般到个别的方法
   C. 专项分析具有实务性和实证性，综合分析则具有抽象性和概括性
   D. 专项分析把每个分析指标视为同等重要，综合分析认为各种指标有主次之分
4. 杜邦财务分析体系中的基本指标不包括（　　）。
   A. 总资产周转率　　　B. 销售净利率　　　C. 资产负债率　　　D. 流动比率
5. 决定权益乘数大小的主要指标是（　　）。
   A. 资产周转率　　　B. 营业利润率　　　C. 资产收益率　　　D. 资产负债率

二、多项选择题

1. 分析企业盈利能力的常用指标包括（　　　）。
   A. 毛利率　　　　　B. 资产报酬率　　　　C. 权益报酬率　　　　D. 杠杆比率
2. 分析企业短期偿债能力的常用指标包括（　　　）。
   A. 资产负债率　　　B. 利息保障倍数　　　C. 流动比率　　　　　D. 速动比率
3. 财务报表自身的局限性体现在（　　　）。
   A. 报表信息并未完全反映企业可以利用的经济资源
   B. 企业的报表资料对未来决策的价值在一定程度上受到限制
   C. 企业会计政策运用上的差异导致企业在与自身的历史对比以及在与其他企业进行对比的过程中难以发挥应有的作用
   D. 企业对会计信息的人为操纵可能会误导信息使用者做出错误的决策
4. 杜邦分析法是一个多层次的财务比率分解体系，对此理解正确的有（　　　）。
   A. 运用杜邦分析法进行综合分析，就是在每一个层次上进行财务比率的比较和分析
   B. 在分解体系下，各项财务比率可在每个层次与本企业历史或同业财务比率比较
   C. 在分解体系下，历史比较与同业比较会逐级向下，覆盖企业经营活动的各个环节
   D. 各项财务比率分解的目的是识别引起或产生差距的原因，并衡量其重要性，以实现系统、全面地评价企业经营成果和财务状况的目的，并为其发展指明方向
5. 杜邦分析法的作用包括（　　　）。
   A. 杜邦分析法的核心作用是解释指标变动的原因及变动趋势
   B. 通过杜邦分析法自上而下的分析，可以了解企业财务状况的全貌以及各项财务分析指标间的结构关系
   C. 通过杜邦分析法自上而下的分析，可以查明各项主要财务指标增减变动的影响因素及存在的问题
   D. 通过杜邦分析法自上而下的分析，可以为决策者优化资产结构和资本结构，提高偿债能力和经营效益提供了基本思路
6. 在现代企业制度下，科学地评价经营者业绩的意义在于（　　　）。
   A. 可以为出资人行使经营者的选择权提供重要依据
   B. 可以有效地加强企业经营者的监管与约束
   C. 可以为有效激励企业经营者提供可靠依据
   D. 可以为委托人对其代理人受托责任的评价提供载体和方法

三、判断题

1. 财务报表综合分析具有高度的抽象性和概括性。　　　　　　　　　　　　　（　　　）
2. 财务报表综合分析能够得出十分准确的分析结果。　　　　　　　　　　　　（　　　）
3. 权益净利率是杜邦财务分析体系的核心。　　　　　　　　　　　　　　　　（　　　）
4. 经营风险是经营工作者工作失误所带来的风险。　　　　　　　　　　　　　（　　　）
5. 权益乘数越大，财务杠杆作用就越大，财务风险就越小。　　　　　　　　　（　　　）

● **综合技能训练**

一、计算分析

某公司有关资料如表 8-4 所示。

表 8-4 资产负债表

××公司　　　　　　　　　　2019 年 12 月 31 日　　　　　　　　　金额单位：万元

资产	年初数	年末数	负债及所有者权益	年初数	年末数
流动资产			流动负债合计	105	150
货币资金	50	45	非流动负债合计	245	200
应收账款	60	90	负债合计	350	350
存货	92	144	所有者权益合计	350	350
待摊费用	23	36			
流动资产合计	225	315			
固定资产净值	475	385			
总计	700	700	总计	700	700

该公司 2018 年度销售净利率为 16%，总资产周转率为 0.5 次，权益乘数为 2.5，权益净利率为 20%，2019 年度销售收入为 350 万元，净利润为 63 万元。

要求：

（1）计算 2019 年末的流动比率、速动比率、资产负债率和权益乘数。

（2）计算 2019 年总资产周转率、销售净利率和权益乘数。

（3）分析销售净利率、总资产周转率和权益乘数对权益净利率的影响。

二、案例分析

北汽福田汽车股份有限公司（简称"福田汽车"）的基本财务数据如表 8-5、表 8-6 所示。

表 8-5　　　　　　　　　2019 年和 2020 年有关财务资料　　　　　　金额单位：万元

年度	净利润	销售收入	资产总额	负债总额	全部成本
2019 年	10 284.04	411 224.01	306 222.94	205 677.07	403 967.43
2020 年	12 653.92	757 613.81	330 580.21	215 659.54	736 747.24

表 8-6 2019 年和 2020 年财务比率

年度	2019 年	2020 年
权益净利率/%	0.097	0.112
权益乘数	3.049	2.874
资产负债率/%	0.672	0.652
资产净利率/%	0.032	0.039
销售净利率/%	0.025	0.017
总资产周转率/次	1.34	2.29

要求：根据以上资料对福田汽车进行杜邦财务分析。

项目九

财务分析报告

职业情境 ↓

临近年底，各个公司的财务部门正在紧张而有序地进行年度财务分析工作，包括结算、结账、编制报表、分析数据、做总结、编预算以及撰写公司年度财务分析报告等，这是财务部门年终的一项重要工作内容，假如你是一个公司的财务经理，你能在全面的财务数据分析基础上完成年度财务分析报告吗？现在，王林想帮助财务经理做好这份工作。那么，他该如何完成这项新任务呢？

任务一 认识财务分析报告

学习目标

素质目标：具有创作思维，勤于思索、善于总结发展规律，并加以运用。

知识目标：了解财务分析报告的含义、分类、基本格式等。

技能目标：看懂一份财务分析报告。

任务分析

财务分析报告是财务报告分析工作的文字总结和最终成果。撰写财务分析报告，王林必须先掌握财务分析报告的基础知识，包括财务分析报告的含义、分类、基本格式等。所以，本任务清单如下。

1. 了解财务分析报告的含义、分类、基本格式等。
2. 看懂一份财务分析报告。

知识准备

一、财务分析报告的含义

财务分析报告是以财务报告资料为依据，财务人员采用一定的财务分析方法，对企业的财务信息进行整理、分析、提炼和总结而撰写完成的一种书面分析和评价。财务分析报告是财务报告分析工作的文字总结和最终成果，旨在总结分析、找出差距、提出建议。

二、财务分析报告的分类

财务报表分析的主体、目的、内容不同，撰写的财务分析报告也不可能相同。一般按以下两个标准进行分类。

（一）按内容、范围进行划分

1. 综合财务分析报告

综合财务分析报告也称全面分析报告，是根据企业财务报告资料和各项主要经济指标对某一单位在一定时期的经济活动进行全面系统的分析而形成的报告，其内容丰富，涉及面广，涵盖了企业财务状况的各个方面，可以为当前企业财务管理及重大财务决策提供科学依据，也可以为今后企业财务管理进行动态分析等提供参考资料。

综合财务分析报告主要包括年度、半年度和季度的财务分析报告。财务人员撰写时必须站在企业整体性和战略性的角度，对分析的各项具体内容进行合理安排，既要全面，又要抓住重点。

2. 专题分析报告

专题分析报告也称单项分析报告，是指针对某一时期企业经营管理中的某些关键问题、重大经济措施或薄弱环节等进行专门分析而形成的书面报告。

专题分析报告具有目的明确、形式单一、一事一题、分析深透、反映及时等特点，大多是不定期的分析报告，可以随时运用，形式比较灵活。例如，用于企业清理积压库存，处理逾期应收账款，对资金、成本、费用、利润等方面的预测分析，以及处理母公司与子公司之间的财务关系等，为管理者做出相关决策提供可靠的依据。

3. 简要财务分析报告

简要财务分析报告是指对企业在一定时期内的主要经济指标、存在的问题或比较突出的问题进行的概要分析而形成的书面报告。

简要财务分析报告具有简明扼要、切中要害的特点。通过简要财务分析，可以反映和说明企业在分析期内经营活动的基本情况，企业累计完成各项经济指标的情况并预测今后发展趋势。主要适用于定期分析，可按月、按季度进行编制。

（二）按分析时间进行划分

1. 定期财务分析报告

定期财务分析报告一般是由上级主管部门或企业内部规定的每隔一段相等的时间应编制和上报的财务分析报告。如每半年、年末编制的综合财务分析报告属于定期财务分析报告。

2. 不定期财务分析报告

不定期财务分析报告是从企业财务管理和业务经营的实际需要出发，不做时间规定而编制的财务分析报告。如上述的专题财务分析报告就属于不定期财务分析报告。

三、财务分析报告的基本格式

09

财务分析报告根据其报告种类的不同、分析内容的不同，其报告格式也不尽相同，通常由以下几个部分组成：标题、正文、落款和附件资料。

（一）标题

标题一般有如下几种形式。

1. 完整式

"××公司××年度财务分析报告"，标题中包括单位名称、时间、事由和文种的全部内容。例如《欣荣公司2020年度财务分析报告》。

2. 简化式

标题中包括事由和文种两个部分内容，可省略单位名称或时间。例如，省略单位名称的标题《2020年度营业收入分析报告》，省略单位名称及时间的标题《经营亏损原因的分析报告》。

3. 专题式

标题中使用了分析报告中的观点、建议或意见，这种形式常见于专题分析报告。例如《现金流量决定企业兴衰存亡》《关于加快销售款项回笼的建议》等。

（二）正文

正文一般包括开头、主体、结尾三个部分。其中，主体是核心部分。

1. 开头

开头主要是概述报告单位的基本情况、战略目标、行业背景、财务重要数据和指标、经营特点与态势以及存在的主要问题等，也可以包括初步的评价。在这部分内容中，一般要求文简意切，为下文展开分析做好铺垫。

2. 主体

主体是报告的主要分析部分，是对各项财务指标的完成情况加以说明，并对影响指标增减变化的原因进行分析和评价。分析时既要肯定成绩、总结经验，又要指出问题并分析原因。分析原因时还要注意区分主观和客观原因、内部和外部原因，找出主要原因。在综合分析时，财务分析人员不能堆砌数字、就事而论，而应从实际出发，透过数据表面，进行系统、全面的分析，揭示问题的本质。

3. 结尾

结尾是对正文精辟的总结，一般是指出存在的问题，提出改进的意见、建议或措施。要求内容具体、文字简洁、意见中肯、建议可行。

（三）落款

财务分析报告的落款一般包括报告单位名称、负责部门、撰写人姓名以及报告完成日期等。

（四）附件资料

财务分析报告的附件一般包括报告单位各年度的完整财务报表、财务计划书等财务分析报告中所引用的重要财务信息资料。在必要的时候，这些报表或资料可以插置正文的适当位置，但为了版面简洁、易于阅读，也经常将这些报表或资料放在篇尾。财务分析人员应对附件资料进行编号并设置相应标题，加上必要的说明。

在撰写财务分析报告时，财务分析人员应该根据分析目的和要求，灵活组织报告内容，合理安排报告结构，虽然不需要面面俱到，但是要避免僵化呆板的形式。此外，在报告表达形式上可以采取一些新颖的手法，例如，采用文字与图表相结合的方式，使财务分析报告更易懂、更生动、更形象。

09

职业启迪

创作思维是做好财务分析报告的"压舱石"。

请同学们上网搜索一篇企业财务分析报告，结合本任务知识内容，对照学习、勤于思索、善于总结发展规律，并加以运用，提升语言文字表达能力，这样才能做好工作。请同学们运用所学的财务分析报告的基本知识，讨论思考下文中 A 公司 2020 年度财务分析报告属于哪一类报告？该财务分析报告中包含哪些格式要素。

任务实施

解读 A 公司 2020 年度的财务分析报告样例。

A 公司 2020 年度财务分析报告

A 公司 2020 年实现主营业务收入 750 796 万元，比 2019 年主营业务收入 693 673 万元多 57 123 万元，销售呈上升趋势，从公司 2020 年的财务报表中可以看出，公司资产负债率较高，存货周转率降低了，应收账款周转率提高了，公司应收账款回款速度加快了。公司融资渠道比较通畅，但财务风险较大；公司净资产报酬率较低，但盈利能力较强。

一、偿债能力分析

A 公司偿债能力具体分析情况，如表 9-1 所示。

表 9-1 偿债能力分析表

项目	2019 年度	2020 年度	增减差异	增减比例
流动比率/%	54	80	26	48.15
速动比率/%	30	45	15	50
现金比率/%	16.4	25.08	8.68	52.93
资产负债比率/%	59.48	53.73	-5.75	-9.67
产权比率/%	146.82	116.10	-30.72	-20.92

由此表可知，公司 2020 年的流动比率、速动比率及现金比率均比 2019 年有明显提高，说明 2020 年公司的短期偿债能力增强了。公司资产负债率较高，一方面说明其财务风险较大，另一方面也说明公司总体融资渠道比较通畅。总资产中 50% 以上的资产是由债权人提供的，A 公司 2020 年资产负债率比 2019 年降低 5.75%。表明公司对财务风险进行了必要的控制，有利于减轻公司偿债压力。A 公司 2020 年和 2019 年的产权比率均在 100% 以上，说明公司过度运用负债经营，可能会带来较大的财务风险。总之，2020 年 A 公司的偿债能力增强了。

二、营运能力分析

A 公司营运能力具体分析情况，如表 9-2 所示。

表 9-2 营运能力分析表

项目	2019 年度	2020 年度	增减差异	增减比例
存货周转率/次	3.58	3.42	-0.16	-4.47%

项目	2019 年度	2020 年度	增减差异	增减比例
存货周转天数/天	100	105	5	5%
应收账款周转率/次	30.41	31.57	1.16	38.15%
应收账款周转天数/天	12	11	−1	−8.33%
流动资产周转率/次	2.77	2.59	−0.18	−6.50%
总资产周转率/次	0.81	0.84	0.03	3.70%

从存货周转率和周转天数角度分析，A 公司 2020 年存货周转率比 2019 年降低了 0.16，表明公司营运能力降低了；但从应收账款周转率和周转天数角度分析，A 公司 2020 年应收账款周转天数为 11 天，比 2019 年减少 1 天，说明公司应收账款回款速度加快，这与公司的信用政策和产品的市场需求有关。从流动资产周转率角度分析，A 公司 2020 年较 2019 年有所下降，表明公司流动资产利用效率率略有降低，总资产周转率略有提高。总体来说，A 公司 2020 年的营运能力比 2019 年提高了。

三、盈利能力分析

A 公司盈利能力具体分析情况，如表 9-3 所示。

表 9-3　　　　　　　　　　　　盈利能力分析表

项目	2019 年度	2020 年度	增减差异	增减比例
销售净利率/%	3.33	3.38	0.05	1.50
资产净利率/%	2.68	2.83	0.15	5.60
成本费用利润率/%	3.39	3.42	0.03	0.88
净资产报酬率/%	6.43	6.52	0.09	1.40

A 公司 2020 年的销售净利润率比 2019 年增加了 0.05%，表明公司在经营管理方面是有成效的。较高的销售净利润率也可能是依靠较大的资产或资本的投入来维持的，因此，还应结合公司运用资产的效率和投资报酬率来进行综合分析。公司资产净利率较低，属于微利企业，2020 年资产净利率比 2019 年增加 0.15%。公司成本费用利润率上升 0.03%，表明公司经济效益有所提高。净资产报酬率比上一年增加 0.09%。总体来说，A 公司 2020 年的盈利能力有所提高。

总之，通过数据分析，可以发现公司的获利能力较强，经济效益有所提高，经营管理有一定成效，表现为净资产报酬率、成本费用利润率、销售净利润率都有所提高。流动比率、速动比率、现金比率有所提高，资产负债率和产权比率较高，说明公司对财务风险做了必要的控制，偿债压力有所减轻，短期偿债能力和长期偿债能力有所增强，融资渠道畅通。公司采取了有效的信用政策，抓住了产品市场需求特性，应收账款回款速度加快，公司营运能力提高，表现为应收账款周转率和总资产周转率有所提高。对于公司存在的问题，财务分析人员建议采取以下措施加以解决。

（1）在查明原因的基础上积极处理呆滞、积压的存货，提高存货的周转速度，加速流动资金的周转。

（2）公司要适当调整融资结构，防止过度运用负债经营所带来的财务风险，可请求投资者追加投资，以优化融资结构。同时对负债内部结构也应进行适当调整，增加长期负债比重，减少流动负债比重，以减轻公司短期偿债压力。

09

（3）不断创新，增强公司的核心竞争力，提高产品的附加值。进一步总结成功的经验，并加以推广，对出现的问题切不可掉以轻心，一定要及时解决。

A公司

2020年12月

任务二　撰写财务分析报告

学习目标

素质目标：运用创作思维，实现财务分析的价值。

知识目标：了解财务报告分析的撰写要求、撰写步骤及注意事项。

技能目标：能做出财务报告分析的程序设计。

任务分析

一份有价值的财务分析报告，并不一定是按照固定的财务分析报告的格式来撰写的。想要撰写一份有价值的财务分析报告，是要根据报告应用的目的，并按照一定的要求、适当的步骤去进行的，因此，王林需要进一步了解撰写财务分析报告的要求、步骤和注意事项。所以，本任务清单如下。

1. 熟悉财务分析报告的撰写要求、步骤和注意事项。

2. 在熟练计算财务数据的基础上撰写分析报告。

知识准备

一、财务分析报告的撰写要求

财务分析报告是一种特定的文体，撰写时要注意以下几点要求。

1. 突出重点、兼顾一般

财务分析报告的编写应结合当前生产经营的情况和财务管理的具体要求，抓住重点的、关键的问题，进行分析研究，切忌面面俱到，但又不深入、不透彻。

2. 客观公正、数据确凿

分析时所运用的数据、资料，应当真实、可靠。分析的时候，财务分析人员应辩证地看待问题，把定量分析和定性分析结合起来，把历史资料和现状情况结合起来。

3. 观点明确、语言精练

财务分析报告的使用者多为企业管理者及投资者，其语言应简练朴实、通俗易懂。

4. 注重时效，编报及时

财务分析报告有特定的时效性，应随财务报表一同报送，即作为财务报表的附件，对报表的数据进行恰当的文字说明；又可以作为考核与分析企业一定时期内经营状况的依据。

09

> **课堂小贴士**
>
> 撰写财务分析报告是财务报告分析的核心环节，不仅反映整个财务分析工作的技术和方法，而且还要对分析的资料进行必要的筛选、加工、整理、总结、提炼和升华，得出正确的分析结论并加以运用，向信息使用者提供有用的建议和措施。

二、财务分析报告的撰写步骤

财务分析报告的撰写，通常分为以下几个步骤。

1. 搜集资料

根据财务分析报告的内容要点，经常搜集有关资料。这些资料主要包括以下4类。

（1）各类政策、法规性文件。

（2）历年财务分析报告。

（3）各类报纸、杂志公布的有关资料。

（4）统计资料或年度财务计划。

2. 整理核实资料

整理核实资料是财务分析工作的中间环节，具有承上启下的作用。在这一阶段，财务分析人员应根据分析的内容要点进行摘记，并合理分类，以便查找和使用。

3. 报告的起草

财务分析报告的起草主要包括以下几个步骤，首先拟定报告的编写提纲，其次在提纲框架的基础上，依据搜集整理的资料，选择恰当的分析方法，最后起草分析报告。

4. 修改和审定

财务分析报告起草后形成的初稿，可交由主管领导审阅，财务分析人员征求主管领导的意见和建议，再反复推敲，不断修改财务分析报告，补充新的内容，使之更加完善，更能反映财务分析报告的特点，直至最后由主管领导审定。审定后的财务分析报告应填写编制单位和编制日期，并加盖企业公章。

三、撰写财务分析报告的注意事项

（1）开头不要"套话"成串。例如，在××精神的鼓舞下，在××的领导下。分析报告要求开门见山，单刀直入，可有可无的"套话"应该尽量避免。

（2）正文不要罗列现象，言不及义。没有好的分析，就没有好的分析报告。只有罗列材料，没有分析观点，让报表使用者阅读后不知道该财务分析报告要说明什么问题。

（3）不要报喜不报忧。要尊重客观事实，实事求是，对取得的成就和好的经验应该予以肯定，并进行推广，对其中的不足和问题要提出有针对性的措施和建议。

（4）结尾不要用笼统的口号代替具体的建议和措施。要写清楚怎样加强薄弱环节，从哪些方面考虑、采取哪些措施赶超先进水平等。只有写得具体、明确、实在，才能为企业管理者提供决策的依据。

09

职业启迪

运用创作思维实现财务分析价值

　　请同学们总结本任务内容，讨论思考财务分析人员的职业前景，并要求自己以爱岗敬业的工匠精神执着追求，以求真务实的数据思维和科学灵活的分析方法做好每一项分析工作，以勤思善辩的创作思维完成分析报告的撰写，真正为信息需求者提供决策支持，实现财务分析价值。

任务实施

格力电器财务分析报告

一、公司简介

（一）基本情况

　　珠海格力电器股份有限公司（以下简称"格力电器"），它于1991年在广东省珠海市成立，是一家从研发到销售具有完整产业链的国际化的家电企业，它覆盖了从零部件生产到废弃产品回收的整条产业链条。格力电器主营业务有空调、冰箱等家电产品，尤其是格力电器旗下的空调业务更是遍及全球上百个国家和地区，格力电器也成功跻身全球500强企业行列。

（二）格力电器公司现状

　　格力电器目前在全球分别拥有珠海、重庆、武汉、石家庄、芜湖等生产基地与8万多名员工，至今已开发包括家用空调、商用空调在内的20类、400个系列、7 000多个品种规格的产品。并且格力电器拥有技术专利6 000多项，其中发明专利1 300多项，自主研发的各类国际领先产品，填补了我国家电行业空白，是"中国制造"走向"中国创造"的典范，在国际上有着广泛的知名度和影响力。

二、格力电器财务报表分析

（一）资产负债表分析

　　从资产负债表摘要中可知，格力电器2019年资产总额为28 297 216万元，2019年与2018年相比增加了3 173 800万元，同比增长12.63%，说明2019年格力电器的总资产规模正在不断扩大。从表9-4来看，流动资产与非流动资产都在一定程度上有所增加，其中增加幅度最大是流动资产，相比2018年增加了1 365 309万元，同比增长6.84%，流动资产中货币资金的增加幅度较大，共增加1 232 169万元，同比去年增长10.90%，说明格力电器的资金流动性、支付能力与变现能力在不断增强，但是货币资金的增加同时也存在着资金闲置的问题。流动资产的增加意味着格力电器短期偿债能力的增强，但是机会成本也正上升。尽管货币资本金在整个总资产中增加数额最多，但是2019年格力电器的存货相比于2018年整整增长了20.35%，相比于货币资金，存货在流动资产中占比较小，说明格力的生产销售规模可能有所扩大。

　　与此同时，格力电器的流动负债与非流动负债也有所增长，较2018年分别增加了1 188 217万元与52 288万元，其中非流动负债大幅度增长，相比2018年增长62.75%。格力电器负债上升的同时其所有权益也增加了1 933 295万元，同比增长20.85%。从负债情况来看，格力电器主要增加的是流动负债，大部分是由于应付票据、应付账款的增加导致的。另外，所有者权益的增加主要来源于未分配利润，说明该公司具有一定盈利能力。

表 9-4　　　　　　　　　　　　　格力电器资产负债表摘要　　　　　　　　　　单位：万元

科目	年度	
	2019 年	2018 年
货币资金	12 540 072	11 307 903
应收账款	851 333	769 966
存货	2 408 485	2 001 152
流动资产合计	21 336 404	17 153 465
固定资产净额	1 911 102	1 837 418
资产总计	28 297 216	25 123 416
流动负债合计	16 956 830	15 768 613
非流动负债合计	135 620	83 332
负债合计	17 092 450	15 851 945
所有者权益合计	11 204 766	9 271 471

（二）利润表分析

从利润表（摘要）来看，如表 9-5 所示格力电器 2019 年营业收入较 2018 年没有太大变化，但是其营业成本却相较于去年有所增加，增长幅度为 3.81%，同时格力电器的利润整体较上一年度有所下滑，其原因可能是 2019 年家电行业整体销售呈现负增长，行业整体不景气导致市场竞争加剧。另一方面，格力电器在 2019 年第四季度发起的空调价格战也对其营业收入和盈利造成影响，其中主要影响的是格力电器的盈利能力。

表 9-5　　　　　　　　　　　　　　格力电器利润表（摘要）　　　　　　　　　单位：万元

科目	年度	
	2019 年	2018 年
营业收入	19 815 303	19 812 318
营业成本	14 349 937	13 823 417
营业利润	2 960 511	3 099 688
利润总额	2 935 271	3 127 351
所得税费用	452 546	489 448
净利润	2 482 724	2 637 903
基本每股收益	4.11	4.36

（三）现金流量表分析

格力电器 2019 年经营活动产生的现金流量净额相比 2018 年有所增加，其原因主要是销售商品、提供劳务收到的现金增加了 3 135 857 万元，同比增长 23.22%，说明格力电器在 2019 年度销售状况良好，尽管购买商品、接受劳务支付的现金在 2019 年度相应增加了但是相比于现金流入来说还是少的。

另一方面，格力电器 2019 年投资活动产生的现金流量尽管是流出大于流入，但是相比 2018年度是有所好转的，虽然收回投资项目所收到的现金只有 313 097 万元，相比 2018 年降低 53.34%，但是收到的其他与投资活动有关的现金共计 487 803 万元，增长 83.91%，弥补了收回投资项目所收到的现金的降低。在投资活动现金流出方面，流出额一共为 1 972 058 万元，其中购建固定资产、无形资产和其他长期资产所支付的现金为 471 319 万元，比上一年增加了 87 564 万元，尽管对外投资相比于去年有所减少，但是总体来说格力电器对外扩张还是大于对内扩张的。

09

在筹资活动中，格力电器产生的现金流量净额大幅度减少，现金流入的减少主要来自于取得的借款的减少，相比 2018 年减少了 636 571 万元，同比降低 23.04%，与此同时，筹资活动产生的现金流出也有所增加，主要来自偿还债务以及分配股利、利润或偿付利息，可以看出，格力电器可能在逐步调整其融资结构。虽然 2019 年格力电器取得的借款只有 2 126 826 万元，但是依旧能在一定程度上弥补不充足的经营活动现金流。

三、财务比率分析

（一）公司偿债能力分析

1. 短期偿债能力

由表 9-6 可知，2019 年格力电器流动比率低于企业合理流动比率，说明公司债务偿还能力可能较差，但是相比于 2018 年，2019 年的流动比率均有所上升且两年内波动不大，说明格力电器短期偿债能力有所好转。

表 9-6　　　　　　　　　　　　格力电器短期偿债能力数据

报告期	流动比率	速动比率	现金比率
2019 年	1.26	1.12	74.22%
2018 年	1.16	1.14	71.71%

同时，该公司的速动比率处于稳定状态，在标准值 1 左右。由流动比率与速动比率来看，该公司偿还短期债务的能力较弱。但从另一方面来看，格力电器现金比率处于逐年增加状态，2019 年时格力电器现金比率为 74.22%，高于 30% 的最低标准，同比 2018 年增长了 3.50%，这表明该公司的支付能力正在提高中，能够在一定程度上降低短期债务偿还风险。

2. 长期偿债能力

由表 9-7 可知，2019 年格力电器的资产负债率为 60.40%，尽管相较于前两年有所降低，但其资产负债率一直保持在 60%～70% 的状态，因此格力虽然还存在着一定长期偿债能力方面的风险，但是公司本身已经意识到这一问题，正在采取积极的手段来降低其资产负债率，使公司偿债风险逐年降低。

表 9-7　　　　　　　　　　　　格力电器长期偿债能力数据

报告期	资产负债率/%	产权比率/%
2019 年	60.40	151.38
2018 年	63.10	170.08

同时，格力电器由于是高负债经营，产权比率一直处于较高状态，企业长期债务偿还能力较弱，具有较高的债务偿还风险，但是其产权比率在 2019 年为 151.38%，相比 2018 年的 170.08% 大幅度下降，说明格力电器的产权比率处于回落状态，企业长期偿债能力有所好转。

（二）公司盈利能力分析

由表 9-8 可知，近年来格力电器销售净利率、净资产收益率、总资产报酬率正处于不断下降中，说明企业净收入正在不断减少，反映了当下家电行业的不景气以及市场竞争正在逐渐加剧。但是由于格力电器在空调行业的优势，销售净利率等指标下降幅度不大，并且其盈利能力指标仍然保持行业领先位置。

09

表 9-8　　　　　　　　　　　　　格力电器盈利能力数据

报告期	销售净利率/%	净资产收益率/%	总资产报酬率/%
2019 年	12.53	35.75	14.15
2018 年	13.31	41.63	15.36

（三）公司营运能力分析

从表 9-9 可知，格力电器一直以来都具有较高的存货周转率，2019 年存货周转率下降，说明该企业存货转化为现金和应收账款的效率变低。

表 9-9　　　　　　　　　　　　　格力电器营运能力数据

报告期	存货周转率/%	应收账款周转率/%	流动资产周转率/%	固定资产周转率/%
2019 年	6.51	24.44	0.96	0.74
2018 年	7.56	29.32	1.07	0.85

另外，通过对比 2019 年的应收账款周转率，可以发现，2019 年应收账款周转次数比 2018 年减少了 4.88 次，应收账款周转率的大幅度降低代表企业拥有大量无法按时收回的应收账款，坏账的发生概率随之增加，这十分不利于企业资金的流动，格力电器应该对此重视起来。

与此相对的是格力电器的流动资产周转率在 2019 年回落至 0.96 次，由此可知格力电器以较少资金完成较多生产任务的能力偏弱。另一方面，格力电器 2019 年固定资产周转率同样回落至 0.74 次，这是由于格力在 2019 年存货与固定资产相较于 2018 年有所增加，但是其销售收入却没有太大增长导致的。因此，格力在扩大规模的同时也应当注意其他资产的管理。

由以上分析可知，格力电器 2019 年除了盈利能力下降，其他指标依旧在行业内属于优秀并处于不断好转之中，因此尽管未来不确定因素增加，但是格力电器仍旧是一个值得期待的企业。

四、结论与建议

（一）结论

格力电器 2019 年虽然因为种种原因导致盈利能力下降,但是总体来说在整个行业之中表现还是属于较为良好行列，并且由于格力电器的发展已经趋于成熟，相对而言抗压能力更强，能够保住自己的市场份额。同时为了面对未来的挑战，保持自己的优势，格力电器应当增加研发投入产品的投资，实施产品差异化，以提高产品销售量为目的，同时对产品的生产规模进行扩大，确保能在未来有较高的盈利能力。

（二）建议

1. 加强偿债能力

适当的负债能够增加企业现金流，促进企业的经营与发展，但是过度负债也会给企业带来经营风险。整体来说格力电器在偿债能力方面仍有所欠缺，格力电器应当优化其资本结构，制订合理的负债策略，在正常经营的前提下提高偿债能力。为了降低该企业偿还债务的风险，格力电器可以通过增加长期负债，避免筹资风险的产生。格力电器还可以用增发股票的方式来扩大其资本结构，从而降低财务杠杆风险，保持合理的资产负债率。除了负债策略的合理制订，格力电器还应增加应收账款的回款速度，提高其回款率，以达到增强偿债能力的目的。

2. 加大多元化发展力度

近几年，家电行业的市场竞争正在不断加剧，格力电器为了今后发展应当主动开辟多元化发展道路，通过多元化战略减轻并分担家电行业的竞争压力，在保证原有产业市场的同时利用多元

09

化发展提高企业竞争力，增强企业盈利与抗压能力，保证自身的长远发展。

3. 借助互联网进行销售

在互联网不断发展的当下，电商等网络购物平台逐渐占据人们主要的购买方式，消费力与各大企业的竞争主要从线下转为线上。面对互联网时代，格力电器需要抓住网络销售的机会，建立健全线上销售平台，同时可以利用直播等营销方式提升消费者购买欲望，促进购买力度，提高企业知名度，从而达到增加企业收入，提升自身盈利能力等目的。

4. 加强应收账款回款能力

格力电器在规模不断扩大的同时，应收账款也在不断增加，但其应收账款周转率却呈现不断下降的趋势，坏账风险也随之上升。为了不影响企业资金链，格力电器应当建立相应的应收账款制度，明确应收账款责任人，建立用户信用档案，加强应收账款回收能力，从而规避这一风险。

珠海格力电器股份有限公司

2019 年 12 月

项目总结

财务分析报告是财务报告分析工作的文字总结和最终成果。本项目首先介绍了财务分析报告的基础知识，包括财务分析报告的概念、分类、格式等，其次讲解了财务报表分析报告的撰写问题，包括撰写的基本要求、步骤和应注意问题。最后列示了财务分析报告范例。

技能训练

- **专业知识训练**

一、单项选择题

1. 企业在年度、半年度财务分析时采用（　　）。
   A. 专题分析报告　　B. 专业分析报告　　C. 全面分析报告　　D. 简要分析报告

2. 针对某些重大问题、经济措施或薄弱环节进行专门分析后形成的书面报告是（　　）。
   A. 专题分析报告　　B. 专业分析报告　　C. 全面分析报告　　D. 简要分析报告

二、多项选择题

1. 财务分析报告按分析内容可分为（　　）。
   A. 专题分析报告　　B. 专业分析报告　　C. 全面分析报告　　D. 简要分析报告

2. 财务分析报告的撰写要求（　　）。
   A. 重点突出　　B. 语言简练　　C. 数据准确　　D. 报告及时

3. 如："××公司××年度财务分析报告"标题中一般包括（　　）。
   A. 单位名称　　B. 时间　　C. 分析内容　　D. 文种

三、判断题

1. 财务分析报告中不仅包括分析结论，还应包括分析的过程。　　　　　　（　　）

2. 专题分析报告具有内容专一、反映及时、分析透彻等特点。　　　　　　（　　）

- **综合技能训练**

要求：对珠海格力电器股份有限公司的存货问题进行专题分析，并撰写分析报告。